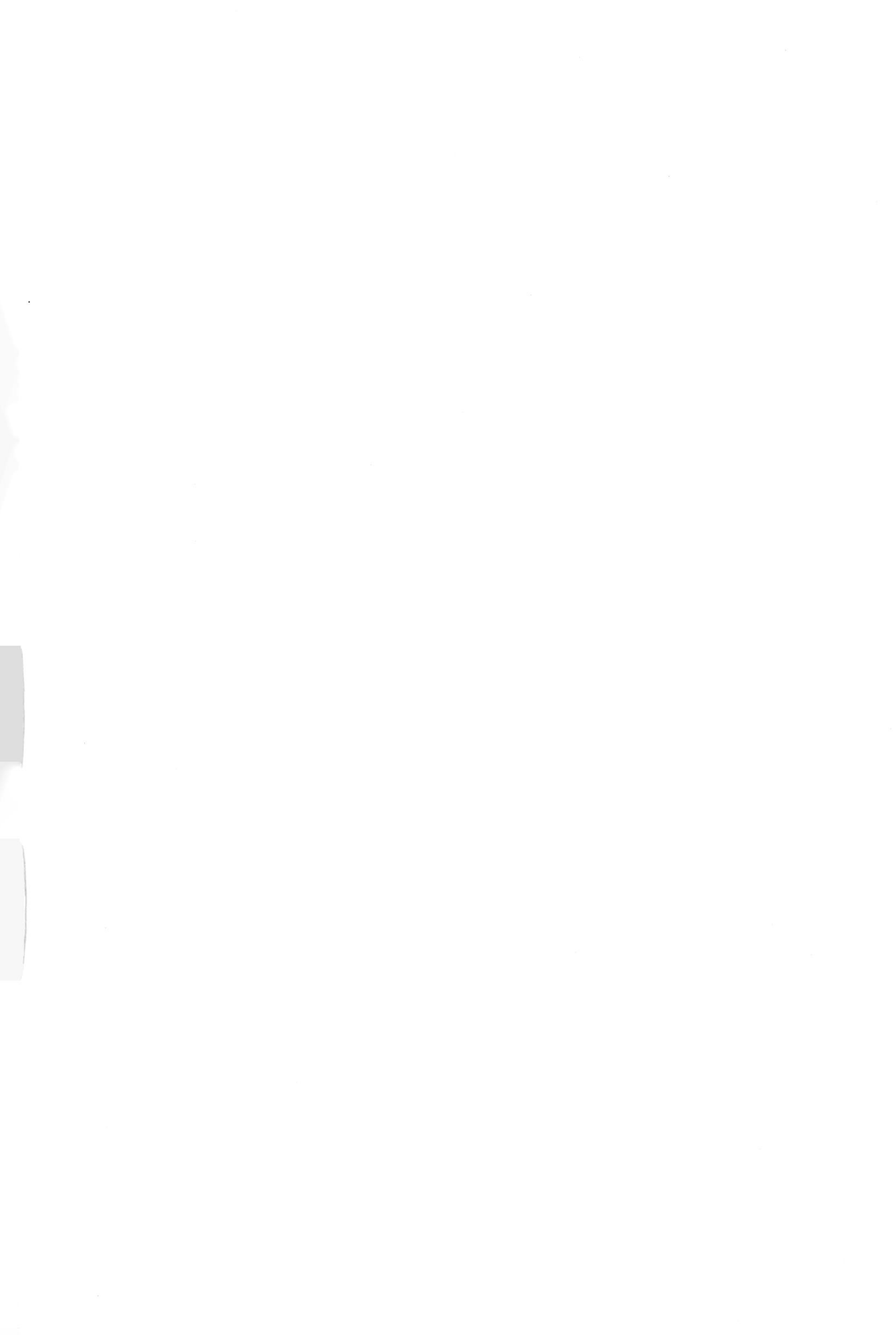

帝國政界往事

大時代變局　玄機重重
聰明之外　更需大智慧

楔子

西元一一二七年，即北宋靖康二年，南宋建炎元年。

這一年，北宋帝國覆滅，南宋帝國在風雨飄搖中宣告誕生。

中國人陷入長達十餘年的兵凶戰亂、血雨腥風之中。

先是頭年底，帝國首都汴京（又稱汴梁，即今日開封）淪陷敵手；進入正月，金國騎兵將首都的金銀寶貨、文玩古物、儀仗圖籍搜羅一空；二月，金人立原來的帝國宰相張邦昌為大楚皇帝；三四月間，我們帝國的兩位皇帝——當了一年多太上皇的宋徽宗趙佶，和他的大兒子、只當了一年多皇帝的宋欽宗趙桓——全部成為大金騎兵俘虜，被擄掠到了金國。一同被掠去的還有在汴京的皇家宗室、妃嬪宮女、文武百官、工匠藝伎等一萬四千多人。北宋帝國就此滅亡。

這是中國人從未遭遇過的恥辱。

從此，「靖康之恥」刀子般刻進了中國的記憶。

宋徽宗的第九個兒子康王趙構僥倖脫身，旋即逃往南京，就是今天的河南商丘。當年五月一日，趙構在南京應天府稱帝，建立南宋帝國，改年號靖康二年為建炎元年。當時趙構剛滿二十一歲，他成了大宋帝國的第十位皇帝，也是南宋的第一位皇帝，史稱宋高宗。

這一年，本書所涉及到的人物，情況各不相同。他們當中，有一些被認為需要對本年發生的一切負責，有些則被本年度發生的一切改變了命運，這種改變有時表現得相當徹底。遂成為令人無法釋懷的帝國政界往事。

目錄

帝國政界往事

好汉赵匡胤的卧榻情结

西元一一二七年的大禍發生時，距離大宋帝國開國皇帝、宋太祖趙匡胤龍馭賓天，已經過去了一百五十一年。仔細檢視大禍發生的經過和這一百五十一年的帝國歷史，我們會驚奇地發現，其實，早在一個半世紀以前，太祖皇帝就已經為今天這場大禍埋下了禍根。禍根的根系則深植於皇帝的那張臥榻。

趙匡胤祖籍涿州，就是今天的河北省涿縣。西元九二七年，趙匡胤出生在河南洛陽夾馬營。還有一個說法，認為夾馬營應該叫甲馬營才對。按照後一種說法，則很有可能是軍隊的一個後勤基地，和他出身武將家世有些相符。據說，他出生時身帶異香，三日不散。因此，乳名叫「香孩兒」。（《宋史》卷一《太祖紀一》）

年輕時的趙匡胤曾經相當困窘，原因是他父親本來是後唐莊宗皇帝李存勖的戰將，後來屢遭變故，家道中落，家境變得十分艱難。

西元九四七年，趙匡胤二十一歲。史書說他「容貌雄偉，器度豁如」。學習騎射武功，常常出類拔萃。有一次，他飛身躍上一匹沒上籠頭的烈馬，馬狂奔，逸上城牆斜道，將他在門框頂上迎頭撞將下來，人皆以為那腦袋必定撞得粉碎。片刻，只見他徐徐起立，騰身躍上馬背，復馳騁如電。人皆異之。（《宋史》卷一《太祖紀一》）就在那一年，他離開越來越窘迫的家，開始風風火火闖蕩九州。隨後兩年的江湖生涯，令他飽嘗人間冷暖，遍歷世態炎涼，吃了不少苦頭。當時，他父親過去的一些好朋友已經相當有權勢，趙匡胤去投奔時，無一不是遭到白眼冷遇。其中最好的一位算是鳳陽節度使王彥超，給了他幾貫錢，大約相當於現在的千兒八百元，把他打發了。致使未來的趙家天子極為困窘，最慘的時候，曾經靠在街邊設賭局來維持生計。（《宋帝列傳》之《宋太祖》第十一頁，吉林文史出版社）因此，我們千萬不可小瞧今天在馬路邊上，時常可以看到的那些用撲克牌與象棋殘局引人上鉤的此類人士。

西元九四九年下半年，趙匡胤流浪到了漢水邊上的重鎮襄陽，沒有錢住店，棲身在一座寺廟裏。寺廟的住持年近百歲，飽經滄桑，閱人無數，練就了一雙火眼金睛。他一看趙匡胤，風塵滿面，難掩英挺之氣；破衣一身，全無寒酸之態，就知道這個年輕人必非池中之物。於是，老和尚與他談古論今，點撥他說：漢水以南社會穩定，水至清則無魚；北方卻兵荒馬亂征戰不休，亂世出英雄。少年英雄奈何南下，卻不北上建功立業？趙匡胤一聽，如醍醐灌頂豁然開朗。他也不客氣，拿了老和尚贈送的一大筆重金厚禮，騎上寺廟裏唯一的一匹毛驢，拜別老和尚，雄赳赳地就奔北方去了。（《宋史》卷一《太祖紀一》）

西元九五〇年，趙匡胤來到河北鄴都，投軍在後漢樞密使郭威手下，當了一名普通士兵。趙匡胤魁梧雄健，有一身上好的騎射武功，讀過不少書，偏偏打仗還不怕死。當兵第二年，郭威發動武裝政變，三下五除二把後漢收拾成了後周，做了後周太祖。趙匡胤作戰不含糊，因軍功被提拔為禁軍東西班行首，大約相當於警衛隊隊長的樣子。

西元九五四年，後周太祖郭威病死。他沒有兒子，由養子柴榮繼位，史稱周世宗。這位周世宗柴榮在歷史上口碑不錯，趙匡胤當兵後一直跟著他，此時成為他的親信，被調到中央禁軍中任職。

同年，北漢趁後周太祖剛死，發兵攻打後周。趙匡胤隨周世宗柴榮出兵迎敵。兩軍在高平，即今天山西晉城東北部發生激戰。這場戰役對趙匡胤影響巨大。當時，北漢軍隊佔據上風，後周的兩員大將見勢不好，臨陣脫逃。結果整個部隊陣腳大亂，極為危急。趙匡胤臨危不亂，高喊：「主危臣死，拼死盡忠的時候到啦！」帶領所部騎兵直衝敵陣。北漢軍隊經受不住這種不要命的打法，一敗而不可收拾。後周軍居然扭轉敗局取得大勝。

戰後，趙匡胤被世宗柴榮破格提拔為殿前

逃跑的後果，常常是兵敗如山倒。

都虞侯，大約相當於皇家直屬部隊的第三把手，一下子成了高級將領。這還不算，柴榮還委託他整頓軍隊，組建殿前司諸軍。據說，趙匡胤平日為人重朋友、講義氣，慷慨大方，有酒大家喝，有肉大家吃，有錢大家花，結交了一大批朋友。有一種說法，認為梁山泊好漢最喜歡說的那句話——四海之內皆兄弟——特別受趙匡胤欣賞並身體力行。不管怎樣，現在，利用主持軍隊整頓的機會，他將許多可以交心的部下安排到掌實權的重要崗位上擔任領導職務，又與十位中高級將領結拜為著名的「義社十兄弟」，從而形成了在後周軍隊中極大的潛在勢力。

此後，從西元九五六年到九五八年，周世宗柴榮對南唐發動過三次進攻，趙匡胤身先士卒，敢打敢拼，而且有勇有謀，表現極佳。西元九五八年，在攻打南唐的壽春時，趙匡胤乘坐一個皮筏子突入護城河指揮登城，要不是一個叫張瓊的親兵捨身護主，那如雨的矢石可能早就把他射成刺蝟或者砸成肉醬了。

經過這些戰役，趙匡胤攻城掠地大難不死，很快就被提拔為忠武軍節度使兼殿前都指揮使，成了軍隊系統中最重要的幾個將領之一。在此期間，趙匡胤本人也開始悄悄地發生著變化。他不光江湖義氣豪邁依舊，還結交了一批文人雅士，並把一些這樣的人收為心腹，如趙普、王仁贍等。後來，此二人分別成了大宋帝國的宰相和副宰相。而且，最重要的一個變化是，戎馬之餘，他還重拾書本，開始讀書。這使周世宗柴榮很奇怪，問他：「你不好好舞槍弄棒，怎麼居然讀起書來？」

須知，此時文人的地位相當卑微，正是武夫們橫行天下的時代，沒有什麼人把讀書人放在眼裏。

當上皇帝以後，趙匡胤曾經萬分感慨地說：「天命這玩意兒，求之不得，拒之也不成。世宗是多麼英明的一個人，見到方臉大耳的人就要除掉。可是我整天就在他身邊，卻安然無事。這就是天命呀。」事實上，趙匡胤取得周世宗柴榮的信任相當不容易，除了萬死不辭、忠心耿耿地衝鋒陷陣之外，他對人情世故爛熟於心的洞察力和隨機應變的彈性能力，顯然作用不小。

有一次，柴榮召趙匡胤喝酒。醉眼朦朧中，柴榮盯著相貌堂堂的趙匡胤打量了半晌，突然說道：「你這小子方面大耳，好一派帝王氣象。說不定今後也有九五之尊呢。」趙匡胤一聽這話，嚇得汗流浹背，酒也醒了。他端起酒碗猛喝幾大口，然後，看著皇帝柴榮的眼睛說道：「臣不僅方面大耳，而且體壯如牛。這些都是屬於陛下的，臣隨時準備把這一切奉獻給陛下。別說耳朵臉面，臣的心肝也很肥厚，皇上要是需要，任何時候只管命人來取就是，臣絕不會皺一下眉頭。」一般說來，很少有人能夠在這種表白面前毫不動容。而趙匡胤還沒完，他相當動感情地繼續演講：「皇上所言，令臣如萬箭穿心。臣方面大耳，乃父母所賜，皇上身登大寶，卻是天命所歸。臣不能違父母之命，只能生成這個樣子，就像陛下不能違背

天命而拒絕皇位一樣。請陛下指點迷津，臣該如何是好？」據說，周世宗柴榮乃大笑，曰：「酒後戲言耳，何必當真？」（《宋帝列傳》之《宋太祖》第三十七頁，吉林文史出版社）

就趙匡胤而言，他不可能把這樣的談話看成是酒後戲言，他必須當真。甚至，即便說，他以前還沒有這樣想過的話，這種談話之後，也很有可能會撩撥起他的念頭，使他真的開始往這個方面想。畢竟那句名言幾乎是人人皆知：天子者，兵強馬壯者為之，寧有種乎？儘管周世宗柴榮但凡活在世上，他就不能也不敢做這件事，但他是不是不敢想，就很難說了。實際情況是，他可能不但在想，而且還在悄悄地做。

西元九五九年春天，周世宗柴榮在進軍契丹的路上，莫名其妙地揀到一塊木頭牌子，上面寫著「點檢作天子」的字樣。點檢是個職務名稱，大約相當於皇家直屬部隊司令員。這個職位掌握的軍隊人數雖然不是最多，但是在幾路大軍中，裝備最好，也最精銳。而且就在皇帝身邊，地位極其重要。一般情況下，這個職位只能由皇帝最為心腹的人物擔任。如今，看到這麼一塊東西，不由得柴榮心裏不七上八下。回軍的路上，柴榮突然生病。於是，他立即下令將目前的點檢撤職，換上他信得過的趙匡胤。就這樣，趙匡胤變成了全國最重要的一支部隊的一把手。

就好像真有天命似的，當年三月，當朝宰相王樸腦溢血突發死去。這是除了周世宗柴榮之外，趙匡胤最為畏懼的一個人。趙匡胤當上皇帝後，有一天到昔日的功臣閣去，看到了王樸的畫像，他在畫像前面肅立良久，然後整理衣冠，畢恭畢敬地向畫像鞠躬。禮畢，他感慨萬端地指著自己身上的龍袍對周圍的人說：「這位先生如果還活著的話，我是穿不上這件龍袍的。」（《舊五代史》卷一二八《王樸傳》）

當年六月，趙匡胤敬畏的第二個、也是最後一個人周世宗柴榮病逝。年僅七歲的皇子柴宗訓繼位。一時間，人心惶惶。史書說：「時人咸謂天下無主。」就是說，當時的人們一下子沒了主心骨，覺得偌大個國家突然一下子沒有主子了。

隨後半年，軍隊的中樞機關和中央禁軍的各級將領陸續換成了趙匡胤的弟兄們。

西元九六〇年大年初一，後周君臣正在慶賀新年，突然接到遼國與北漢聯軍入侵的緊急戰報。小皇帝和宰相范質、王溥等當即命令趙匡胤率軍前往禦敵。立刻，京城裏謠言四起，到處哄傳：「出軍之日，當立點檢為天子。」當年，太祖郭威就是藉口「邊防有警」而發動兵變，建立了後周政權的。如今的情形與當年幾乎一模一樣。不同的是，趙匡胤自己裝作憤憤不平的樣子，嘮嘮叨叨地說：「人們怎麼能這麼說我？我該怎麼辦？」

據說，他那和他長得很像的妹妹從廚房裏衝出來，揮舞著擀麵杖大吼一聲：「大丈夫臨大事要當機立斷，別婆婆媽媽地說這些廢話！」他媽媽杜太后，這位歷史上有名的老太太也相當鎮靜：「我兒素有大志，該當如此。」

第二天，大軍出發，走到距離汴京東北四十里的陳橋驛駐紮下來。據說，當天夜裏，趙

匡胤一反常態喝得酩酊大醉，躲在自己的軍帳中一夜沒有露面，任憑弟弟趙光義和心腹謀士趙普與全軍將領開了一晚上的會。

史書記載，大軍離開汴京景愛門來到陳橋驛後，就有一個號稱會看天象的軍校指著天上，愣說有兩個太陽在天上打架，說是「一日克一日，乃天命」。這話立即傳遍了全軍。當晚，就有一幫中高級將領聚到趙普那兒議論紛紛。最後，話題終於落到要擁立趙匡胤當皇帝上。趙普聽到這兒，假裝正經地拍案而起，指著大家說：「趙匡胤對皇帝忠心耿耿，肯定饒不了你們這幫傢伙。」

大家一聽都愣住了。過了半晌，他們紛紛拔出刀劍說：「在軍中談論這個話題本來就是滅族的罪名。咱們今天說定了，有進無退，由不得趙匡胤不做。」趙普一看，大家的意見相當統一，沒有問題了，於是就開始商量布置各種事項，分頭行動起來。

第二天一大早，各軍將領帶著部下來到趙匡胤的門外，呼喊聲驚天動地。趙光義和趙普兩人走進趙匡胤的住處，將他攙扶出來，也不知道從哪兒弄了一件黃袍，披到趙匡胤身上，大家一齊跪倒在地，山呼萬歲。誰知，趙匡胤卻沉下臉，一本正經地對大家說：「你們貪圖富貴，立我為天子，我很感激。不過，沒有規矩成不了方圓，你們如果接受我的條件，我可以做這個天子。不然，我不願意當這個皇帝。」

大家一聽，趕緊跪下說：「請您儘管吩咐，我們唯命是從。」

趙匡胤說：「小皇帝和太后今後還是主子，我們得好好對待他們，不能讓人家覺得我們欺負孤兒寡母；朝中的公卿大臣是我過去攜手並肩的同事，你們不能凌辱他們；如今的帝王一進城就燒殺搶掠，你們不能這麼做。等到事情定下來，我自然會重賞大家。凡是燒殺搶掠的一概殺無赦！」

幾萬大軍聽了，一起磕頭表示服從。於是，整軍返回都城汴京。

這就是歷史上著名的「陳橋兵變」、「黃袍加身」的故事。（《續資治通鑑長編》卷一，建隆元年）

當年，趙匡胤三十三歲，改國號為「宋」。原因是，在此之前，趙匡胤所領歸德節度使的藩鎮在宋州，也就是今天的河南商丘。這也可能是商丘後來被定為北宋帝國的南京應天府的原因。

從中可以看出，趙匡胤們的準備極為充分，組織得相當嚴密。而趙匡胤本人也確實具有足夠的威望，才使一次改朝換代幾乎沒怎麼流血就完成了。當然，後來滅掉兩支不聽話的軍事政治勢力，則是另外的故事。

應該說趙匡胤說到做到，相當夠意思。他將後周變成大宋之後，對後周的皇室始終實行優待政策，確實沒有隨意摧殘。對於後周的一批大臣，他幾乎沒有變動，該做什麼還做什麼，就連宰相也都是原班人馬繼續做。而對於擁戴自己當了皇帝的那些有功之臣，他做的則

可能是中國所有帝王中最厚道的，這就是「杯酒釋兵權」的故事。

從歷史記載上看，宋太祖趙匡胤幾乎是一個功臣都沒有殺過。而且，還形成了一個祖宗家法，就是不許輕易誅殺大臣。史學界一個公認的看法是，有宋一代，是中國歷史上最少荼毒大臣的朝代。

趙匡胤做了皇帝以後，保留了不少當年風風火火闖九州時的習慣。比如，他經常喜歡輕車簡從到過去的老朋友家裏喝酒、聊天，甚至有時一個人溜溜達達地就去了。其中，去得最多的大約是宰相趙普家裏。

趙匡胤做同州節度使時，趙普是他部下掌管刑獄的推官。如今趙匡胤做了皇帝，趙普也成了他的首席謀士。幾年後，幾位老宰相去職，他就順理成章地成為帝國一人之下萬人之上的宰相。趙普的夫人燒得一手好菜，其中特別有滋味的是一款「炙肉」，可能就是一種燒烤著吃的肉，趙匡胤兄弟二人百吃不厭。趙匡胤管趙普的夫人叫「嫂嫂」，當了皇帝後，始終沒有改口。每年都要有四五次駕臨趙普

《雪夜訪普圖》。趙匡胤和趙普圍炭火盤腿而坐，等著趙普的妻子做炙肉來解饞。

家，而且一進門便叫「嫂嫂」做炙肉來解饞，相當親切隨和。中國民間流傳了不少關於這一對君臣朋友的故事，總起來看，他們之間相處得不錯，顯得還算明朗、健康，陰謀詭計雖然還有，但與其他朝代的開國君臣比起來，少了許多骯髒、戾氣和血腥味兒。

作為宰相，趙普為後人詬病之處不少，但總體上的評價也還不錯。民間流傳了不少此人的故事，頗為傳神。

有一天，他寫了個奏摺向皇帝推薦一個人，趙匡胤不滿意，沒有任用。第二天，他又把那個奏摺遞上去，皇帝還是不用。第三天，他再一次上奏，皇帝大怒，把奏摺撕碎扔到地上後，揚長而去。這時，只見趙普在群臣眾目睽睽之下，面不改色地跪下來，慢慢把奏摺碎片拾將起來。第四天早晨一上朝，只見趙普又把已經用糨糊粘貼好了的奏摺呈遞上去。這一下，太祖沒脾氣了。據說，當時太祖一聲不響地批准了他的請求。又據說，他推薦的這個人很稱職，後來成了名臣。（《宋史》卷二五六《趙普傳》）

有一個立功者按規定應該升職，但是，趙匡胤一向不喜歡此人，於是摁在那兒就是不批准，還怒氣沖沖地對趙普說：「我就是不給他升官兒，你能怎麼樣？」趙普一本正經地回答：「罰惡賞功，古來通理，不是陛下您一個人專有的，哪裏可以憑個人的喜怒好惡來決定？」趙匡胤不聽，站起來揚長而去。趙普便亦步亦趨地跟在後面。趙匡胤進到了後宮裏面，趙普就恭恭敬敬地站在門外，一站站了很長時間。最後，趙匡胤派人傳出話來，同意那

個倒楣的傢伙升遷。（《續資治通鑑長編》卷十四，開寶六年）

正如我們所知道的，趙匡胤曾經有過一段相當潦倒的經歷。宰相趙普在給他出過許多好主意的同時，也曾經攛掇他整治那些落魄時對他不好的人們，趙匡胤很反感地拒絕了。這段經歷似乎沒有在他的心理上留下特別負面的影響。因此，他當上皇帝以後，在他身上幾乎找不到什麼特別乖戾失常的舉止行為。當年，他曾經投奔過自己父親的老朋友董宗本，董宗本的兒子董遵誨經常欺負他，弄得他極為鬱悶。趙匡胤做了皇帝後，那董遵誨正好是宋軍中的一個中級軍官，相當惶恐，只等一死。趙匡胤不但沒有收拾他，反而費了不少心思，幫助他將失散多年的母親從遼國接回來，送到他的防地。這廝感動得要死，從此下死力效忠趙匡胤，成為當時挺有名的一員邊將。

有一次，趙匡胤在禁中後苑打麻雀玩，一個臣子聲稱有急事求見。趙匡胤立即接見。誰知，來人東拉西扯，講的沒有一件急務。皇帝不高興了，責問他為何謊稱急務求見？那人說：至少比陛下打麻雀急。趙匡胤大怒，抄起那把著名的柱斧就打。結果，打掉了人家兩顆牙齒。來人不聲不響地將兩顆牙齒揀起來，裝進口袋。趙匡胤窮兇極惡地問：「怎麼著，你還想告我不成？」那位臣子回答：「臣子我不能告陛下，但自然會有史官書之。」趙匡胤愣住了。隨後，相當誠懇地道歉，並拿出不少金銀珠寶來賄賂這位官員。（《續資治通鑑長編》卷一，建隆元年）瞧，皇帝居然有怕的東西，這就是中國人的福氣。一般說來，大凡對白紙黑字還能夠心存一點敬畏的人，就不大會壞得特別出格。對趙匡胤似乎至少可以作如是觀。

這些故事很有一些江湖好漢的味道。讀起來，常常會讓人不由自主地想起有部電視劇裏的那首《好漢歌》。合上書本，一個感覺揮之不去：怪不得這麼多梁山好漢出在宋朝，原來他們的開國皇帝就是如此，甚至會讓人錯把趙匡胤當成是他們中的一個。

趙匡胤當皇帝後，仍然是「該出手時就出手」。不同的是，此時他出手的對象，已經變成了五代十國中其他那些國的國君。比如後蜀國君孟昶，此君是中國歷史上一位比較講究生活品味的國君，據說他大小便用的馬桶都是七彩寶石鑲嵌的。一般說來，屁股如此尊貴的人，腦袋裏裝的就大體上是垃圾了。孟昶就是如此。他任命了一個眉清目秀的家養小廝掌管大權，這小廝二十歲出頭，讀了幾本兵書後，自稱要為諸葛孔明出口氣，完成他老人家六出祁山沒能完成的事業。結果，碰上趙匡胤比他少得多的軍隊後，僅僅六十六天就亡了國。趙匡胤見到孟昶那著名的馬桶後，很奇怪地問出了同樣著名的一句話：

「拉屎用這玩意兒，吃飯該用什麼？」左右回答不出。於是，趙

《孟蜀宮妓圖》。蜀宮女子，美則美矣。

匡胤就親手把那馬桶砸了個粉碎。(《宋史紀事本末》卷四)

都城在廣州的南漢國君劉鋹，也屬於很懂得生活的那一類中國人。小小的一個嶺南王國，王宮裏的宦官居然有七千多人。而且廣州城裏的宮殿多到了數不清的程度，裏面裝著各色各樣的上萬名美女。最受國君寵愛的則是一位來自波斯國的女子，名叫「媚豬」。這位美女「媚豬」有一個奇特的嗜好，她住的宮殿必須用一種產自五百尺深海底的珍珠裝飾。為了滿足這個高品味的愛好，南漢國民葬身海底者不計其數。據說，趙匡胤聽說這位國君與「媚豬」的事蹟後，當時連說「我要救這一方的百姓，我要救這一方的百姓」，隨後，決定滅掉南漢。

這場戰爭進行得相當順利，從西元九七〇年九月到第二年正月，五個月時間就宣告結束。那位國君的結局極有戲劇性，他本來準備了幾十艘大海船，停在珠江口，委託自己最信任的一個大宦官樂范負責把金銀細軟和「媚豬」等二百個美女統統裝上了船，預備著打不過時就走。結果，等到兵敗如山倒，他真的跑到海邊準備走時，才發現樂范已經帶著全體海船走得無影無蹤。據說國君知道這個消息時，根本就不信，隨後幾乎昏厥。最後，萬分惆悵地投降了趙匡胤。(《宋史》卷四八一《南漢劉氏世家》;《續資治通鑒長編》卷一，建隆元年)

最能體現趙匡胤這位好漢英雄霸道性格的舉動，就是對南唐的征伐。

南唐後主李煜是一位天才的文學藝術家，為中國文學史留下了絕對輝煌的篇章。不過，作為一位政治領袖，他又是一位絕對低能、弱智，看不出任何政治智慧與才能的可憐蟲。南唐政權曾經長時間在宋朝面前奴顏婢膝，以求苟延殘喘。但是趙匡胤在準備完成後，還是毫不猶豫地發動了消滅南唐的戰爭。戰爭開始後，李煜派去使節質問趙匡胤：南唐有什麼罪過，要受到如此不公正的對待。趙匡胤毫不掩飾地說出了那句直到今天還左右著許多中國人頭腦的著名格言：

「臥榻之側，豈容他人酣睡？」（《宋史》卷四七八《南唐李氏世家》）

這句話，一語道出了中國帝王政治文化傳統最真實的內涵，那就是實力加暴力原則。從而，完成了趙匡胤這位江湖好漢成為帝王之後的性格塑造，也由此奠定了大宋帝國立國的基本國策。

從時間上看，宋朝是中國歷史上立國時間最長的帝國之一，其壽命為三百一十九年，僅次於漢朝的四百餘年。從空間上看，在中原地區形成的所有大一統帝國中，大宋帝國是土地面積最小的一個。最大時，其國土面積大約只有唐朝的一半左右；到南宋時期更加可憐，甚至不到明朝的三分之一或清朝的五分之一。從經濟文化的情況來看，大宋帝國堪稱輝煌燦爛，其發達程度絲毫不亞於、或者說是超過了漢、唐、元、明、清最為鼎盛的時期，可能是中國古代經濟文化發展的巔峰，甚至是當時世界經濟文化最發達的國家。奇怪的是，它同時又是中國歷史上所有大一統帝國中，最為「積貧積弱」的一個。國家財政上的窘迫如影隨形地伴隨著帝國的所有時期，軍事力量在面對外部的挑戰和凌辱時，很少能夠找到令人驕傲的紀錄。這種看起來完全矛盾的狀態，真實地存在著。其根源，都可以在開國皇帝趙匡胤的「臥榻」情結中，尋找到答案。或者說，我們大約只能在趙匡胤的「臥榻」情結中，才能夠找到答案。

客觀地說，有一個重要的歷史原因所形成的地緣因素，造成了大宋帝國相當大程度的先天不足。這就是燕雲十六州的割讓。

燕雲十六州的割讓，可能是晚唐以後，五代十國時期最重大的歷史事件，它直接影響到了此後四百年間中國歷史的格局。

西元九三六年，後唐帝國的河東節度使

宋、遼形勢圖。圖中虛線輪廓為今日中國版圖。大同、北京的陰影部分便是燕雲十六州。中原門戶由此大開。

石敬瑭起兵叛亂。他以割讓長城以南的燕雲十六州為代價，請求塞外的遼國施以援手。遼國的太宗皇帝耶律德光大喜，不惜御駕親征，幫助石敬瑭打敗了後唐軍隊。隨後，遼國皇帝冊封石敬瑭為中國皇帝，國號後晉。當時，時年四十七歲的石敬瑭為了表達自己感激涕零的心情，主動拜認比自己整整小了十歲、時年三十七歲的遼太宗耶律德光為「父」，自稱為「兒」。大約是不如此作為，心裏就實在過意不去的意思。並立即將燕雲十六州交割給了遼國。（《新五代史》卷七十二《四夷附錄》）從而，完成了中國歷史上讓人最不好意思說出口的一樁交易。而且，還給「兒皇帝」這個詞，找到了一個準確的定義與出處。在整個世界歷史上，這大概是獨此一份。

燕雲十六州所轄的土地東西約六百公里，南北約二百公里，全部面積差不多為十二萬平方公里。它們是：幽州，即今日之北京，當時稱為燕京，又是遼帝國的南京；薊州，即今日之天津的薊縣；瀛州，即今日河北的河間；莫州，即今日河北任丘；涿州，今日河北涿縣；檀州，今日北京密雲；順州，今日北京順義；新州，今日河北涿鹿；媯州，今日河北懷來；儒州，今日北京延慶；武州，今日河北宣化；雲州，今日山西大同；應州，今日山西應縣；寰州，今日山西寰清；朔州，今日山西朔縣；蔚州，今日河北蔚縣。包括了今天北京、天津、河北西北部和山西大同周邊的大部分土地。（譚其驤《中國歷史地圖集》「遼全圖」）

翻開歷史地圖，我們就會發現，燕雲十六州實際上囊括了當時中國東北部與北部地方最重要的險關要塞與天然屏障。這一地區的喪失，使本地區的長城及其要塞完全失去作用，致使整個中原地帶門戶大開，華北大平原全部裸露在北方遊牧民族的鐵蹄之下。從新劃定的邊防第一線，到當時的中國首都汴京，即今天的河南開封，八百公里間，一馬平川，沒有任何一個關隘和險要之地可以阻擋騎兵大兵團的衝擊。從此往後四百年，中國完全失去了軍事上的戰略主動地位。

作為卓越的軍事家、戰略家，趙匡胤完全了解燕雲十六州的重要地位。但是，出於現實的考慮，他相當理性地制定了先易後難、先南後北的戰略規劃。他必須先統一中國本土，然後才能積聚力量，考慮奪回燕雲地區。

在趙匡胤登基之初，宋朝的總兵力不到二十萬人，以步兵為主；所轄人口九十七萬戶，大約在四百萬人上下；財政狀況不算太好，「帑藏空虛」，難以支撐大規模軍事行動。遼國人口大約也在四百萬左右，軍隊總數為三十萬人，以騎兵為主。雙方力量對比，顯然是宋弱遼強。

為此，皇帝專門設立了一個機構叫「封樁庫」，其職能就是在每年的財政收入中，劃出一定比例的盈餘存儲起來，作為收復燕雲的專項資金，由皇帝本人親自掌握。趙匡胤的設想有兩套，一是積蓄足夠多的數量後，與遼國交涉，將這一地區贖買回來；如果不行，就散盡這筆錢，招募勇士，以武力奪回來。這段話，要是用文言講出來的話，相當鏗鏘：「朕將散滯財，募勇士，俾圖攻取耳！」皇帝還打了這麼一個算盤：遼兵數次侵擾邊境，如果我用二十匹絹的價格收購一名遼兵的腦袋，遼國精兵大約十萬人。費我二百萬匹絹，就把他們消滅乾淨了。（轉引自張家駒《趙匡胤傳》，江蘇人民出版社，一九五九年九月版）

到西元九七五年前後，宋朝已經基本統一了中國，所轄人口達到三百零九萬戶，一千多萬人，軍隊總數將近四十萬人。趙匡胤底氣十足，躍躍欲試。可惜，英雄暮年。上天沒有給他留出足夠長的時間，使他四十九歲正值英年就死掉了。否則，以他的才略，收復燕雲應該說不是完全沒有可能。

他死後，他的弟弟趙光義繼承了皇位，是為大宋帝國的第二任皇帝宋太宗。趙光義在位時，對遼國發動過兩次大規模征戰，都以全軍覆沒的慘敗告終。其中有一次，太宗皇帝御駕親征，在今天北京西直門外的高梁河一帶，與遼軍展開大會戰。結果，大敗。激戰中，趙光義腿部受傷，坐在一輛驢車上狂奔，方才逃脫，保住了性命。史書上說，皇帝「僅以身免」。就是說，幾萬大軍打沒了，皇帝是一個人逃回來的。

就這樣，趙匡胤終於在念念不忘的「臥榻」之側，留

天子者，兵強馬壯者為之，寧有種乎？

下了一隻酣睡的怪獸。一個半世紀以後，他的一個輕佻子孫，漫不經心地捅醒了這隻怪獸。結果，在它的咆哮聲中，整個大宋帝國轟然倒地。當然，這已經是後話。

此時，變換一個角度觀察，我們會發現，上面的討論實際上僅僅說明了事情的一個側面。如果回到趙匡胤的「臥榻」情結上去，我們就會看到，大宋帝國於開國之初，就整個被籠罩在這個情結的陰影之下。直接的證據是，在帝國最為重要的幾項基本國策上，全部都能看到它的影子。這個心結不停地釋放能量，最終，終於演變成了帝國上述的矛盾狀態，並使收復燕雲變成了幾乎沒有可能實現的朝代宿願。

事實上，「臥榻之側，豈容他人酣睡」的情結，在中國歷朝歷代的帝王身上都根深蒂固地存在著。舉凡每一次改朝換代的屍積如山、血流成河，舉凡每一次皇家內部的骨肉相殘，舉凡每一次圍繞權位的殊死搏鬥，無不植根於這個情結。從它直到今天仍然影響著中國人社會生活的許多方面來看，它可能是構成中國政治、文化傳統的一個基本元素或者遺傳基因。因為，事實上，這個情結存在於每一個具有廣義「政治」抱負的中國人心中。要證明這一點，事例極多。比如，在官場、職場、商場甚至任何地方，每當面對利益衝突的關鍵時刻，中國人對競爭對手甚至對合作夥伴便會表現得特別無情，必欲置別人於死地而後快。為此經常不留餘地，不計後果。在我們今天的生活周圍和各種媒體上，此種情形大約稱得上觸目皆是。事實上，直到今天，中國人的許多行為，仍然基本上遵循著「自己活，不讓別人活」的

原則行事。「雙贏」或「多贏」哲學並非中國人的思想成果與信條，作為近些年打開國門後的舶來品，許多證據表明，中國人可能至今尚未學會在這種狀態中生存。原因並不複雜。因為，我們這個民族在對異己「斬草除根」、「斬盡殺絕」之類的理論與實踐中，生活得實在太久了。追根溯源，至少在春秋戰國時代「趙氏孤兒」的故事發生之前很久，我們就已經按照這樣的信條在生活了。以至於到後來，我們已經很難將產生這種信條的土壤與這種信條本身區別開來了。因此，趙匡胤具有這樣的情結一點都不奇怪。相反，假如他沒有這種情結的話，那反倒是很令人詫異的事情了。

問題在於，趙匡胤的這個情結似乎特別強烈。其強度足以促使他為新生的帝國制定出一整套相當特別的政策，並為其做出了周密的制度安排。從而，造就出了一個不同於以往任何時代的大宋帝國。

從趙匡胤一生的經歷考察，這種情形應該是由下列三個原因造成的：

一、大唐帝國從輝煌到崩潰的慘痛教訓；

二、他自己親身參與其中的五代十國兇猛搏殺；

三、他本人取得這個「臥榻」的特殊方式。

應該說，這三方面的經驗，已經足夠令趙匡胤對任何染指「臥榻」的可能，保持高度的敏感與警覺了。我們知道，在迄今為止的中國歷史上，這種敏感與警覺曾經導演出無數的人

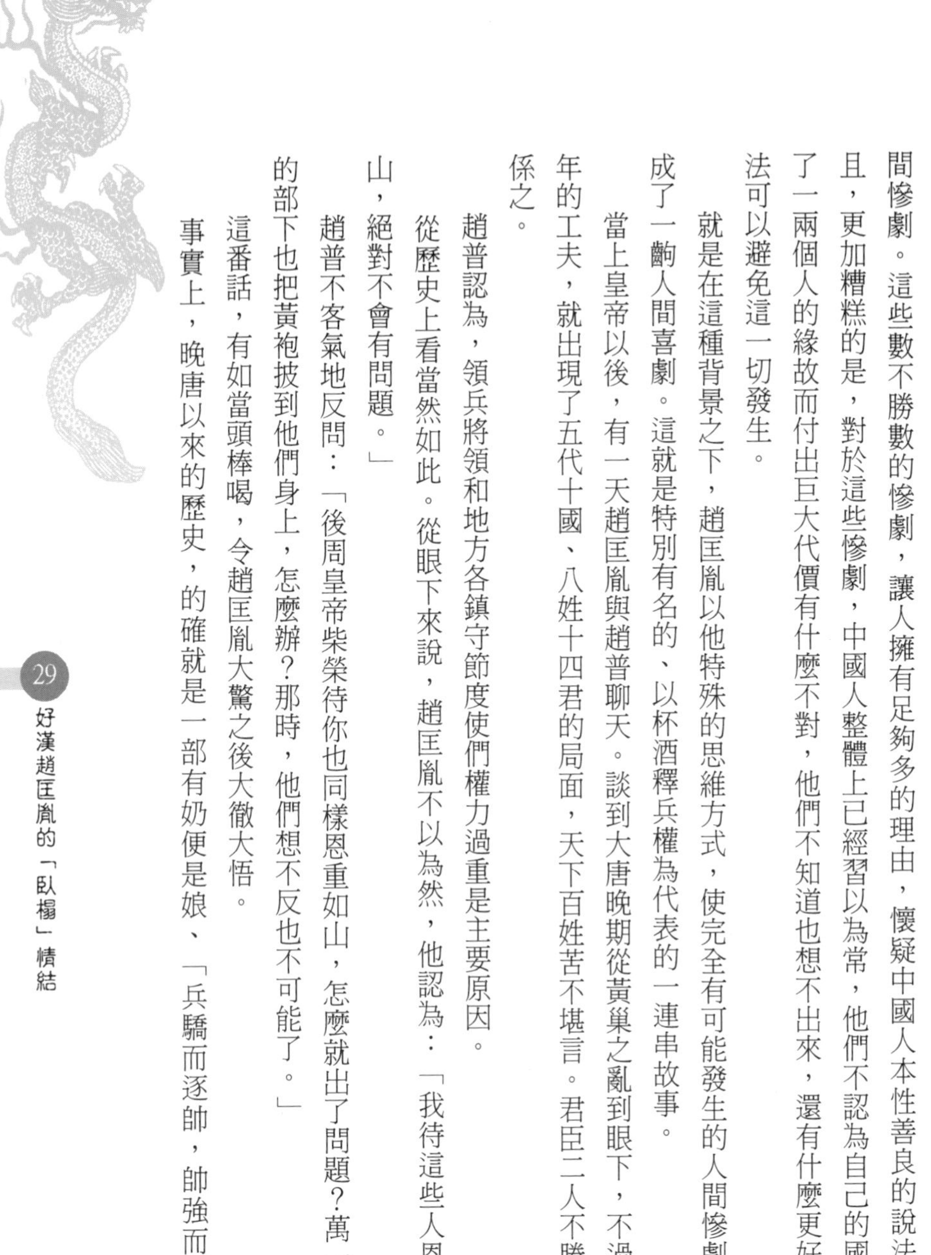

間慘劇。這些數不勝數的慘劇，讓人擁有足夠多的理由，懷疑中國人本性善良的說法。而且，更加糟糕的是，對於這些慘劇，中國人整體上已經習以為常，他們不認為自己的國家為了一兩個人的緣故而付出巨大代價有什麼不對，他們不知道也想不出來，還有什麼更好的辦法可以避免這一切發生。

就是在這種背景之下，趙匡胤以他特殊的思維方式，使完全有可能發生的人間慘劇，變成了一齣人間喜劇。這就是特別有名的、以杯酒釋兵權為代表的一連串故事。

當上皇帝以後，有一天趙匡胤與趙普聊天。談到大唐晚期從黃巢之亂到眼下，不過七十年的工夫，就出現了五代十國、八姓十四君的局面，天下百姓苦不堪言。君臣二人不勝感慨係之。

趙普認為，領兵將領和地方各鎮守節度使們權力過重是主要原因。

從歷史上看當然如此。從眼下來說，趙匡胤不以為然，他認為：「我待這些人恩重如山，絕對不會有問題。」

趙普不客氣地反問：「後周皇帝柴榮待你也同樣恩重如山，怎麼就出了問題？萬一他們的部下也把黃袍披到他們身上，怎麼辦？那時，他們想不反也不可能了。」

這番話，有如當頭棒喝，令趙匡胤大驚之後大徹大悟。

事實上，晚唐以來的歷史，的確就是一部有奶便是娘、「兵驕而逐帥，帥強而叛上」

（《新唐書》卷五十《兵志》）的歷史。當時流傳甚廣並為人們普遍接受的一句著名格言是：天子者，兵強馬壯者為之，寧有種乎？（《舊五代史》卷九十八《安重榮傳》）這種情形很像我們熟知的、在此之前陳勝、吳廣的「王侯將相寧有種乎」和在此之後一齣現代京劇中胡傳魁胡司令的「有槍便是草頭王」。

於是，趙匡胤詢問趙普應該怎麼辦，趙普回答，對於軍隊將領和地方藩鎮節度使，要「削奪其權，制其錢穀，收其精兵，則天下自安矣」。聽到這裏，趙匡胤立即打斷趙普的話，說道：「你不必再說下去，我知道應該怎麼辦了。」（《續資治通鑒長編》卷二，建隆元年）

當時，他很有可能不願意聽到趙普說出讓他殺功臣的話來，才截住了趙普的話頭。不久，趙匡胤想出了杯酒釋兵權的主意。

西元九六一年的陰曆七月初九，晚朝後，趙匡胤設宴請那些手握重兵、擁立自己登上皇位的功臣們喝酒。等到酒喝得差不多時，趙匡胤命令所有侍從、僕役們一律迴避。然後，他感歎著對大家說：

「沒有你們，我不會有今天。不過，我經常在心裏想，人生在世，求的是快活適意，何必非得爭這個皇帝做？皇帝這玩意兒實在難當，還不如以前做節度使時來得舒服。弄得我現在每天晚上都睡不著覺。」

大家一頭霧水，都不知道說什麼好。大家公認的首席功臣石守信小心翼翼地問道：

「請皇帝您明示，怎麼會這樣呢？」

趙匡胤指指自己屁股底下的椅子，「這還不明白嗎？誰不想坐這個位子？」

石守信一聽大驚失色，我的老天，皇帝若是有所指的話，頃刻之間便會興起血流成河的大獄！於是，石守信趕快帶領大家一起離座跪下，說：

「皇帝怎麼會這樣想呢？如今天命已定，誰敢有二心？若真有這樣的逆臣賊子，臣願意提三尺劍為陛下滅之。」

趙匡胤欣慰不已，卻也推心置腹地說：「我知道你們不會這樣。無奈你們的部下之中，難保不會有人貪圖富貴。一旦黃袍加身，你們不想做能行嗎？」

連酒帶嚇，一時間，這些人已然淚流滿面。石守信叩首說道：

「我們都是些粗人，思慮不到這些。請求陛下可憐可憐我們，指一條活路吧。」

於是，趙匡胤明明白白地對大家說：

「人生在世，就像白駒過隙那樣短促。追求富貴，也不過是想多積點錢，舒心快樂，使子孫不受貧困而已。既然如此，你們為什麼不交出兵權，到個富庶的地方去做官，多置些良田豪宅，自己享用也留給兒孫。再買些美女歌姬，快快樂樂地享受生活。我們君臣之間也就不用互相猜疑了，大家各得其所，和美安樂，多好。」

功臣們聽完，紛紛叩頭，說是皇帝為他們考慮得太周到了，就像再生父母一樣。

第二天，這些功臣們紛紛交來辭呈，要求辭去兵權。趙匡胤也真的將他們安排到一些富裕的地方去做官，並且把自己的一個妹妹、三個女兒都嫁給了這些功臣。（《續資治通鑑長編》卷二，建隆元年）

在後來的世代裏，頗有一些學者對於此舉不以為然。理由是，趙匡胤在此宣導了一種醉生夢死、及時行樂的人生哲學，因此不足為訓。這種義正詞嚴的批評以當代大陸學界為特別集中，顯然表示出了一種特殊的理論、學術情操與人生境界。由於這個問題已經超出了我們關心的範疇，故在此不加以評論。

就這樣，趙匡胤採用酷似梁山泊好漢們仗義疏財的方式，大塊吃肉，大碗喝酒，大秤分金銀，將以節度使為代表的武將們手中的大權一點一點地贖買了回來。從當時的情況看，這的確是一切可能的選擇中最好的一種。

我們知道，大唐盛世是從安史之亂戛然而止，並從此走向衰落的。而安史之亂則是由擁兵自重的節度使釀成的大禍。根據歷史記載，大唐宰相李林甫是一位具有極強行政能力的宰相，同時，他還特別善於迎合皇帝的心意。兩者相結合，使他在宰相的位置上，一口氣坐了十九年。這位宰相對中國文化有一項「貢獻」，就是由於他的為人處世，使中國新增加了一個成語：口蜜腹劍。其為人由此可知。

李林甫為相十九年，政績平平，他推行的一項政策卻產生了極可怕的後果。

他給李隆基出了一個主意，任用胡人擔任各鎮節度使，相當於今天的邊疆大軍區司令兼大行政區長官。他的理由是，這些胡人作戰勇敢，沒有野心。其實，潛臺詞是這些人沒有漢文化根基，不會威脅到自己宰相的地位。李隆基居然稀里糊塗地同意了。於是，培養出了自己的掘墓人——大節度使安祿山。

安祿山是柳城（今遼寧朝陽）的混血胡人。此人是個體重三百多斤的大胖子，外表癡憨，不學無術，實際卻智商極高，洞明世事，人情練達，特別是對漢人的人情世故極為通達。據說，安祿山講話高度機智幽默，而且，難以想像的是，這麼一個三百多斤的巨型胖子，跳起一種胡舞來直如疾風驟雨，舞姿剛健而且輕靈，韻味十足，觀者無不為之震撼與傾倒。

他的安史之亂，基本是在李隆基充滿藝術氣質的關愛下實現的。其發展壯大的過程，很像眼下那些俗不可耐、挺好玩挺鬧騰的電視劇情節。

早年，安祿山作戰勇敢，被一位著名將領收養為義子。後來，貪功冒進，打了敗仗，按軍法應該處死。宰相張九齡看了他的面相後，認為這小子面帶逆相，胸懷狼子野心，主張趁早殺掉，

盛唐風景

以絕後患。李隆基卻莫名其妙地饒了他一命。

天寶二年正月，安祿山第一次朝見李隆基時，地方正在鬧嚴重的蟲災。他對皇帝說：他曾經對上天發了一個重誓，如果自己對皇帝不忠，就讓蟲子吃掉自己的心肝。結果，他的心肝至今長得好好的，表明上天嘉許他的忠心。李隆基聽後縱聲大笑，很喜歡這個哄三歲小孩兒的馬屁。

有一次，李隆基指著安祿山肥胖的大肚子問他，這大傢伙裏面裝了些什麼貨色？安祿山嚴肅地回答道：除了對皇帝的赤膽忠心，沒有其他的東西。

安祿山出手極為大方，從他的駐地到首都的路上，獻俘虜、獻奇珍異寶與向京城權貴送禮行賄的人一年四季不絕於途，使很多人都在皇帝面前為他說好話。他跳的胡舞，也在浪漫的帝國首都掀起經久不息的波瀾。

當時，社會上流行認乾親。李隆基想讓安祿山與楊貴妃的叔伯堂表們結成兄弟，安祿山不願意，他請求認楊貴妃做乾媽。想想看，一個四十五歲的胖大男人滿臉天真地要做一個二十九歲美貌女子的乾兒子，是不是有點令人起雞皮疙瘩？可是，李隆基很高興，楊貴妃很高興，安祿山更高興。因為，他換來了皇帝頒發給他的享有免死特權的鐵卷丹書，這是當時的臣民中，沒有人得到過的榮譽和寵信。皇帝在詔書中，將這個憨乎乎的大胖子比喻成了鎮守邊疆的萬里長城，稱讚他的赤膽忠心勝過諸葛亮。讀了這篇詔書之後，再回過頭來翻檢開元、天寶、唐明皇、楊貴妃乃至安史之亂的故事，會讓人產生一種極度的不真實感，感歎人性何以竟會如此。

此後，安祿山凡是晉見李隆基與楊玉環時，都不按君臣的禮節，而是先拜貴妃再拜皇帝。他解釋說，按照胡人的風俗，就是要先拜母親後拜父親。這些馬屁拍得水準極高，怎麼看怎麼都透出了一股可人疼的機靈勁兒。

據說，楊貴妃曾經用綾羅綢緞做了一個巨大的襁褓，把這位胖大漢子包起來玩耍，還為他行洗兒禮，一洗洗了三天三夜。李隆基不但不吃醋，還咧著嘴笑嘻嘻地賞賜他們「洗兒錢」。到最後，安祿山可以不受限制地出入後宮，或與貴妃對食，或通宵不出。一時間，醜聞四起，李隆基渾然不以為意。

當此時，天下十大邊鎮節度使中，安祿山一個人兼了三個，其防區從遼寧的朝陽，到北京一線，再連接到山西的太原。全國四十九萬邊防軍，他一個人指揮了近二十萬，佔全國的百分之四十。大半個北方中國捏在了他的手裏。

好像擔心他造起反來力量不夠似的，李隆基又下令讓他做全國軍馬的總管。在沒有摩托化部隊的冷兵器時代，馬匹是軍力強大與否的最重要標誌之一。結果，安祿山將全國最好的軍馬幾乎全部調到了自己的手上。

據說，安祿山起兵叛亂時，李隆基無論如何也不相信。由於毫無思想準備，大唐軍隊從

兵器庫中取出的盔甲刀槍，已經全部腐爛銹蝕，根本不能使用。以至於倉促組織起來的平叛部隊，只能手持木棍開赴前線。

這次叛亂持續八年，史稱「安史之亂」。（上述引文見《資治通鑑》卷二一六，唐玄宗天寶十載正月等前後各卷）

從此，輝煌燦爛的大唐帝國如同患上了惡性腫瘤，日漸走向衰亡，那些手握重權的各路節度使們，成為到處轉移擴散的癌細胞。當時，節度使總攬一個大行政區的行政、軍政和財政權，下轄兩三個州到十幾個州不等，各州刺史都是其下屬。到趙匡胤的時代，許多節度使已經世襲，他們以自己特有的割據、叛亂、相互攻伐、敲骨吸髓般的敲詐盤剝，為害中國至少二百餘年。

趙匡胤採用贖買政策，將節度使們曾經擁有的大權逐漸融解掉。最後，使曾經炙手可熱的節度使，變成了一個只代表崇高地位和待遇的榮譽性頭銜，用來獎勵和安置那些皇親貴戚、文武大員。由此，實現了帝國權力結構中意義特別深遠的轉變。

這就是杯酒釋兵權的大體過程、由來與背景。這個故事，特別典型地代表了趙匡胤的風格。其人一生行事，大抵如此。

由是觀之，應該說趙匡胤是一個非常大氣的政治家。這種大氣建立在他對人情世故爛熟於心、對宏觀大勢與人的微觀心理都具有極強的洞察力上，因而顯出一種特別富有人性魅

宋太祖趙匡胤像。

力、在中國人中極其罕見的王者風範。這種王者風範，是一種恢弘大度的行為方式和氣質，不做作，很本色，有人的味道。這種東西，只在具有正常、健康，還要超凡脫俗的身、心、才智的培養基上，才能培植、發育得出來。因此，翻檢史書，在中國歷朝歷代的紀錄裏，即便不是絕無僅有，至少也是難得一見。這和古今中外歷史上常見的，將齷齪的內容隱藏在神聖的名義之下，通過陰謀的方式，兇殘地表現出來的所謂「雄才大略」，完全是不同的兩回事兒。比秦始皇嬴政、漢高祖劉邦、漢武帝劉徹、明太祖朱元璋、明成祖朱棣這幾位號稱雄才大略的角色要高明得太多了；甚至與政治完人唐太宗李世民比較起來，也不遑多讓，或許還要出色幾分。

但是，僅僅這些還遠遠不夠。遠遠不足以說明好漢趙匡胤對「臥榻」熱愛的程度和由此產生的激情。他走得比這些可要遠得多了。

在政治上，趙匡胤實行了「三權分立」的制度設計，將過去世代裏由宰相統籌負責的行政、軍政、財政三大權力剝離開，使中央政府由互不統屬的三大部分構成：管理政事的中書省、管理軍事的樞密院和管理財政的三司。

中書省就是政事堂，為中央最高行政機關，宰相為其首長，官銜叫同平章事，意思是與皇帝共同議政；參知政事相當於副宰相，意思是與宰相同議政事。

樞密院是最高軍事機構，其最高首長為樞密使或知樞密院事，也設有副職，稱為樞密副使或同知樞密院事。

中書省與樞密院對持文武二柄，號稱二府，其中，中書省又稱政府、東府，樞密院又稱樞府、西府。樞密使與宰相的地位相當，號稱執政，互不統屬，互不通氣，各成體系，各自對皇帝負責。後世所謂「宰執」一詞，就是由此——宰相與執政——簡化而來。

財政大權則由三司執掌，其最高首長為三司使，號稱「計相」。下設鹽鐵、戶部、度支三部，是僅次於二府的中央權力機關，其首長同樣直接對皇帝負責。

不知道出於什麼考慮，趙匡胤還設立了兩個職權、級別、地位、任務完全一樣的監察、輿論機構，就是御史臺和諫院。御史臺的首長是御史中丞，諫院的首長是知諫院，大約相當於今天的監察部長。其職責勉強可以類比為今天的監察部、中紀委和中央新聞單位的內參部門混合在一起。但是，需要了解的是，這兩個部門的威權極重，經常是由那些學術、才能、品行都很出眾的人物出任其職位。他們控制了監察與言路，氣勢非凡，鋒芒所向，經常可以將宰相等高官拉下馬。是帝國政治舞臺上極其重要的一支力量。一個推測是，之所以設立兩個並行的機構，是為了防止有可能的同流合污。（《宋史》卷一六一《職官志》）

宰輔像，宋代石雕。

趙匡胤時代，宰相的地位發生了不小的變化。趙匡胤除了在許可權制度上削減宰相的權力之外，在禮儀體制上也刻意予以打壓。為此，總體上行事相當大度的趙匡胤，還很小器地要過一個小花樣。

秦漢時期，宰相地位極為崇高。拜相時，皇帝要施以大禮，因此才有「拜相」一說。在朝廷上，宰相有時甚至與皇帝一起接受百官的叩拜；皇帝如果在街上遇見宰相，雙方必須下車相互施禮；宰相生病時，皇帝必須到相府探視等等。隋唐時代，宰相的身分沒有那麼尊貴了，但是仍然可以面對面地坐在皇帝面前，品著香茗，商討政事，輕鬆而且從容，於是有「坐而論道」一說。到了趙匡胤時代，看到宰相們坐在他面前，他心裏就開始不舒服。於是，有一天，他招呼宰相們：「我眼睛昏花，看不清楚，你們把奏摺拿到我面前來。」幾個宰相不知是計，便走上前來，結果，事先安排好的內侍們趁機撤掉了宰相們的椅子，從此，宰相們就只能站著侍候了，遂成為制度。那一年，趙匡胤大約三十五歲，眼睛昏花顯然只是個小把戲而已。後來，到了明太祖朱元璋及其以後的時代，可能是心理變態的緣故，宰相們就必須跪著伺候了。從此，除了爹娘，再也沒有人可以站在皇帝面前。中國人也活得空前猥瑣。當然，這些已經是後話。

為了防止各級官員們培養起離心離德的力量，趙匡胤在幹部制度上實行了官、職、差遣三相分立的制度。這是一套真正奇異而又複雜無比的幹部制度。簡單說，就是上至宰相，下到相當於縣裏科級幹部的主簿官兒，一般都不擔任與官職名稱相符的職務。換句話說，就是本部門的官員並不一定管理本部門的事務。於是——

官，只是用來確定品秩即官位高低，俸祿即收入多少，章服即官員禮儀服飾和序遷即晉升的階級等，因此，叫做「寄祿官」，或階官。

職，則是一種加官，如大學士、學士等等，代表了一種榮譽，並不意味著擔任相應的館閣職位，因此，叫做「貼職」。

差遣，只有差遣，才是官員們所擔任的實際職務，代表了真正的實際權力與責任，因此，叫做「職事官」。

如中書令是中書省的最高長官，但是擁有這一官稱的人只意味著擁有宰相的資格和可以領取宰相的俸祿，並不意味著他真的就是宰相了。只有皇帝差遣他為同中書門下平章事時，他才能算是實際的宰相。這種繞山繞水的幹部制度，常常會使我們在碰到大宋帝國的官職稱謂時，一頭霧水，完全找不到北。比如，尚書右僕射兼中書侍郎判中書省事這個稱謂，實際表示的是真正的宰相。但在字面上，它的意思是：尚書省副首長兼中書省副首長，然後代理中書省首長。用今天的官制比喻就是：教育部部長並不能實際過問教育部的事務，必須由商

業部的副部長兼任教育部副部長，然後再代理教育部部長。這時，只有在這時，他才能算是真正的教育部部長了。（柏楊《中國人史綱》第二十四章第十一世紀。）

據說，太祖趙匡胤設計這麼一套制度的本意，就是要讓各級、各類、各地的官員們統統找不到北，甚至不知道自己究竟是誰？不管你是多高的官、擁有多榮耀的職，只有當皇帝的差遣下來了，才能夠明白自己是什麼東西。致使所有的人對於自己未來可能履行的實際職務都是一片茫然。加上任職時間上，文官只有三年、武官則為四年的限制，造成「名若不正，任若不久」的現象和感覺，每個人都覺得自己只是個臨時工而已。從而，在客觀上增加了大宋帝國官員們利用職權，在一個地區、一個部門、一個系統中培植自己勢力的難度；主觀上，也在一定程度上減少了這種故意。於是，自然難以危害朝廷。

青州北海縣升格為北海軍後，楊光美被派去擔任知軍。此人在任期間為政清廉，官聲極佳，深受百姓愛戴。三年任期滿後被朝廷召回，北海軍數百名百姓來到京城請願，要求留楊光美繼續擔任北海地方長官。趙匡胤不允許，下詔令百姓離去，百姓不肯。於是，趙匡胤下令「笞其為首者」，就是下令鞭打領頭的人，結果，把一件喜事活活變成了喪事。（《續資治通鑑長編》卷三）可見，趙匡胤對此限制之嚴。而且，後來他還下令，地方官任期滿後，當地百姓不得上朝廷請求地方官留任。

這套幹部制度的真正利弊之處，在短時間裏很難看出來。一眼看上去，它對於把權力集

文官像，宋代瓷彩塑。

中到皇帝手中、加大中央集權的力度，肯定是毋庸置疑的。趙匡胤求仁得仁，這正是他想要的東西。

但是，另一方面，在未來的歲月裏，這套東西與其他的因素相結合，不停地同時在幾個領域裏演化，最後，終於在各種社會因素的交互作用之下，孕育出了一些或者特別奇妙，或者特別怪異的果實。這可能就遠出於趙匡胤的預料了。

譬如，我們完全可以想像，為了適應這套官制的運行，勢必會有一些人有官、有職而沒有差遣。隨著一年年加入官場的新鮮血液的增多，這些閒官的數量將會越來越多。由此生出的一個怪胎就是相當困擾帝國的「冗官」問題。

這套制度與其他因素結合後的另外一個衍生物則極其美妙。此時，一個宏觀因素，可能在這個交互作用中發揮了極大的影響。

當時，正值中國社會的一個巨大轉型時期行將完成之際。這一轉型時期從盛唐開始，而到趙匡胤的北宋前期結束。從此，中國社會由門閥世族佔據主導地位，變成世俗地主成為國家的中堅力量。

南北朝時代，蕭衍當上皇帝時，曾經放出狂話：「我自應天從人，何予天下士大夫事？」

意思是：我當皇帝是天命所歸人心所向，關天下士大夫們屁事？可見，那時改朝換代，僅僅是大門閥貴族的事情。經過武則天時代，特別是進入晚唐和前不久的五代十國以後，門閥貴族們的高貴家世，恰好成為割據者和叛亂者們敲詐勒索、荼毒殺掠的對象。經過長期戰亂，到北宋前期，那些尊貴的傳統世家幾乎被消滅殆盡。因此，北宋必須通過科舉制度大量開科取士，才能獲得治理國家的有用之材。這使科舉制度迅速完善並且規範，成為國家選拔人才的最重要途徑。有唐一代，宰相絕大多數出自門閥世家。到北宋時期，從趙普開始，「白衣卿相」大比例增多。布衣寒士、平民百姓通過科舉一途大量湧進官場，從而徹底改變了自己的命運。時代再也不是僅僅與豪門貴族有關了，地主、商人、市民階級在茁壯成長。一幅《清明上河圖》，把這個新興的社會，描畫得清清楚楚。趙匡胤無心插柳柳成蔭，用自己完全基於「臥榻」情結的設計，明顯加快了這個社會的巨大轉型。於是，我們知道，現在人們喜歡說的一句話叫做：「天下興亡，匹夫有責」，或者叫「位卑未敢忘憂國」。國家興衰成了關乎天下士大夫的事情。

這個大背景，可能是我們理解宋代社會高度發達的經濟文化，還有市井或者市民文化的重要線索。而趙匡胤設計的制度，相當嚴絲合縫地適應了時代的發展，從而，成為一種強力催化劑，催生和促進了這個社會的發育。

或許和趙匡胤仗義疏財的個性有關，或者和他的贖買政策有關，北宋帝國的官員，尤其是中、高級官員的俸祿收入，可能是中國歷史上各個朝代裏最為豐厚的。據說，與明朝官員比較起來，其官員正式的平均收入可能會高出幾倍。正如我們所知道的，帝國官員們的收入是以官、職確定的，沒有獲得差遣對於收入的影響不是特別大。獲得差遣的職事官，也只有那些放外任的才多增加了一些「崗位津貼」而已。

因此，經過長期積累和交互作用，產生了至少兩個方面的直接結果：

一方面，造成了北宋時期龐大的、只拿錢不幹活兒的冗官隊伍。有史料說，在當時龐大的官僚隊伍中，「居其官不知其職者，十常七八」。

另一方面，這些已經躋身官僚階層的士大夫們，既有錢又有閒，數量相當龐大，肯定是帝國文化素養、消費能力和時尚方面創造力最高的那一部分。於是，他們以自己的存在，全方位地促進了整個社會經濟文化的繁榮與發展。任何對此抱有疑義的人士，不妨在晚唐、五代十國與北宋年間的文化藝術長廊裏徜徉一番，陶醉之餘或有心得。

也就是說，帝國的官制成為有宋一代經濟文化繁榮的巨大培養基之一。

與政治制度的設計比較起來，趙匡胤所設計的軍事制度，對大宋帝國的影響同樣既深且巨。

這套制度的核心理念在於防止武將擁兵自重，尾大不掉。其具體做法是將與軍隊有關的權力分解為三大部分，第一部分為調兵權，歸樞密院掌管。大凡有事，需要進行軍事調動

時，樞密院經皇帝核准後，可以發兵符調兵。第二部分為管兵權，歸三衙掌管。舉凡軍隊的日常管理、訓練等，由這三個軍隊系統的衙門負責。第三部分為統兵權，由皇帝臨時指派將領，統兵實施軍事行動。軍事行動結束後，將領交出部隊，調回到其他單位。部隊則返回各自營區。（《范太史集》卷二十六《論曹誦札子》；《宋史》卷一六二《職官志》）

這種設計，完全符合相互制約與平衡的精神，使任何一個軍隊將領如果想要擁兵自重的話，變得即便不是不可能，也是極其困難，他需要克服的障礙實在太多了。從此，除了南宋初年之外，趙家天子完全可以不必擔心黃袍加身式的兵變了。但是，另一方面，如此錯綜複雜的管理指揮體系，運轉起來滯重緩慢無比，沒有什麼效率可言。更加嚴重的是，這種故意造成的「兵無常帥，帥無常師」，「兵不習將，將不知兵」，也使部隊的凝聚力和團隊精神無從談起。不但無法形成強大戰鬥力，就連承受大的打擊都困難。

這還不算完。大約是前不久五代十國時期的武將們給人留下的印象實在太惡劣的緣故，或者是他們擁戴趙匡胤當皇帝給人留下的印象太深刻的緣故，大宋帝國開國不久就實行了徹底的以文制武政策。這個政策的核心思想，是將所有武人全部假設成潛在的壞蛋，然後，不許他們擔任軍事工作的一把手，他們必須在文職官員的領導下工作。因此，終北宋一朝，樞密院的一把手只在很短的時間裏曾經由武官出任，其餘時間全部由文臣甚至宦官掌控。各級部隊的統帥，也由文職人員或者宦官擔任。職業軍人即武將，則必須在文官的節制下指揮軍

武將立像，宋代石刻。

事行動，哪怕在戰術單位，也是如此。（柏楊《中國人史綱》第二十四章第十一世紀）

這就太過分了。

這種明顯乖張的做法，事實上令文職人員與職業軍人同時受到了傷害，而受傷害最大的則毫無疑問是帝國及其軍隊。我們知道，真理只要走過一步，就會變成謬誤。在這一點上，趙家天子走得太遠、太過了。

在未來的歲月裏，我們還將會看到，上述因素和太祖制定的募兵制度相結合之後，是如何導致帝國軍隊的疲軟不振的。

了解了這些情況，我們就會比較容易理解，為什麼帝國軍隊在對抗外部挑戰時，動不動就潰不成軍了。

與以文制武政策相輔相成、相映成趣的，則是偃武修文、宣導文教的基本國策。出身純粹為赳赳武夫的趙匡胤，卻開創出了中國歷史上文化發展最為輝煌的頂峰時代，與他制定的這些基本國策顯然是分不開的。

當上皇帝後，武將出身的趙匡胤採用了許多手段籠絡武將，但內心深處，他對武將們卻十分警惕，甚至厭惡。有一次，在回顧了五代十國的軍閥混戰之後，他十分感慨地對趙普說：「選擇一百個文官派到全國各地去當地方大吏，哪怕他們全部變成貪官污吏，都趕不上一個武將可能帶來的禍害。」（《續資治通鑑長編》卷十三）

在中國的皇帝裏，趙匡胤應該算是比較喜歡讀書並且大力提倡尊重讀書人的一類。據說，他平時沉默寡言，酷嗜觀書，哪怕行軍打仗的間歇裏都手不釋卷。只要聽說民間有奇書，常常不惜千金求購。有一次，跟隨周世宗柴榮攻打淮南，有人私下裏到柴榮那兒告狀，說趙匡胤打下壽州時，私運極重的財貨，達數車之多。柴榮半信半疑，派人去查看，結果發現所有箱子裏全部是書籍。柴榮大為不解，問他：你剛剛擔任高級職務，不好好收拾甲兵舞槍弄棒，要這麼多書幹什麼？趙匡胤頓首道：「皇上重用我，我常恨自己沒有奇謀裏贊皇上。看書就是想找到這方面的智慮見聞。」（《續資治通鑑長編》卷一）

騎馬武士像，宋代磚雕。

當時，被擠在軍閥割據夾縫裏的文人學士，處境極為艱難。有一位很有名的學者名叫張式，被彰義節度使張彥澤不由分說聘請為掌書記，負責他的奏章文件。張彥澤兇殘苛暴，有一次上書朝廷，要求朝廷殺掉自己的兒子。張式不肯為他寫這封奏章，並勸阻他不要這麼做。誰知張彥澤拉弓就要射死張式。張式只好出逃。後來，張式逃到朝廷請求庇護。張彥澤知道後，向朝廷索要張式，並聲稱，如果得不到張式，將會有不可測之禍。朝廷居然就將張式交給了這個軍閥。結果，張彥澤對張式採用了剖心、決口、斷手足的刑罰，最後殺死。（《新五代史》卷五十二《張彥澤傳》）據說，五代十國時期，類似的事例不少。於是，時人記載說：士子生於斯者，經常要為如何保全身家性命而煩惱。因此，才會有如此眾多的北方文人士子，為了避禍，千山萬水遠逃四川和江南地區。

如今，趙匡胤偃武修文，宣導文教，尊重讀書人，甚至以文制武，理所當然地受到了社會各個階層的廣泛擁戴，使人們相信，國家真正是要進入太平盛世了。

趙普「半部《論語》治天下」的故事相當有名，據說，也是趙匡胤逼這位宰相讀書逼出來的。

趙匡胤有一柄「柱斧」從不離手。那是一個象牙柄水晶頭的斧頭，很名貴，打起人來也很疼。據說，他發怒時就是用這把柱斧打人，而且對越是親近的人打得越狠，也就越疼。據說是為了讓人長記性。

西元九六七年，當時是宋太祖的乾德五年。這一年，費了不少氣力，終於平息了蜀中之亂，朝野上下鬆了一口氣。然而，有一天卻發現了一個惹人恥笑的大笑話，使宰相趙普差一點挨皇帝趙匡胤的柱斧揍。

當時，君臣幾個人不知道為什麼談起了年號來，趙匡胤對「乾德」這個年號相當得意，認為是一個古來無有的好年號。趙普跟著拍馬屁，列舉了幾年來不少好事，然後歸功於趙匡胤改的這個年號。

誰知，旁邊站著一位名叫盧多遜的翰林學士，極有學問，而且死看不上趙普。他等趙普特別起勁地拍完馬屁後，不動聲色地說了一句：「可惜，乾德是偽蜀用過的年號。」

皇帝大吃一驚，馬上命人去查。結果真是前蜀的年號，而且是亡國的年號。這一下趙匡胤的羞慚惱怒可想而知。想起趙普這廝身為宰相，卻不讀書不看報，讓自己在天下臣民面前出了這麼大的一個洋相，真是可惡萬分。

皇帝陰沉著臉在那兒運氣，坐了半天，實在還是壓不住心頭的怒火，便招手叫道：「趙普過來。」

趙普以為要挨那柱斧的揍了，又不敢違抗命令，就戰戰兢兢地走向御案前，只見皇帝拿起御筆，蘸飽了黑墨，在趙普臉上就是一陣亂寫亂畫，弄得他滿臉滿身翰墨淋漓。一邊塗，皇帝還一邊罵：「你不學無術，怎麼比得上盧多遜？」有一種說法認為，趙匡胤就是在這一次，說出了他的另外一句名言：宰相要用讀書人。

趙普奇恥大辱，整整一個晚上都不敢洗掉，直到第二天上朝。

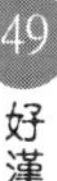

從此，大宋宰相趙普開始發憤讀書。他有一個大書匣，不許別人動。人們只是看到他每天從裏面拿出一本書來讀，但是誰也不知道是什麼書。等到這位宰相死後，人們打開書匣，發現裏面只有《論語》的前半部分。從此以後，趙普以「半部《論語》治天下」的故事就傳遍天下了。（《續資治通鑑長編》卷七）

皇帝重用讀書人，經常喜歡用一段至理名言來告誡周圍的武將：天下可以在馬上得之，卻不能騎在馬上治之，更不能躺在馬上守之。對於軍人和武將們震動不小。此時，武將和文臣之間的關係發生了很大的轉換，現在，雙方相見時，文臣已經不需要低眉拱手，一般是由武將們恭恭敬敬地唱個肥諾，先致問候。一個經常可以看到的情形是，軍人「見大臣必執梃趨庭，肅揖而退」。（汪藻《浮溪集》卷一《行在越州條具時政》）

新科狀元登科後，披金掛彩地騎在高頭大馬上滿京城遊街誇耀。屆時，整個帝國首都舉城若狂，就像盛大節日一般地瞻仰新科狀元文曲星下凡似的風采，所有美麗的少女都在心中夢想著與他結為連理。當時就曾經有人說，這些書生們的風光，甚至超過統兵十萬，踏破敵國的大將軍。這一切，是在大宋帝國初年開始成為習俗的。皇帝賜聞喜宴請新科進士們喝酒，也是同樣在此期間形成的慣例。科舉考試在這個時代代表著絕對的進步、平等與文明，為千千萬萬沒有家世背景的莘莘學子打開了改變命運的大門。

讀書和讀書人如此受人敬重，以至於目不識丁的大將軍也要奮起直追。

黨進是趙匡胤的一位親信武將。他不識字，甚至經常搞不清楚自己所統率部隊的各種數字。太祖有時問到他，他每每會把幕僚們寫在手板上的數字，舉起來給趙匡胤看。他被派到高陽戍邊時，按規矩，赴任前要到朝堂向皇帝致辭告別。太祖體諒他不識字，豁免了他的告別致辭。

誰知，他堅決不同意。幕僚們只好將致辭寫在手板——一種類似文臣們上朝時捧著的笏上，並教他背熟。

屆時，黨進跪拜如儀，然後，抱著手板跪在那兒，準備致辭。誰知，緊張之下，他把明明已經背熟的致辭全數忘光，跪在趙匡胤面前很長時間一言不發。最後，他突然抬起頭來，看著趙匡胤，大聲說：「臣聞上古民風淳樸，請陛下多多保重。」這兩句完全不相干的致辭一出，殿堂上的在場者無不掩口，「幾至失容」。事後，人們問他：「為什麼要說出這麼兩句來？」他回答說：「我早就看那幫措大（當時罵人窮酸的俚語）們喜歡在皇帝面前掉書袋，我也掉幾句給他們看看，讓皇帝知道知道，我也讀書來著。」（文瑩《玉壺清話》卷八，轉引自《宋帝列傳》之《宋太祖》，第一百五十三頁）

「太祖勒石，鎖置殿中，使嗣君即位，入而跪讀，其約有三——」

在中國所有世代裏，只有宋太祖趙匡胤，以至高無上的開國皇帝之尊，給自己的子孫留

下了這樣的誓約：

一、保全柴氏子孫，不得因有罪加刑；

二、不得殺士大夫及上書言事之人；

三、不加農田之賦。（王夫之《宋論》）

誓約中，嚴重地警告說，子孫不得背棄上述誓言，否則是為不祥，將遭天譴。

在五千年華夏文明史中，這是唯一一份出自皇帝之手、帶有人性光輝的誓約。其意圖，在於約束自己的子孫不要作惡。據說，這塊刻著誓約的石碑，置於太廟寢殿的夾室內，封閉甚嚴。新天子繼位時，朝拜完太廟，必須禮啟後，跪著默誦誓詞。屆時，只有一個不識字的內侍跟隨，其他人只能遠遠恭候。因此，除了歷任皇帝，沒有人知道誓約的內容。西元一一二七年，靖康之變，宮門全部被打開，人們才一睹其神秘容顏。據說，該石碑高約七八尺，闊約四尺餘。碑文乃大宋帝國的祖宗家法，世世傳承。

想想漢高祖劉邦「不要封異姓王」之類的誓約，想想我們聽到的許多皇家「祖宗家法」，但凡得勢就翻臉無情、對政敵必欲斬草除根而後快的狠毒，實在令人感慨係之。

坦率說，筆者沉溺於故紙堆的時日不算短了，每日和歷史上的仁人志士、昏君奸臣、金戈鐵馬、血雨腥風之類相伴，很難有什麼激盪起伏。奇怪的是，當讀到趙匡胤的這份誓約時，竟然情不能自禁地潸然淚下。想想實在惆悵，即便是有這樣一份誓約的約束，這個朝代還是釀成了中國歷史上的第一大冤案。而且，就在出現了這樣誓約之後的千百年漫長歲月裏，中國人絕大多數時日的生活甚至還遠遠不如出現這份誓約的當時。這才是中國人真正的慘痛所在。此是後話，打住吧。

趙匡胤的文治武功，其概要大抵如斯。

在他攻城掠地之後，制定了這些政策制度、祖宗家法，大宋帝國的「鬱鬱乎文哉」就是在此基地上，成長起來的。

在那個時代，中國人發明了活字印刷術，開始使用指南針，大規模應用火藥。

在那個時代，世界最繁華最發達的十大城市裏，大約至少有五個以上在中國。

在那個時代，帝國汝、定、鈞、哥瓷器，從當時到現在，都是全世界的珍寶。

在那個時代，只有通過中國的貿易船隊，世界才知道原來海船可以這樣造，原來航海可以不迷航。那時，世界許多國家還在刀耕火種，許多歐洲的君主從生下來以後就再也沒有洗過澡。穿上來自中國的絲綢，是他們崇高的榮耀。

在那個時代，我們已經有了第一所私立大學，其中最大的一所私立大學的學生人數曾經達到過萬人以上。

在那個時代，曾經產生了比任何時代都多的一連串響亮名字，口口相傳了上千年，直到我們今天。他們肯定還會在我們的子孫那兒繼續傳下去。他們是：寇準、包公、楊家將、狄青、范仲淹、歐陽修、王安石、柳永、蘇東坡、司馬光、秦觀、黃庭堅、宗澤、李剛、岳飛、韓世忠、梁紅玉、李清照、陸游、辛棄疾、文天祥、還有及時雨宋公明、打虎武松、花和尚魯智深，還有李師師，甚至還有秦檜——

我們是他們的子孫，我們的身上流淌著他們的鮮血。

他們生活的那個時代是中國經濟、文化達到巔峰的時代。是中國在全世界最文明、最富裕、最發達的時代。

這就是最值得中國人驕傲，也最應該令中國人痛心的——大宋帝國。

這一切，可能都與它的開國皇帝、好漢趙匡胤的那個「臥榻」情結有關。

都是王安石惹的禍

西元一一二七年，距離王安石發起他那著名的變法運動，已經過去了五十八年。距離司馬光廢除這些變法，也過去了四十二年。距離另一位反對變法的蘇東坡去世，相隔了二十六年。

這三人，在中國歷史上享有同樣偉大的名聲，並且一度是相互傾慕的好朋友。因為這場變法，三人漸行漸遠，終於徹底葬送了友情，並且成為政治上的死敵。

司馬光和王安石在殊死搏鬥中，於西元一〇八六年同年去世。

假如他們能夠多活一些年頭，看到四十一年後——西元一一二七年的慘劇，那麼，王安石可能會責問司馬光和蘇東坡：為什麼不支持自己變法圖強？

而身為偉大歷史學家的司馬光和大詩人蘇東坡，很有可能會一起痛斥享有偉大文學家與政治家盛譽的王安石：這一切，都是你王安石惹的禍！

直到今天，在以中國歷史為研究對象的國外漢學界裏，王安石的知名度和受關注程度，都屬於最高的一類。史學大家黃仁宇先生認為，對其褒貶評析，遂成為國際學術界的一大題目，影響、左右著國際視聽。

二十世紀，中國的「文化大革命」行將結束時，王安石的名字，曾經一度突然以極高的頻率出現在大陸各類傳媒之上，使即便完全不知道熙寧變法為何物、與宋朝歷史研究絲毫不搭界的普通中國人，也知道世界無產階級的導師列寧曾經教導說：王安石是中國十一世紀的改革家。當時，正值中國大陸開展「批林批孔」運動，王安石作為法家的傑出代表和孔夫子的對立面而備受讚揚與推崇。今天，我們知道這不是事實。

事實上，王安石曾經被看做孔孟之道的傑出繼承人，在一個特定時期裏，享有極為崇高的地位。但是，甚至王安石還坐在大宋帝國宰相的位置上時，對他的猛烈批評就從來沒有停止過。更有後世一些極端的批評者認定，正是王安石推行的變法運動，導致了大宋帝國的衰頹，從而招致靖康之恥。因此，王安石對這場災禍需要負主要責任，甚至和童貫一樣，萬死不足以蔽其辜。

在後來的世代裏，類似的聲音不絕如縷。

假如不是由於他卓越的文學成就和清廉的人品操守在，的確令人很難想像王安石這三個字該如何面對所謂的史筆如刀。今天，翻開官方修訂的正史《宋史》，我們會赫然發現，王安石變法的最重要支持者、參與者、助手、學生和繼承人，幾乎全部被列入奸臣的行列。只有這一位高舉變法大旗的首倡者安然無恙。這本身就是特別富有戲劇性、特別耐人尋味的一個現象。

進入二十世紀以後，隨著帝制皇朝的土崩瓦解，王安石三字重新被賦予新鮮的含義。「偉大」二字，時常被冠之於這三個字前面。王安石成為偉大的政治家、偉大的文學家、偉

大的改革家，等等。到前述的「批林批孔」運動時到達高峰。

二十世紀的這場對於王安石的頌揚運動，大約肇始於世紀初那位激情滿懷的政論家梁啟超。今天，社會似乎已經進入了一個相當理性與冷靜的時段，摧毀的時代開始成為過去，建設的時代已經來臨，褒貶雙方的情緒也就顯得不那麼激動了。人們不再將古代幽靈與現實政治硬往一起拉，從而，沒有了必欲置辯論對手於死地的衝動。這樣的情形，十分令人欣慰。它至少使人們不必過敏兮兮，使我們在注視這位生活於一千年前的大人物時，可以從眾多角度來打量他。從而，客觀了許多，也從容了許多。

王安石的文學成就似乎不需要懷疑，他在詩、文、詞上均「絕妙一時」。梁啟超認為，

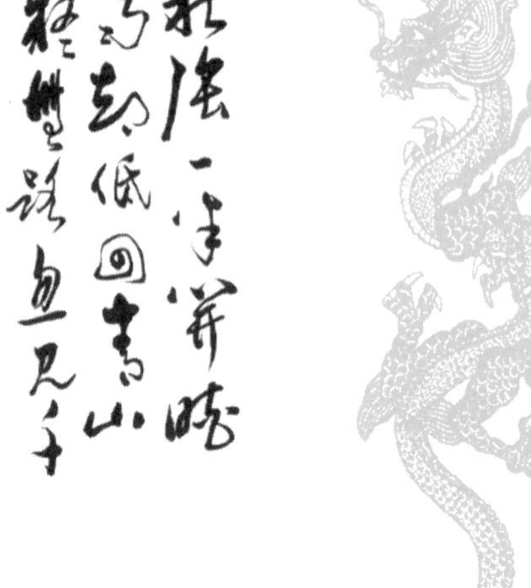

王安石詩
《江上》
江北秋陰一半開，
曉雲含雨卻低回。
青山繚繞疑無路，
忽見千帆隱映來。

不僅僅是唐宋八大家，也不僅僅是有宋一代，「以文學論，則荊公於中國數千年文學史中，固已佔最高之位置矣」。（《飲冰室合集》第七冊，專集第二十七《王荊公》，中華書局一九八九年版）

一句「濃綠萬枝一點紅，動人春色不須多」，簡直就是王安石自信乃至自負的寫照。酣暢淋漓，又味道十足，已然勝過萬語千言；

一句「春風又綠江南岸，明月何時照我還」，又已經勾引出後代直到今天不計其數的考據與賞析文字來。

「荊公之詩，實導江西派之先河，而開有宋一代之風氣。」（《飲冰室合集》第七冊，專集第二十七《王荊公》，中華書局一九八九年版）用一位當代學者的話說，王安石以自己的詩文，為大宋帝國的文化事業，「抹上了一層燦爛的異彩」。（張白山《王安石前期詩歌及其詩論》，載《文學遺產》一九八〇年第二期）這一點，是那些在政治上徹底厭惡他的人，都無法否認的。

王安石的做人特別有意思。除了推測，即便是他最兇狠的敵人，也很難在私生活上找出可用以攻擊他的破綻來。

此人最大的外在特點是生活上的極度不修邊幅。據說，他長時間地不換洗衣服，長時間地不洗臉、不漱口、不洗澡。這使他的外套上，到處都是湯汁油漬汗跡等污斑，一些乾巴巴的附著物可以想見且可疑。（林語堂《蘇東坡傳》第七章《王安石變法》）從宋代風俗史所描繪的飲食習慣上，我們知道，汴京的蟹黃饅首與鵪鶉羹是深受文人士大夫們喜愛的名小吃。當時的人們比較日常的副食品包括羊肉、豬肉、雞、鵝、魚、蝦、蟹、螺、蔬菜和乳製品等，調味料常用的已經包括蔥、蒜、薑、醬油、糖、醋、芥末、豆豉、辣椒等。（《中國宋遼金夏習俗史》第三章《宋代物質生活習俗》）有一種說法認為，宋代所謂的辣椒，指的是今日我們所說的花椒，故而當時所指稱的辣味可能指的是花椒的辣。而我們今天吃的辣椒，原產於南美洲。這種說法認為，南美洲的物種只有在明代才有可能傳入我國。另外，宋人酒的飲用量極大。在古印度和古埃及的傳說中，有美女天生不用洗澡，身上常新常香者。沒有資料表明王安石屬於此天生麗質一類。於是，這種飲食習慣和上述衛生習慣相結合，產生的後果可以想見。好在當時的王安石已經具有了極高的官聲與文名，使這種出現在常人身上肯定會令人無法忍受的不修邊幅，反而給他增加了新的魅力。史書記載說：時人咸謂其賢，就是說，人們普遍認為王安石是了不起的高人。就此，導致了另有記載說：士大夫以不能結識王安石為最大的恨事。

我們所能找到對此提出質疑的有兩個人。一個是蘇東坡的父親蘇洵，這位快三十歲才發憤讀書的老先生，從見第一面的第一印象起，就對名聲如日中天的王安石頗不以為然，後

來，發展為嗤之以鼻，乃至深惡痛絕。為此，老先生專門寫了一篇被認為是針對王安石的文章，題目就叫《辨奸論》。他認為，洗臉換衣服是人之常情，違背人之常情，穿著破衣爛衫，吃著豬狗之食，蓬頭垢面地侃侃而談詩書禮樂，博取不流俗的名聲，其中，一定隱藏著絕大的奸惡狡詐，屬於那種為害國家的大奸大惡之類。（蘇洵《辨奸論》）

顯然，如果僅從這一點上判斷，蘇洵的觀點頗值得商榷。事實上，古今中外此類人士並不是絕無僅有，他們喜歡沉溺在自己的精神世界裏，神遊八極。他們無暇、可能也不屑於花時間，把自己收拾得一定要和其他人一樣。這完全是他們自己的事情。我們知道，中國正統的人士裏面，的確有一種人，他們非常像北京人所說的那種「事兒媽」。其特點是，特別喜歡把一些純屬個人性質的愛好情趣一類，和國家、人類的前途、命運聯繫起來，使芝麻大的一點事情變得無窮大。

王安石的反應不得而知。可能是基本不予理睬而已。後來，他手中的權力極大時，也沒有看到他有過什麼與蘇洵老先生特別過不去的舉動。

另外一位提出懷疑的人，則是王安石無法不予理睬的了。這個人是王安石的皇帝，宋朝第四任皇帝宋仁宗。

宋仁宗在位四十二年，是大宋帝國在位時間最久的皇帝，包公包青天的故事整個發生在他當皇帝期間。這位皇帝真正忠實地執行了先祖重文輕武、偃武修文的基本國策。從而，使帝國的文化之樹根深葉茂，結下碩大的果實。蘇軾、蘇轍二人考中進士以後，這位皇帝看了兄弟倆的文章後，極為興奮，回到後宮還讚歎不已，說是為子孫物色到了兩個宰相之才。北宋時期，詩壇、詞壇、文壇最輝煌燦爛的星座，基本都是在這個時期升上浩瀚星空的。這一切，肯定與仁宗皇帝的仁慈、寬厚密切相關。我們知道，他也曾經做過一件摧殘文化人的事情，就是發生在柳永身上的故事。這個故事講起來很好玩，但是，對於當事者卻相當殘忍。柳永是位渾身每一個細胞都充滿了藝術靈性與才華的詞人，寫了太多好詞，偏偏一首落第後發牢騷的《鶴沖天》，被皇帝抓住了。這首詞的最後一句是：「忍把浮名，換了淺斟低唱。」結果，等到倒楣的詞人真的考中進士後，皇帝恨其輕佻，大筆一揮，說是：「要這浮名做甚？且去淺斟低唱。」搞得我們這位大詞人一輩子沒能撈到一個像樣的官做，只好混到伎館行院的漂亮女孩子堆裏，自稱是「奉旨填詞」。最後，連最善於考證的中國歷史學家們，費盡心機，居然都考證不出這位成就卓著的大藝術家的生卒年代。（《宋詞選》第三十七頁《柳永》，上海古籍出版社，一九七八年三月新版）從中可以看出，這位仁宗皇帝畢竟還是缺少一點藝術贊助者的雅量與幽默感。

仁宗皇帝對於王安石曾經相當欣賞，多次準備提拔他的官職，都被王安石謝絕了。這是導致王安石名聲極盛的重要原因。事實上，這也是王安石一生中最重要的謎團。但是，當王安石以一位官聲極佳的地方官身分真的來到京城時，仁宗皇帝很有可能改變了自己的看法。

其原因是很小的一件事情。

有一次，仁宗皇帝在皇家宮苑裏宴請一些臣子。當時，做了一個輕鬆的規定，任何人都必須自己到御池中去釣魚，然後，由皇家的御廚用釣上來的魚，做每個人想吃的菜。這肯定是一個令人愉快的提議，大家興致勃勃地拿上魚鉤和魚餌去釣魚。只有王安石，心不在焉地坐在一張臺子前，在沉思中，一粒一粒地把眼前盛在金盤子裏的球狀魚餌全部吃光。最後，在眾人的一片驚訝聲中，表示自己已經吃飽了，雖然不知道吃的是什麼。這使皇帝認定，此人是一個虛偽矯情的偽君子。皇帝的理由是：一個人可以不喜歡釣魚，也可能會在漫不經心中錯吃了幾粒魚餌，但他不可能稀里糊塗地吃掉整整一盤子魚餌。（林語堂《蘇東坡傳》第七十四—七十五頁）我們知道，西方文化史中，時常會記載一些哲人沉浸在自己的內心世界裏時，做出過許多稀奇古怪的舉動。對此，只能由每個人作出自己的判斷。

仁宗皇帝在將王安石召回京城時，一個極大的可能是要委之以重任的。但是，在二人之間沒有發生過任何不愉快的情況下，王安石事實上是被冷處理了。這從他精心撰寫的「萬言書」呈交皇帝後便無聲無息這一點上可以看出。其起因，很有可能就是這一次莫名其妙的「魚餌事件」。

有一次，王安石的朋友與王安石的夫人談天，王夫人抱怨自己根本無法知道相公究竟喜歡吃什麼菜。那位朋友認為很奇怪，他覺得王安石特別喜歡吃鹿肉絲。原因是，當天中午吃飯時，他親眼看到王安石將一盤子鹿肉絲吃得乾乾淨淨。王夫人問道：「那盤鹿肉絲當時放在什麼位置？」朋友回答說：「在王安石眼前。」王夫人說：「那麼你們明天把鹿肉絲放得遠一點試試。」第二天吃飯時，大家將鹿肉絲放得遠了一點，將另外一盤菜擺在王安石眼前。結果，王安石將眼前的菜，吃得乾乾淨淨。飯後問起來，他根本不知道剛才的桌子上還有一盤鹿肉絲。（林語堂《蘇東坡傳》第七十一頁—七十二頁）

在衣著上也大致如此。一次洗澡時，王安石的一個朋友用一件乾淨的衣袍，換走了王安石的髒衣服，想看看他如何反應。誰知，王安石根本不反應，穿上就是。人家問他穿的誰的衣服，他茫然不知衣服已經換過了。（林語堂《蘇東坡傳》第七十一頁）

從這些事例判斷，將此人的此類舉止作為心理分析的對象，感覺上好像比作為道德批判或者價值批判的對象，來得更合適一些似的。

有些事情，頗能表現王安石的為人與私德。

王安石的吳氏夫人是位胖太太，大約也不算美貌。有一次，她自說自話地為丈夫置了一個小妾。可能是想給丈夫一個驚喜，白天她對此事隻字未提，晚上臨睡時，才讓這女子梳好妝了前來侍候。王安石大吃一驚，問來者所欲何為？就是說，他不知道一個美貌女子打扮得漂漂亮亮，半夜到他的房子裏來是想幹什麼。女子將夫人的意思講給安石聽，安石相當嚴肅地仔細盤問起來，這女子告訴他，自己的丈夫將一船官麥沉船失卻，傾家蕩產後仍然不足以

王安石坐像。其人果然不修邊幅。

償還官債，所以自己被丈夫賣掉好還債。安石問：「共賣得多少錢？」女子回答：「九百緡。」就是九百貫錢的意思。按照購買力折算，大約相當於二十萬元人民幣。安石聽後，命該女子回她自己房間安歇。第二天一早，即命人將該女子的丈夫找到，讓他把自己的妻子領回去，並且不必退錢。（林語堂《蘇東坡傳》第九十六頁）

王安石少好讀書，而且「一過目終身不忘」。寫文章時下筆如飛，初看似不經意，完成後，讀者無不嘆服其精妙。更兼此人口才極好，史書記載說：安石「議論高奇，能以辯博濟其說」。據說，他經常能夠在眾多反對者面前，旁徵博引，雄辯滔滔，自圓其說而令人啞口無言。最後，他還有一個特點，那就是「果於自用，慨然有矯世變俗之志」。就是說，這是一個慷慨果敢以天下為己任的人，對自己非常自信，立志要改造這個世俗的世界。這種志向，可能是形成於他的青少年時期。有資料顯示，安石雖然少有才名，但由於父親一生只是一個中下級官吏，需要供養全家十口人，因此，家庭狀況相當困窘。甚至在安石已經成年之後，大約十八九歲時，還時常需要到山上採集野菜為食。（《治亂警鑒》第三卷，第二二三頁）這種青春成長期反差較大的情形，可能對於我們了解此人特立獨行的性情，會有所幫助。

西元一〇四二年，即宋仁宗慶曆二年，安石二十二歲。是年，他一舉中進士高第，為第四名。此後一生為官，官居宰相高位前後凡八年，其間一度權勢薰天，幾乎可以主宰百官的榮辱予奪。但是，此人從未用此權力為自己及其親族謀過私利。他對金錢也從不計較，據說，其宰相俸祿幾乎變成了公費，任憑親友甚至同事花費。而且，該人一生少見私敵，所結怨者，大多是為了變法的緣故。因此，就連後世相當厭惡他的批評者，都承認自己面對的是一個真誠、虔敬的潔身自好之士。（林語堂《蘇東坡傳》，第九十六頁）

用現代的眼光判斷，這種帶有強烈指向性的素質、能力和品格特徵，特別適合成為某種藝術流派、社會運動特別是政治運動的領袖。

使安石享有極高聲望與巨大知名度的，除了上述原因外，他在二十多年的地方官生涯中所形成的極佳官聲，也是一個原因。而最重要的原因，大約莫過於他多次拒絕朝廷為他安排的肥美官職。

按照帝國的規定，凡是進士高第者，為官一任即三年後，即可以擔任清要之館職，包括昭文館、史館和集賢院，來到皇帝身邊，成為為皇帝撰寫詔令的翰林、知制誥等。很多宋代的高官都是由此快速成為執政、甚至宰相的，因此，被認為是快速發達的最佳捷徑。一般非進士高第者，則可望而不可及。王安石二十五歲即具備了入館的資格，相當罕見，為人們所豔羨。安石卻上書辭謝。他寧願到一個邊遠小縣去做一個縣令。於是，從二十二歲中第開始，直到四十六歲位居顯宦開始推行變法為止，他多次拒絕朝廷授予高位之意，對入朝為官並快速升遷的誘惑毫無所動，熟視無睹，基本上都是留在做具體工作或地方官的任上，從縣令一級級地做到太守。其間在每一個地方，全部政績斐然，行政才幹之優，堪稱能員。而且，在此期間，他建堤築堰，改革學校，開辦農民貸款法，也就是後來的青苗法的雛形，結果全部大獲成功，使他深受百姓愛戴，成為具有崇高官聲與民望的地方官。

這二十多年時間，是王安石最神秘、最神奇的時間。他謝絕一次朝廷的美意，就導致他的聲望升高一次。一次次的謝絕，最後就使得甚至從皇帝開始，到京城裏的士大夫，到朝堂上的文武百官們，無不渴望見識一下王安石的真面目。遂成為此人一生最大的謎團。

如果說他是為了沽名釣譽，這時間未免太長了些；如果說是韜光養晦，這份沉得住氣的功夫真正罕見。

有一種看法認為，當時朝堂上群星薈萃，德高望重者濟濟一堂，如范仲淹、歐陽修、司馬光、曾公亮、文彥博、富弼、韓琦等等一大批人，會使王安石黯然失色，因此，他索性躲到地方坐以待時。此種看法，顯然低估了王安石耀眼的才華與獨特堅定的性格。以一介地方官吏，他尚且能夠使自己的燦爛文名流布於天下，令四方學子仰慕，哪裏會害怕到京城一展

身手？

從心理學的角度出發，有當代學者認為，王安石屬於那種只能當一把手的人。他寧為雞頭，不做豹尾，遇事極難與人合作。從歷史記載上看，他的同僚、屬下和上級對此均頗有煩言。因此，他不願過早地與那些樹大根深的朝中大佬過招。對於一個政治人物，這種判斷，或許有一定的道理。

但不管怎麼說，此人相當自信，自信一旦時機來臨，自己必可成就一番大事業。而且，事實上，他也在這二十年間，為自己今後的政治生涯打下了一個極為堅固的基礎。這顯然是不需要懷疑的。

西元一〇六〇年，即宋仁宗嘉佑五年，王安石終於在千呼萬喚之中，接受了朝廷任命的一個官職：出任三司度支判官。這並不是一個顯赫的官職，但卻是一個極為重要的職位，因為這個職位的職責所在，是整個帝國的財政收支與漕運。我們已經知道，三司是帝國中央主管全國財政大權的最高機關，其最高首長三司使的地位僅稍稍低於宰相與樞密使，是直接對皇帝負責的朝廷重臣。三司下面有三個部：鹽鐵、戶部、度支。鹽鐵掌管工商收入、兵器製造等；戶部掌管戶口、賦稅和榷酒等；度支則掌管財政收支和漕運等。三司使地位崇高，有「計相」之稱，下設三個副使分管三部，而判官的責權，則大體相當於主持該部日常工作的秘書長，地位略低於副使。

此時，王安石名滿天下，被視為奇才。人們普遍認為，此公不同凡俗的特立獨行之中，蘊藏了深不可測的才幹與品行。用司馬光的話說：「介甫（王安石字介甫）一人享有天下大名三十多年，才華橫溢，學識淵博，淡泊名利，志向高遠。不管認識不認識的人，都有一個共同的看法，介甫不當大任則罷，但凡身肩大任，則太平盛世指日可待，天下蒼生都會承受他的恩澤。」（《溫國文正司馬公文集》卷六十，與王介甫第一書）

此時，范仲淹已經去世。老一代名公巨卿舉凡在世者，如文彥博、富弼、歐陽修、曾公亮對王安石好評如潮。另一位元老重臣、曾經三朝為相的韓琦，此時大約正在為當年曾經錯怪了這位少年才俊而懊悔與內疚。

此事發生在至少十五年前。當時，韓琦官居揚州太守，王安石剛剛高中進士後，被授予簽書

《文苑圖》。畫面左上方「韓滉文苑圖」為宋徽宗趙佶所題。

淮南節度判官廳公事一職，大約相當於今天的揚州市政府辦公廳主任科員之類。那時，王安石常常秉燭夜讀，通宵達旦是為常事。每逢這時，他便在破曉時分，靠在椅子上稍息片刻，有時打個盹醒來，已然晚了。於是來不及洗漱，便匆匆趕去辦公。韓琦一見之下，以為年輕人少年得意，時常徹夜縱情聲色。於是，便諄諄勸導道：「君少年，無廢書，不可自棄。」——小伙子，趁著年輕，多讀點書吧，不要荒廢了自己。顯然這是好意。王安石未加辯解，只是在三年任期滿了離職時，告訴自己的朋友說韓琦不賞識自己。後來，王安石的詩文聲名鵲起，頗有成為一代文學巨擘的架勢了，韓琦這才知道自己看走眼了。於是，願意把他作為自己的老部下看待、加以提攜。誰知，王安石不買賬，並不借機拉近關係，始終與韓琦相當疏遠。後來，在王安石的日記中，人們才發現，王安石對自己的這位老領導，評價極低：「韓琦別無長處，唯面目姣好耳。」（《宋史》卷三二七《王安石傳》）從中，可以看出王安石此人心氣之高傲。很難想像這樣一個人，會是一個汲汲於沽名釣譽之徒。

當此時，在各方面能夠與王安石相抗衡的，只有一個人，那就是司馬光。

但是，此時，就連司馬光對王安石也是十分傾慕。或者毋寧說，二人是相互傾慕。

司馬光比王安石大兩歲，比王安石早四年考中進士，為進士甲科，當時只有十九歲多一點。在進士揭榜的聞喜宴上，別人都戴花，唯獨他一人不戴。後來邊上的人悄悄告訴他，天子所賜，不可不戴。他才勉強戴了一枝。司馬光受人稱道之處，還不在於他少年得中高第，

而是在於，他是在已經受恩蔭為官的情況下，再憑實力考出的前途。我們知道，古時官制，父祖為官時，朝廷會根據其官職，恩選不同人數的子孫直接做某個級別的官，稱為恩蔭。這個情形，至今可能還有遺存。它和我們前些年所知道的「接班」——父母退休，子女進入父母單位工作——還不太一樣，今日肯定應該列入腐朽糟粕之屬。這是人們對司馬光另眼相看的原因之一。

若論起成名時間，王安石就更加無法和司馬光相比了。司馬光砸缸救人的故事，流傳了千百年，當時，實際上已經被載入各種史料之中，為時人廣為流傳。

說起私德，司馬光的一個故事恰好可以和王安石相媲美。司馬光年輕時，居官通判，相當於某一個城市的副市長兼秘書長。由於司馬光的妻子未能生育，太守夫人，也就是市長夫人選了一位有宜子之相的侍妾送給他。司馬光對此女不理不睬，司馬夫人以為是自己在跟前的緣故，於是，事先告訴那個侍姬，等自己離家之後，打扮好了，夜裏直接去老爺房中侍候。屆時，司馬光看到出現在自己房中的女子後，正顏警告說：「夫人不在，你竟敢

司馬光《資治通鑒》節選：「臣光曰：孝武窮奢極欲，繁刑重斂，內侈宮室，外事四夷，信惑神怪，巡遊無度，使百姓疲敝起為盜賊。其所以異於秦始皇者無幾矣。」

來此？速去！」隨即令此女子離去。（《宋史》卷三三六《司馬光傳》）

司馬光歷時二十五年撰寫的《資治通鑑》，全部完成時，手稿裝滿兩個房間。是中國歷史上唯有《史記》才能夠與之比肩的最偉大的歷史著作。

司馬光與王安石二人曾經做過同事。當時，他們倆一起在包拯也就是著名的包公包青天手下擔任群牧司判官，包拯則是他們的頂頭上司——群牧使。有一次，群牧司衙門裏的牡丹花盛開，包公置酒賞花。司馬光回憶說，自己素不喜酒，但是在包公勸酒時，還是勉力喝了幾杯。介甫也不喜酒，他不管包公如何勸，始終滴酒不沾，包公也拿他沒有辦法。司馬光由此知道，王安石有多麼倔頭倔腦。（（宋）邵伯溫《邵氏聞見錄》卷十）

關於與司馬光之間的關係，王安石的說法是：與君實（司馬光字君實）相處得既好，時日又久，只是對事情的看法每每不同，處理問題的方法也常常各異。

司馬光的看法則悲觀得多，他說：安石待我歷來淡薄，我因為和他幾次同事的緣故，私心裏總有些眷眷的同僚情分。

不管怎樣，這樣兩位道德文章堪稱泰山北斗的人物，最後畢竟決裂了。不但決裂，而且形同水火，勢不兩立，形成了一場真正的悲劇。

對於大宋帝國來說，這個悲劇的意義特別現實地擺在眼前，在這兩面大旗之下，整個帝國的士大夫階級公開決裂為兩個派別，這兩個派別由開始的主義之爭、道義之爭，迅速蛻化

為權力之爭。而伴隨著權力的爭奪，政治空氣迅速惡化，政治道德不斷墮落。兩派政治力量全部喪失了理性與倫理的約束，飛快地向著黑暗的深淵墜落，然後，在骯髒的泥沼裏，像野獸一樣互相撕咬。直到帝國官場完全失去判斷是非善惡的能力，帝國的上空充斥著邪惡的氣息。最後，整個帝國便裹挾在這邪惡中，大踏步地走向無可挽回的崩潰。

很難說，這一切是從什麼時候開始的。

有一個具有特殊象徵意義的細節，常常被歷史學家們忽略。

西元一〇六七年，即宋英宗治平四年，正月，可能患有嚴重精神疾病的英宗皇帝，在位不到四年就死去了。皇太子趙頊繼位，是為宋神宗。這個具有特殊象徵意義的細節，發生在他做了皇帝之後。有一天，二十歲的年輕皇帝身穿全副戎裝來看皇太后，那應該是相當英姿勃發的一種裝束。皇太后果然很喜歡小皇帝的英武挺拔，但是，卻告誡年輕的皇帝：「你如果能夠永遠不貪軍功，就是天下臣民的福分。」這兩代人的不同表現，宿命般地預示了帝國未來的命運。

神宗皇帝身著戎裝，的確表明了他對文治武功的嚮往，表明他對於國富兵強的渴望。不過，眼下不但談不上這一切，就連慣例之下的開銷都已經難以為繼了。這使剛過二十歲的皇帝心緒格外惡劣。

事情起因於朝廷將要舉行的春季祭天大典。本來，按照慣例，每次春季祭天大典完成後，都要賞賜給文武百官銀兩綢緞，表示皇家對諸位一年辛苦的一點意思，也包括了對開春以後，新一年的拜託之意。事實上，這可能已經成為一種類似今天的年底發放雙薪，或者年終獎金性質的一筆支出。不到實在過不下去的地步，這筆錢的確不是可省則省的。然而如今，國庫已經到了真正空虛的地步，因此，皇帝下決心要免去這筆賞賜，把不好意思變成沒有意思，以此為皇家節省一筆開支。

由此，引發了王安石與司馬光二人在神宗皇帝面前的第一次真正意義上的爭論。時間大概是在西元一〇六八年年底前後。當時，王安石與司馬光二人已經先後被任命為翰林學士。王安石第一次沒有推辭便接受了此項任命；而司馬光則是在皇帝下令不許推辭的情況下，接受了任命。

這次爭論針鋒相對，將雙方的基本分歧大體表達清楚。

王安石認為：「國家財政狀況不好，不是當務之急，造成這種情況的原因，是因為沒有善於理財的人。」

司馬光反對：「你所謂善於理財者，不過是巧立名目，在百姓頭上增加捐稅而已。」

王安石說：「不然。善於理財者，可以不增加捐稅卻使國庫充盈。」

司馬光大不以為然：「天下哪裏有這個道理？天地所生的錢財萬物，不在民，就在官。

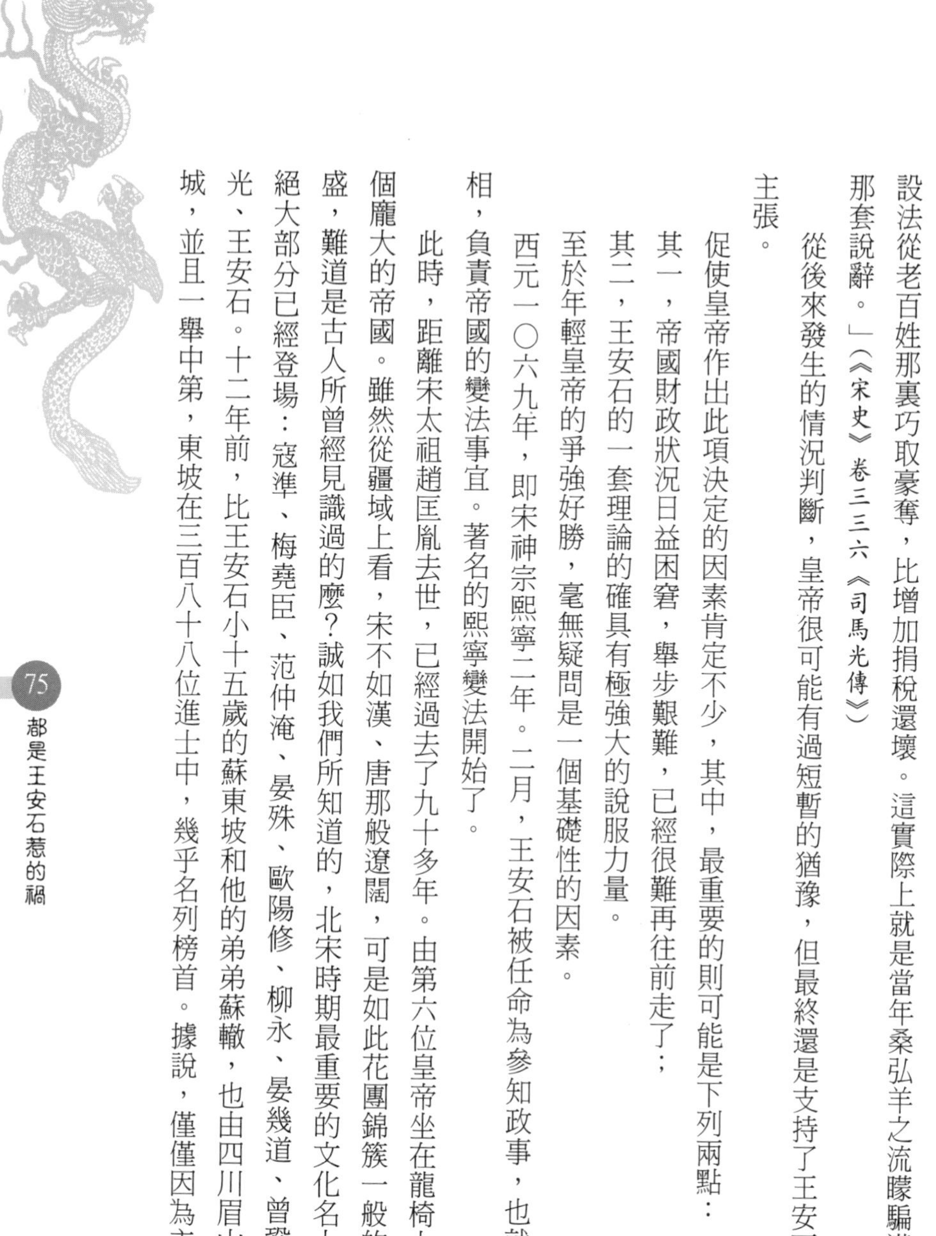

設法從老百姓那裏巧取豪奪，比增加捐稅還壞。這實際上就是當年桑弘羊之流矇騙漢武帝的那套說辭。」（《宋史》卷三三六《司馬光傳》）

從後來發生的情況判斷，皇帝很可能有過短暫的猶豫，但最終還是支持了王安石的變法主張。

促使皇帝作出此項決定的因素肯定不少，其中，最重要的則可能是下列兩點：

其一，帝國財政狀況日益困窘，舉步艱難，已經很難再往前走了；

其二，王安石的一套理論的確具有極強大的說服力量。

至於年輕皇帝的爭強好勝，毫無疑問是一個基礎性的因素。

西元一〇六九年，即宋神宗熙寧二年。二月，王安石被任命為參知政事，也就是副宰相，負責帝國的變法事宜。著名的熙寧變法開始了。

此時，距離宋太祖趙匡胤去世，已經過去了九十多年。由第六位皇帝坐在龍椅上治理這個龐大的帝國。雖然從疆域上看，宋不如漢、唐那般遼闊，可是如此花團錦簇一般的文明昌盛，難道是古人所曾經見識過的麼？誠如我們所知道的，北宋時期最重要的文化名人，如今絕大部分已經登場：寇準、梅堯臣、范仲淹、晏殊、歐陽修、柳永、晏幾道、曾鞏、司馬光、王安石。十二年前，比王安石小十五歲的蘇東坡和他的弟弟蘇轍，也由四川眉山來到京城，並且一舉中第，東坡在三百八十八位進士中，幾乎名列榜首。據說，僅僅因為主考官歐陽修判斷失誤，以為這麼漂亮的文章定是出自自己的一位弟子之手。於是，為了避嫌，把該文的名次往後錯了一位，就此才委屈東坡成為第二名。黃庭堅、秦觀諸人也以接近弱冠之年，意氣風發地嶄露頭角。李清照、陸游、辛棄疾們還要再過一些年月才能大放異彩。大宋帝國，星漢燦爛。他們雅歌投壺，詩酒唱和，光風霽月，文采風流。可能他們誰也沒有想到，自己已然處身於中國文化的最高峰處，前無古人，而後無來者。

然而，高處不勝寒。皇帝和他的大臣們卻憂心忡忡，他們最清楚，在這繁花似錦的後面，國家積貧積弱之勢已成定局，且已經積重難返。

所謂積貧，並不是說國家貧窮。事實上，大宋帝國是中國歷史上經濟文化最為發達的巔峰時代，肯定是當時全世界最富裕、最發達的國家。舉凡農業、手工業、商業、國際貿易、城市發

《西園雅集圖》。大宋帝國，群星燦爛，蘇軾兄弟、黃庭堅、李公麟、米芾、蔡肇等名士盡在畫中。圖中高冠者為蘇東坡。

展、科學技術進步、生產工藝改進等等，無一不是最輝煌的時期。不幸的是，帝國同時又以積貧積弱著稱，形成令人相當無奈的局面。

積貧指的是帝國國家財政長期處於入不敷出的窘迫之中。造成此種狀況的原因，最重要的是冗兵與冗官。

太祖皇帝在實施以文制武、裁抑武將政策的同時，創設了募兵制度。據說，這是開國之初太祖皇帝趙匡胤相當得意的一項設計。史書記載說，趙匡胤曾經與趙普等二三重臣商討「可以為百代之利者」，趙普們出了許多主意，皇帝都不滿意。最後，太祖趙匡胤認為只有養兵一法才是長治久安之道。太祖曰：「可以利百代者，唯養兵也。方凶年饑歲，有叛民而無叛兵；不幸樂歲而變生，則有叛兵而無叛民。」（《嵩山文集》卷一《元符三年應詔封事》）意思是說，遇到災荒年景，將饑民招募為兵，可以避免饑民作亂；正常年份，即便有軍隊作亂，而百姓也不會參加。於是，建立了由國家財政養兵的募兵制度。實際上，是將軍隊作為收留饑民和地痞流氓、獷悍之徒加以管束的機構，使之不被放到社會上去滋事。

這套制度短期來看的確不錯，時間一長，則一塌糊塗。

百姓一旦應募為兵，便被輸入官府軍籍。這些入了軍籍的人們，行不得經商，居不得為農，生老病死皆不許脫籍為民，妻子兒女全部都要仰食於官府。於是，兵營裏便到處都是老弱病殘之兵。這種兵，一旦開戰，如何上得了戰場？於是，再大量招募精壯之兵。就這樣，太祖開寶年間，禁、廂軍部數為三十七萬人，太宗至道年間增至六十六萬，真宗天禧年間為九十一萬，仁宗慶曆年間為一百二十五萬，到神宗皇帝登基前，已經到達一百四十萬。我們耳熟能詳的梁山泊好漢——八十萬禁軍教頭林沖，所教練的八十萬禁軍，蓋源出於此。

帝國禁軍屬於中央正規軍，其士兵每年的軍餉軍糧，通扯合計為每人五十緡錢。這裏的緡，作為錢幣的計量單位時，和貫的意思差不多，指的是一千錢。以當時的購買力折算，五十緡大約不到今天的一萬元人民幣，在城市裏供養全家一年的花銷，不算富裕。廂軍則為地方部隊，其士兵的軍餉軍糧還要再少一些，大約為三十到三十五緡，約合人民幣六千元左右。這些僅僅是平日養兵所需，還不包括戰時的後勤保障、轉運、賞賜、組織動員、損耗、管理等等。因此，到神宗皇帝登基時，每年軍費開支約四千八百萬緡，時人估計佔全國財政收入的六分之五。（〔元〕馬端臨《文獻通考》卷一五二，兵制四）這個數字很有可能是保守的。

軍隊人數眾多，並不一定與能打仗呈正相關的關係。相反，冗兵與以文制武的國家政策和軍事制度相結合時，戰鬥力便根本無從談起。於是，大宋帝國軍隊極少打勝仗的灰敗紀錄也就自不待言。積弱之說蓋出於此。

而太祖時期設計的官、職、差遣分離的制度，與科舉、恩蔭、薦舉等選官制度結合起來以後，則演變出了大批量的冗官。據說，當時有官有職而沒有差遣的人，佔到了官員總數的

百分之六七十以上。這也就是說，在帝國的所有官員中，有百分之六七十以上的屬於冗官。為了安排這些已經有了官職和每年繼續湧進來的新官員，帝國絞盡腦汁地發明新差遣、新官位，於是就有了我們另一個很熟悉的形容詞，叫做「疊床架屋」。這些疊、架起來的冗官們與帝國慷慨的高薪制度相結合，在催生出大宋帝國燦爛的文化之花時，也耗費了以千萬計的俸祿。資料顯示，神宗皇帝登基之前，二萬五千名帝國正式在編的官員，和——我們找不到準確數字，據估計在二三十萬左右——吏員每年需要支出的俸祿，大約在一千二百萬緡錢。（（元）馬端臨《文獻通考》卷一二四，國用二）

其中，以宰相和樞密使為例，他們的俸祿收入包括：正俸，相當於基本工資；添支，相當於資歷或年資工資；職錢，相當於職務工資；衣賜，相當於服裝補貼；茶酒廚料，相當於伙食補貼；飼芻，相當於交通補貼；薪炭，相當於取暖補貼；還有七十個人的隨從衣糧，相當於安全保衛兼威風擺譜津貼。其年收入總計約為一萬緡錢上下，差不多合一萬畝土地的出息，大約相當於人民幣二百萬元左右。我們知道，擁有宰相官位的人可遠遠不只三五個人。太祖杯酒釋兵權之後，節度使的待遇是最高的，大約比宰相還要高出三分之一左右，而擁有節度使待遇的人，比擁有宰相官位的人，又要多出許多。有一種說法認為，宋朝宰相的官方收入大約至少是明朝宰相——首輔的五倍以上。

正如黃仁宇先生所說，宋朝由於缺乏數目字管理，其國家財政收支狀況相當混亂，存在相當可觀的重複計算與虛報冒算。史家傾向於相信，北宋時期的國家財政收入，平均每年在六千三百萬到六千八百萬緡錢之間。上述官、兵兩項，已經開支六千萬緡。神宗皇帝時期的皇家開支大約為每年七百二十萬緡。單單是這樣幾筆開支，已經導致入不敷出的財政赤字了。但是，還有必須花的幾筆錢，祭祀天地祖先的費用是：景德年間六百萬，皇祐年間一千二百萬，幾年前的治平年間，四年不到是一千三百萬。最後還有兩項令帝國君臣最不好意思的開支：每年必須「賞賜」給遼國五十萬兩匹銀絹，必須「賞賜」給西夏二十七萬五千兩匹銀絹，兩項合計七十五萬五千兩匹銀絹。這筆錢數目不算大，佔國家財政收入的百分之一多一點。（〔元〕馬端臨《文獻通考》卷一二四，國用二）不過，每當君臣為了錢不夠花而心情灰惡時，這兩筆錢所帶來的恥辱感就格外強烈，不但令帝國臣民，更令皇帝本人顏面掃地，格外鬧心。

帝國積貧之說，蓋源出於此。

二十歲的皇太子趙頊登基前後，帝國財政狀況大抵如此。其積貧積弱之勢已成定局，則已經是不爭的事實。

史書記載說，這位皇太子天性好學，讀書或者研討學問時，常常廢寢忘食，皇帝不得不派內侍去制止他。他的老師在講習經史時，他會率一同聽講的弟弟們行大禮拜之，朝野內外為之感動，交口讚之曰：賢。他繼位之後，不治宮室，不事遊幸。就是說，他不圖享受，不

貪女色，勵精圖治，希望大有作為。而且，這位皇帝的心地相當善良、寬厚。這些，可能是後世史家對他評價頗高的原因。甚至有人認為，宋神宗趙頊雖然生長在深宮之中，卻是中國歷史上少見的傑出而英明的君主。（柏楊《中國人史綱》，第六〇八頁）

神宗皇帝的確頗想有所作為，他曾經廣泛徵求大臣們的意見，希望能夠找到富國強兵的道路。遺憾的是，他聽到的那些勸告，特別是那些元老重臣們的勸告，經常令他感到失望和沮喪。比如，他向德高望重的富弼徵詢有關邊防的事宜，這位當年曾經支持過范仲淹實行「慶曆新政」的老宰相忠告他說：「陛下如果能夠二十七年口不言兵，亦不重賞邊功，則國家幸甚。天下幸甚。」

之所以請陛下二十七年口不言兵，是因為老宰相與皇帝對話時，恰好距離慶曆新政過去了二十七年。（（宋）徐自明《宋宰輔編年錄》卷之七，熙寧二年）

這和皇帝的期望實在相去太遠。年輕的皇帝怎麼也無法理解，何以泱泱大國卻要如此卑躬屈膝地面對契丹與黨項人。特別是黨項人的西夏小國，既小又窮，怎麼居然也能夠讓大宋帝國顏面掃地，這簡直太不可思議了。

應該說，很有可能這是皇帝迅速疏遠這些老臣，轉而去尋找更加志同道合的支持者的主要原因。

事實上，根本就是這些元老重臣們，將王安石推到了皇帝的面前。因為，所有這些人全都語重心長地告誡皇帝，要他愛養民力，要他布德行惠，要他選賢任能，要他疏遠奸佞，要他持重安靜，要他恪守祖宗成法。唯獨沒有人告訴他：眼前已經快要過不下去了，怎麼辦？大宋帝國積貧積弱的狀況怎麼扭轉？泱泱華夏該如何重振雄風？怎麼樣除掉西夏蕞爾小國？怎麼樣奪回燕雲十六州？怎麼樣讓我大宋帝國揚眉吐氣？沒有人能夠告訴他、甚至願意和他討論所有這一切。只有王安石知道答案，只有王安石和他想著同樣的問題，只有王安石雄辯滔滔、充滿激情地告訴他：陛下，這一切是可以做到的。不要說漢唐盛世，只要君臣一心，便是再現堯舜，又有何難哉？不過在一振作間耳。（林語堂《蘇東坡傳》，第七十七頁）

在這樣的情勢之下，剛剛二十歲出頭的神宗皇帝還有可能作出別樣的選擇嗎？

何況王安石所說的那些，相當難以辯駁。

比如，就以上面提到的王安石與司馬光的爭論為例，王安石的觀點，在理論上顯然是正確的。不增加稅賦而增加財政收入的方法有很多，早已為現代經濟學的理論與實踐所證明，加快資金周轉速度，改進生產條件以促進生產等等皆屬此類。事實上，王安石所推行的青苗法也是類似的一個相當高明的方法。據說，青苗法並非王安石所首創，最開始時，是陝西的地方官率先採用此方法扶助當地農業生產。王安石做縣令時，曾經試用過，效果頗佳，深受百姓歡迎。於是便在他的轄區裏廣泛推行應用。

據當代歷史學家研究推測，當時，帝國農村盛行高利貸，利滾利是較為常見的利率，事

實上已經成為農民破產、土地兼併的一種形式，對帝國的危害不言而喻。因此，當青黃不接的時候，由政府貸款給農民，收取半年百分之二十的利息，收穫之後連本帶利即行歸還。由於此貸款以田中青苗為信用保證，所以，稱為青苗法。

以今天的眼光看，這半年百分之二十的利率已經是高利貸無疑。但是，據說只相當於當時高利貸的三分之一甚至五分之一。因此，用此方式扶助農桑，應該是功德無量的事情。誠如黃仁宇先生所說，令人驚異的是，早在九百年之前，王安石就已經懂得，可以用信用貸款的方式刺激經濟的成長。當生產增加貨物流通時，即便用同一稅率也能在加速周轉的流通狀態裏收到增加財政收入的效果。王安石其他與經濟有關的變法，如設置三司條例司、農田水利法、均輸法、市易法及免行錢、方田均稅法、保馬法等，其基本經濟思想大體來源於此。這種採用金融調控的方式管理國家的企圖，其深度與廣度都不曾在當日世界的任何其他地方提出過。黃仁宇先生為此感歎道：王安石與現代讀者近，反與他同時代人物遠。用臺灣作家與學者柏楊的話說，則為：王安石具有超人的智慧。

顯然，王安石的經濟思想比司馬光要高明和超前得太多了。

然而，這正是事情的不幸與悲劇所在。

原因是，天還沒亮，而王安石起得太早了。對此，我們將在未來的歲月裏，越來越清晰地看出這一點。

與王安石比較起來，司馬光對於財政、金融與其他涉及到經濟學方面的知識，顯然在實踐上缺少經驗，在理論上缺少研究，差距不小。然而，作為中國最偉大的歷史學家，如果說到數千年帝國政治與社會運行的機制與原理，說到對此豐富的知識與研究，說到在此基礎之上所具有的深刻洞察力與了解的話，王安石比起司馬光來，其差距何止以道里計，稱得上是望塵莫及。不管王安石如何的讀書萬卷，如何的過目不忘，事實上，後代甚至現代中國人關於歷朝歷代興衰治亂的許多知識與見解，都是拜司馬光這位史學宗師之賜才得到的。王安石在學術上的造詣，則更多地表現在詩詞文學那樣一些浪漫理想與文辭形象上面，這使他的變法帶有了濃重的理想化色彩。

由此出發，只要向前再走一步，我們就能夠看到相關的一個事實，司馬光對於王安石變法的

天還沒亮，王安石起得太早了。

反對，正是建立在對於帝國歷史脈動的精確理解與把握之上的。這使他的反對，擁有了極其雄厚的基礎與令人敬畏的力量。

在前面提到的那場著名爭論中，我們還記得，司馬光曾經指斥王安石所籌畫的變法，正是當年桑弘羊之流矇騙漢武帝時採用過的伎倆。兩相比較之下，確實可以看出兩者之間具有許多相似之處。

許多歷史學家特別醉心於漢武帝開疆拓土的所謂雄才大略，常常似有意似無意地忽略這位皇帝的窮奢極欲和兇殘暴虐。事實上，假如不是他傾全國之力和數代人的積蓄打敗匈奴，的確建立了開疆拓土功業的話，漢武帝劉徹其實應該被列入中國最壞的皇帝之列。相形之下，他的祖父漢文帝則可以稱做是中國歷史上最好的皇帝。漢文帝以聖徒般的德與行，開創了一個安靜祥和的世道，以至於二千年後回首那一段往事，仍然使人油然感受到一種如沐春風般的清靜溫馨。與他比較起來，他的兒子漢景帝少了一些仁慈大度，多了一點莽撞戾氣。好在他總算繼承了父親清靜無為、與民休息的治國理念。結果，經過文、景兩代皇帝的治理，全國倉庫裏的糧食已經儲存不下，只能在院子裏露天堆放；金庫裏則堆滿錢幣，就連串錢的皮繩都已朽壞。這就是文景之治時的盛況。

可惜，漢武帝全無乃祖風範。他以長達四十多年的對外戰爭和近五十年的對內惡政，將父祖幾代人積蓄下來的財富揮霍一空。然後，便開始重用商人出身的桑弘羊等人，策畫著如

何盤剝百姓，實行所謂從無為到有為的財經變法。

桑弘羊這幫人的確斂財有術。他們首先推行了一整套國家壟斷性質的經營活動，將鑄錢、冶鐵、製鹽、賣酒等最賺錢的行業全部收歸國有，實行專賣。甚至一度準備將河湖塘灣與海洋中捕魚撈蝦也實行國家專賣，由於立即出現產量大跌，市價騰貴，而不得不放棄。然後，桑弘羊們實行了與王安石變法時一模一樣的均輸法和平準法。均輸法指的是命各地將貢稅改為當地特產，以當地平均價格計價，官府則命其運輸到指定的其他地區，由官家高價出售，牟取高出一般貢稅的利潤。這個做法為王安石變法所全盤照搬，就連名稱都沒變。平準法指的是由國家在各地設立平準官，壟斷天下貨物及價格，貴賣賤買，使商賈無法牟利，必須通過官府才能存活。王安石變法中的市易法即脫胎於此。此外，還實行了算緡與告緡制度，算緡就是徵收商人的財產稅，告緡則是打擊商人不申報或者不據實申報上稅的一種制度，規定凡上述兩種行為，均沒收全部財產，並充軍戍邊一年。凡告發上述兩種行為者，獎勵所沒收財產的一半。於是，史書記載說，一時間，「告緡遍天下」。

上述財政政策出臺後，迅速形成下列後果：國庫立即充盈，民間經濟活力迅速萎縮，帶有較大主觀色彩的財政稅收行為迅速造就了一大批富有的官吏。最後，史書記載說，商賈中家以上大抵破產。其情形，對於生活在二十世紀下半葉的中國人來說，只要想想計畫經濟時代的國有企業和後來壟斷經營的中國電信，就大體可以明白。

以今天的眼光看，大約只有那些小商販出身、又急於討好皇帝的官僚，才能想得出這種殺雞取卵、飲鴆止渴的壞主意。須知，任何時代，國家想依靠行政權力來與民間爭奪商業利益，都是一件輕而易舉的事情。前提條件是政府不怕窒息民間活力，不怕阻止經濟與社會發展，不怕引起經濟文化的動盪與破壞。所以，這永遠都只能是短期行為。從漢代畫像磚上看，漢武帝時代的農業用具與二千年後人民公社初期的農業用具基本一樣，似乎可以成為上述判斷的依據。

從歷史記載上看，漢武帝時代的做法，對於國內社會經濟的破壞相當慘烈。當時，各級政府得民間財物以億計，罰沒入官的奴隸婢女以千萬計，田地大縣數百頃，小縣百餘頃，房地產也差相彷彿。於是，中產階層以上者大抵破產。在漢武帝中後期的歷史文獻中，全國各地「盜賊縱橫」、「盜賊並起」、「盜賊群起」的字樣大量湧現，「人相食」的記載一再進入視野。就是在這種情形之下，

《流民圖》。盛世的另一面。

當時——漢代的文人們，在稱頌漢武帝和桑弘羊們的變法時，使用的辭彙是——「民不益賦而國用饒」。翻譯成宋代和王安石的語言就是：「民不加賦而國用足」，意思一模一樣。

在偉大的歷史著作《資治通鑒》中，司馬光對漢武帝的評價是：秦始皇做過的壞事，漢武帝基本上又做了一遍。之所以沒有亡國，主要是因為他臨死的前幾年全面懺悔、改過，然後，臨死時又把後事託付對了人的緣故。

王安石變法的指導思想酷似桑弘羊們的思路，事實上也同樣是以國家壟斷經營的方式，開啟了與民間爭利之門。以司馬光的品格與學識，他不可能不反對這種做法。於是，正如王安石所說：從始至終，沒有改變反對變法的態度的，只有一個司馬君實。信哉斯言，否則司馬光就不成其為司馬光了。

後來，在司馬光與神宗皇帝之間，曾經一起談論過漢初蕭規曹隨的典故。這個著名的典故中有一層極深的含義，常常被人忽視，而其保守的一面，亦即不變更即成法度、不改祖宗之法一類的表層含義，反而被特別不適當地加以誇大和強調出來。這也是令人百思不得其解的一個問題。

許多歷史學家認為，從漢高祖劉邦到漢景帝劉啟，西漢初年七十年間以清淨無為的黃老之術治國，輕徭薄賦、與民休息，是國力迅速恢復，達到文景之治盛世的重要原因。而蕭規曹隨則起了特別重要的作用。

曹參是劉邦的老鄉，也是西漢最重要的開國元勳之一。劉邦稱帝後，封他為齊相國。當時齊有七十餘城，是最大也最重要的封國。治下在今天山東沿海的一大片地方。

曹參到齊國後，就如何治理國家廣泛徵求社會各界的意見，結果，眾說紛紜，眾口難調，搞得他一頭霧水。後來，他聽說膠西地區有一位蓋老先生，精研黃老之術，就以重金請教。據說，蓋老先生核心的話只有一句：治國之道，貴在清淨無為不擾民，則民自定。史稱，曹參大受啟發。此後，以黃老之術治理齊國九年，國泰民安。從此，曹參名聲大盛，當時的人們皆稱其為賢相。

蕭何去世的消息傳到齊國後，曹參馬上讓人收拾行李，說：「我要當宰相了。」幾天後，朝廷的使者到，召他進京出任宰相。

曹參的宰相當得很絕，他處理政事時，全部按照蕭何的成規辦理。任免官吏時，只挑那些年齡大的、忠厚老實的、不善言談的人，辭藻華麗、長篇大套、追求名聲者一概罷免不用。他自己則每天大碗喝酒，大塊吃肉，白天晚上都是酒氣薰天。

時間長了，他的同僚部下們相當苦惱，搞不清楚宰相這是什麼路數。於是，忍不住想探問個究竟。誰知，一見到宰相，宰相就會極其熱情地拉著喝酒。來者剛一說話，馬上就被灌酒，直到最後，一醉方休。而且，這種情況居然成了每日的常態。不如此，人們反倒不習慣了。於是，整個宰相府晏然無事，整個國家也安靜祥和。

《醉飲圖》。關乎國運的酒可真是好東西。

宰相府旁邊有個花園，是相府屬吏們平時休息的地方。到後來，這幫傢伙們也學著宰相在這裏整日聚會狂飲，喝得高興了就歌之舞之，相當快樂。終於，有古板一點的官吏實在看不下去了，於是，有一天請曹參去逛這個花園，意思是當場抓住這幫傢伙整治一下。不料，宰相見此情形大喜，歡呼著端起酒杯立即融進了狂歡的人群。

當時的皇帝，是漢景帝劉啟的大伯惠帝劉盈。劉盈被自己的母親呂后荼毒戚夫人的做法嚇壞了，已經沒有心思管理什麼國家大事。現在看到宰相這副做派，也很疑惑，以為宰相是因為看不起自己才這樣的。於是就讓在自己身邊做侍從的曹參的兒子，悄悄回家問問他父親，究竟打的什麼主意，還想不想治理這個國家了？結果，兒子的話剛剛出口，曹參便大怒，把兒子摁在地上一頓痛打。據史書記載，在屁股上足足抽了兩百鞭子。打完後，對他說：「滾回去當好你的侍從，天下大事不是你該過問的。」這下子，皇帝的臉上也掛不住了。一天上朝後，劉盈責備曹參說：「是我讓你兒子勸你的，你怎麼把他打得那麼慘？」

曹參脫帽，道歉，然後問惠帝劉盈：「陛下覺得自己與高祖誰更英明？」

劉盈回答說：「我怎麼敢和高祖比？」

曹參又問：「在您看來，我和蕭何誰更賢明？」

劉盈回答道：「先生好像要差一點。」

曹參說：「對呀。高祖與蕭何已經定下了很好的治國方略和政策法令，您無為而治，我們守住職責不亂來，這不就可以了嗎？」

劉盈聽後放心了，說：「善。」

這就是歷史上有名的蕭規曹隨的典故，也是西漢初年以黃老之術推行無為而治、與民休息政策的由來。（《史記》卷五十三，曹相國世家第二十四）

翻檢這一段史料，會給人一個特別突出的感受，在這裏，最重要的東西並不僅僅是不改祖宗之法的問題。曹參抓住了一個最深層的要害：在帝國政治結構之下，最難治理的其實不是民，而是官。只要如狼似虎的皇家與官吏能夠不生事，不擾民，能夠清淨無為；只要不給官吏們魚肉百姓的機會，讓他們守住職責不亂來，從而官安其位，民樂其業，那麼，中國人就會像變魔術一樣，生產出無窮無盡的物質財富與精神財富。

這套思想與方略為漢文帝與漢景帝所忠實繼承，終於導致了文景之治的太平盛世。

我們無法知道，在司馬光的內心深處是否有這種擔心：官吏們借變法之機，如虎狼出籠一般糟蹋百姓。但是，不管起初他是否因為這個原因反對變法，到後來，他成為堅定的反對派領袖，這個因素肯定發生了重大作用。原因是，隨著王安石變法的漸次展開，這個問題變得越來越嚴重。

以青苗法為例，王安石擔任地方官時，在自己治下地區實行時，效果不錯。陝西地方官推行時，也一樣頗受歡迎。因此，王安石相當有信心地在全國推行。誰知，結果卻大大出乎人們的意料，很快在全國形成了大面積的災難性後果。其原因相當複雜，如果根據史料還原當時的情形，則大體情況是：

青苗法肯定是適合農民們需要的，特別是在青黃不接時節，更能顯示其救濟與援助的功效。有錢的人家不需要這種援助，貧苦之家需要，但必須以田裏的青苗為信用擔保或者抵押。這樣一來，風調雨順時，大家自然都很歡喜，而一旦出現天災人禍，發放貸款的官府與使用貸款的農戶雙方，立即同時陷入恐慌之中。官府為了減輕自己的損失和由此產生的責任，唯有逼迫農民一途。農民便只好變賣家當，歸還貸款本息。嚴重者需要賣房賣地，甚至賣兒賣女。最後，導致部分農民流離失所，更使許多農民無力或者不敢貸款。

這樣顯然不行，因為各個地方官府都有固定的貸款準備金，這些貸款本金附帶著必須完成的增值使命一道下達。如果貸款發放不出去，地方官員便無法完成那百分之二十的貸款利息即資本增值的任務，這將直接影響官員們在上司眼中的形象、工作業績與升遷。於是，各地官府及其官員們便花樣百出。其中最普遍的做法是，根據當地農戶的經濟狀況，將他們分

成不同的等級，規定不同級別農戶的貸款額度，然後，強令當地富戶與其他不同等級的農戶之間結成利益共同體，由富戶為各等級貧戶提供擔保或者抵押。更有甚者，若干地方官府的官員們，為了提高自己的政績，還欺上瞞下、自說自話地或公開或變相將貸款利息提高到了百分之三十甚至更高。

很明顯，這種情形蘊含著相當兇險的潛在後果。它意味著，一旦出現饑荒之後，所有的人家全部會被一網打盡，捨同歸於盡一途，無處可逃。唯有官府旱澇保收。而政府官員只要足夠心黑手辣，則自然政績卓著。於是，一件本來具有功德性質，而且能夠雙贏的舉措，變成了徹頭徹尾的殘害百姓之舉。

對於王安石來說，加倍不幸的是，變法開始後不久，全國各地就連續數年旱、澇、蝗災不斷。受災面積既大，災害烈度亦強，致使遍布全國的地方官員立即變成真正的虎豹豺狼，在他們毫不容情的追逼之下，受災農戶紛紛傾家蕩產，賣兒賣女賣妻子的情況層出不窮。而且，富裕之家更加成為官吏們鎖定的對象，迫使他們破財免災，或者破產、出逃。由此引發的後果成為十足的災難。

均輸法與脫胎於平準法的市易法推行以後，則形成了對城市居民特別是工商業者的打擊。原本立足於平抑物價、抑制大商人重利盤剝的新政策，蛻變成國家壟斷市場、貨源、價格，甚至批發與零售也被政府官員所操縱，大中小商人一齊步履維艱，哪怕想做不大的生

意，也要先過政府官員這幾道關口，其後果當然不難想像。致使城市工商業開始凋零。從時人記載和蘇東坡等人的大量文字中可以看到，全國城市商業與市場一時間相當萎縮而蕭條，社會開始出現動盪不安的局面。

而與漢武帝時代發生的情況類似，也與主張變法者的預期一致的，則是國家財政收入的大量增加。在經過多年的變法以後，到宋徽宗趙佶登基不久，宰相蔡京報告說：如今國庫尚有五千萬緡積蓄，用度充裕，完全可以使朝廷威儀更加氣派一些。此是後話。

在這種情勢下，帝國管理階層出現的最顯著變化，就是士大夫階層迅速分裂為旗幟鮮明的兩大陣線。幾乎所有德高望重的元老重臣，和除王安石一人之外的幾乎所有最重要的文化名人，全部變成變法的堅定反對派，其中包括王安石最親密的朋友。他們當中的很多人，曾經在王安石執掌大權之前，給予過他相當無私的極大幫助。比如，有一位名叫韓維的官員，是神宗皇帝登基之前的主要幕僚與導師。他有一項工作，是給未來的皇帝講解經義。每當他發出高論，引起讚賞時，他都會告訴皇帝，這不是我的見解，是我的朋友王安石的觀點。後來，皇帝曾經準備任命他擔任一項更加顯赫的職位，他謝絕了，卻推薦王安石出任該職，他的理由是，王安石比自己有水準得多，他應該獲得用武之地。這是皇帝很早就對王安石產生深刻印象的重要原因。後來，為了推行變法，王安石對這位反對某些變法政策的韓維，給予了相當無情的打擊。我們知道，這並不能構成非議政治家的理由，但是，卻至少可以表明當

時的某種態勢。

在得不到重要臣僚支持的情況下，王安石相當冒失地啟用了一大批新新人類。這些人進入官場的時日不長，聰明、熱情、渴望建功立業、沒有沾染官場習氣，這是他們最重要的長處。但是，他們缺少閱歷，沒有經驗，很少受過生活與人品的考驗，因此，在激烈的政治鬥爭中，一旦把持不住，便特別容易由急功近利，一變而為投機取巧，再變則為不擇手段，從而墮入下流，變得為人所不齒。令人惋惜的是，王安石最重要的支持者與助手如呂惠卿、章惇、曾布、蔡卞、呂嘉問、蔡京、李定、鄧綰等人，大致走的都是這條路。最後，全部在當代與後世聲名狼藉，而且絕大部分被列進了官修正史《宋史》的奸臣傳中。其中，一句出自他們中鄧綰之口的名言，甚至成了後世指斥官場某種厚顏無恥的專用語：「笑罵由人笑罵，好官我自為之。」

翻檢當時與後世的文獻資料，很難找到證據證明司馬光、歐陽修、蘇東坡、蘇轍等一大批歷史文化名人，甚至包括王安石的親弟弟王安國在內，反對變法是因為他們代表了大地主、大貴族的利益，或者是過於保守、僵化等等。從資料中判斷，元老重臣中確實有那種保守到了昏聵地步的情形。但是如上述司馬光、蘇東坡、蘇轍和黃庭堅等一干人，正值人生事業巔峰之際，他們冒著與年富力強的皇帝對立，從而可能喪失一生政治前途的風險，反對變法，怎麼樣猜想也一定應該有更崇高一些的理由才對。否則，便很難解釋他們是如何在當代

與後世獲得如此崇高名望的。

在他們保留下來的文獻史料中，我們可以發現大量記載著他們憂慮的文字，其中可以看到幾乎包括了社會各個階層痛苦掙扎的情形。比如，作為變法之一的保甲法推行時，為了逃避供養軍隊的高額賦稅與被抽去當兵的雙重威脅，民間發生了不止三兩起自殘事件，嚴重者直至砍下了自己的手臂。

一般來說，只有這種來自民間的呻吟，最容易使這些具有社會和文化良知的文人們激動起來，這也是他們之所以能夠長留在歷史與人民心中的重要原因。

由是觀之，如果一定認為他們代表了大貴族大地主階級的利益，代表了某種僵化、保守的政治立場才反對變法的話，我們就必須同意這樣一個前提，即：蘇東坡們在寫下所有那一切輝煌文字的時候，實際上是口是心非的。在政治上，他們落後而反動；在經濟上，他們貪婪而自私；在文化上，他們虛偽而心理陰暗；在個人品德上，他們狡詐而偽善。否則，我們勢必無法自圓其說。

然而，我們所受過的所有教育、一切歷史知識和生活常識，都在告訴我們，事實不是這個樣子的。

那麼，事實究竟是怎樣的？

生活在一千年之後的我們，很難如臨其境地體會當時人們的處境。在很大程度上，我們

只能根據那些文獻史料、經驗與常識去推測當時所發生的一切。然而，假如我們仔細思索二十世紀最後二十年間，在中國大陸發生的一切的話，通過這些我們曾經親身感受過的事情，再回過頭去觀照發生在一千年前的那場變法，自然會生發出許多不同的觀感。這樣做很有可能比單純理論上的推導更可靠。

在當今世界第一人口大國進行一場變革，其艱鉅複雜的程度自不待言。從安徽小崗村的星星之火到今天，二十多年的歷程告訴我們，改革的成功與進步，至少需要滿足下列必要與充分的條件：國家決策層治理好國家的政治善意與目標；改革目標與社會發展、人民需求的深度吻合；社會發展程度與改革步驟的適應；具有政治智慧、耐心和洞察力的改革政策、策略、步驟與準備；穩妥而正確的實施路徑；貫徹執行改革的人力資源等等。從中國改革到目前為止所取得的進展來看，上述判斷應該不算冒昧。

以此返觀一千年前的王安石變法，我們會發現，上述

蘇東坡受到禮遇的時候。

需要滿足的必要與充分條件中，只有第一條，即政治善意與目標勉強可以算是得到滿足了，其他所有條件，不是殘缺不全，就是根本無從談起，有些甚至相反。

從變革的實施及其結果看，今天中國改革的每一步進展，均伴隨著部分人群的歡欣鼓舞與相對少部分人群的痛苦失落，這使變革具有了廣泛的社會基礎，並一次次渡過相當痛苦的陣痛。以此一步步推進的結果，累積成為整體的社會進步、相對富足、國力增強與越來越多的支持和認同。

返觀一千年前的情勢，則相當令人沮喪，王安石變法的一些重要內容及其推進，時常伴隨著特定階層小部分人群的興高采烈與其他階層大部分人群的痛苦失落。強行推進的結果，是國庫的迅速積累充盈。其代價則有二：一是國家管理階層的徹底分裂，演變的後果是政治空氣的極度惡化與墮落；二是民間的肅殺與蕭條，演變的結果是越來越強烈的反對甚至反抗。事實上，我們所能看到的反對人群，包括了不同階層的人們。

由是觀之，我們大致可以相信，相隔一千年的兩次變革，完全無法等量齊觀。任何將兩者進行類比的企圖，都只能放回到各自的歷史條件下進行。或者從哲學意義上說，對於這兩個基本不同質的事物，根本就無法進行比較。而若要採用今天的理論框架，對一千年前的變革進行進步或者反動的價值判斷時，如果不想使自己顯得可笑的話，就尤其需要小心翼翼。因為誠如我們所知，時代已經完全不同。

《秋江漁隱圖》。那時的文人還有地方可逃。

司馬光成為王安石變法的堅定反對派之後，曾經以他特有的方式，連續三次致信王安石，勸告他重新考慮自己的政治理念和治國方略。王安石的反應是那封著名的《答司馬諫議書》。從此，二人在政治上分道揚鑣，遂成為政治死敵，不共戴天；在個人友情上則徹底決裂，從此終身不再往來，直到西元一〇八六年，二人同年去世。

決裂後，司馬光在神宗皇帝的寬容庇護下，躲到大宋帝國的西京洛陽，專心致志地致力於《資治通鑒》的撰寫。沒有證據能夠表明，在此期間，他曾經組織或者參與過反對變法的實際活動。他的反對派領袖地位，此時更多地表現為精神領袖的作用。有史書記載說，此時，他極少談論現實政治。

這期間發生的一件事情，表明了他的人格立場。皇帝曾經準備任命他為樞密副使，相當於主管全國軍事工作的第二把手，司馬光堅決予以謝絕。他直截了當地告訴皇帝，除非皇帝準備徹底放棄變法運動，否則，自己不會考慮出任朝廷的任何高級職位。這和王安石除非皇

帝準備進行變法，否則拒絕出任朝廷高級職位的做法如出一轍。兩位政治家，同殿為臣，其政治信念、操守、道德文章同樣如此令人仰慕，而政治上的作用力卻完全相反。造化之弄人，實令人感慨萬端。

從西元一〇六九年即宋神宗熙寧二年二月，王安石官拜參知政事——也就是副宰相——主持變法開始，到西元一〇八五年即宋神宗元豐八年三月，神宗皇帝去世為止，王安石在皇帝支持下所宣導的變法運動，被稱為「熙寧變法」。其間跌宕起伏，前後歷時十七年。

神宗皇帝去世後，繼位的哲宗皇帝只有九歲，由宣仁太后同處分軍國事，實際就是垂簾聽政。司馬光在皇帝去世後，由洛陽返回汴京，參加皇帝的治喪事宜，曾經被京城百姓數百人攔截在首都街頭，群眾高呼：「請先生不要回洛陽，留下來輔佐皇帝，救救百姓。」（宋）徐自明《宋宰輔編年錄》卷之九，元豐八年）史稱，司馬光相當恐懼，迅速離開汴京，返回洛陽。

當年五月，司馬光奉堅決反對變法的宣仁太后之命返回京城，開始主持中央工作。到第二年九月病逝前，以一年半時間及其與王安石同樣不聽任何反對意見的精神，將十七年變法新政全部廢除。包括於民於國兩相便利的免役法在內。史稱「元祐更化」。堅決反對變法，但贊成實行免役法的蘇東坡等人，建議司馬光區別對待，保留那些經實踐證明合理的新政，遭到司馬光斷然拒絕。致使蘇東坡等人相當惆悵地歎息：奈何又一位拗相公。意思是，怎麼

又出了一個和王安石一模一樣剛愎執拗的宰相。（（宋）徐自明《宋宰輔編年錄》卷之九，元豐八年）

這是一個不容忽視的細節：

王安石不惜與眾多親人、朋友、同事反目，也要忠實於自己的政治理想與信念，堅定而執著。如今，司馬光表現出了同樣決絕的堅定與執著。這種政治非理性令人感到極度不安。當這種令人敬重的品質與完全拒絕不同意見相結合時，在這兩位偉大人物身上，同樣使人產生了一種感覺：美好的品格被不適當地、過分地濫用了。於是，政治寬容、理性精神、必要的妥協與長遠的目光全部不見了，堅定與執著變成了執拗與剛愎自用，帝國的政治空氣中，被兩位政治領袖從不同方向注入了一股同樣強烈的、帶有戾氣的不祥氣息。它是一把雙刃劍，鋒芒所向，絲毫不留餘地，在傷害了對手的同時，勢必同時傷害自己所鍾情的事業。從此，我們只能無奈地看到，在兩位領袖開闢的道路上，他們那些不成器的繼承人，越走越遠，越走越趨向下流。

西元一〇八六年，即宋哲宗元祐元年，四月，王安石在江寧府，就是今天的南京去世，時年六十六歲。九月，司馬光病逝，時年六十八歲。此後，到西元一〇九三年，即宋哲宗元祐八年，在宣仁太后主導下，帝國政府致力於清除王安石變法影響、恢復祖宗舊制的工作，前後歷時九年。至此，支持變法的政治派別，被時人稱之為「元豐黨人」，反對變法一派，

人間已成鬼蜮世界。

則被稱之為「元祐黨人」。帝國政治陷入黨爭的泥沼，不可自拔。

西元一〇九三年，宋哲宗親政，這位可能有某種心理生理缺陷的十八歲皇帝，再一次起用變法派人士，全面恢復變法新政，嚴酷打擊元祐黨人，前後歷時六年有餘。蘇東坡等元祐黨人在元豐黨人章惇這位昔日朋友的苛酷荼毒之下，陷入晚年極為悲慘黯淡的境地。以王安石事業繼承人的姿態，出現在帝國政壇最高層的章惇宰相，不計後果、不留餘地地整治政敵，他甚至正式提出，要將司馬光的墳墓掘開，暴骨鞭屍，同時制定了一整套摧殘元祐黨人及其子女後代的計畫。只有當他的同志警告他不要開這種先例，免得冤冤相報時，他才勉強放棄了這個誘人的念頭。

西元一一〇〇年，二十四歲的宋哲宗病死。宋徽宗趙佶繼位，由討厭新政的向太后垂簾聽政。其間，再次起用元祐黨人，廢除變法新政。九個月後，向太后患病歸政，宋徽宗正式執掌大權。

上帝彷彿存心要毀滅北宋帝國一般，數年間，波詭雲譎，政潮迭起。每翻覆一次，便使帝國的元氣正氣衰減一分，直到病入膏肓。

隨著兩位具有大家風度的政治領袖去世，兩派政治力量由道義與治國理念之爭，蛻變成私利、意氣與權力之爭，由確曾有過的君子之爭，墮落為真正的小人之爭。從此，在大宋帝國的政治舞臺上，再就很少見到那種信念堅定高遠、人格高尚純粹、學術博大精深的偉大人物了。

不久，隨著蘇東坡與范純仁的黯然離去，標誌著一個時代的正式結束。從此，帝國正兒八經進入了一個社會倫理急劇淪喪、政治空氣迅速惡化、是非善惡觀念完全喪失的時代。整個帝國官場徹底趨向厚顏無恥與卑賤猥瑣，到處充斥著道貌岸然的衣冠禽獸，他們興高采烈地奔走於堂皇神聖的廟堂之上，探囊取物般地攫取著國家的權力與財富，直到將北宋帝國導入萬劫不復的深淵。

宋徽宗的浪漫生活

西元一一二七年，宋徽宗趙佶在皇位上整整坐了二十五年。就在一年多一點之前，即金兵第一次打到京都城下之前，他將皇位傳給了大兒子、皇太子趙桓，自己做起了太上皇。這二十五年皇帝生涯，宋徽宗基本上是在一種輕歌舞喜劇般的氛圍中，優美地旋轉著，滑著輕鬆的小步舞度過來的，直到退位。

關於這一次傳位，歷史上有兩種見解，一種看法認為，宋徽宗趙佶眼見大勢不好，趕快主動讓位，把自己的兒子拉出來頂雷；另一種看法則認為，在內外交困之下，宋徽宗不得不退位，讓兒子出來收拾殘局。不管哪一種說法，著眼點僅僅在於宋徽宗是主動讓位還是被動退位上。

事實上，在這一點上爭論不休並沒有什麼特別重要的意義。因為，當時的情勢是大家公認的，即：此時的大宋帝國，在徽宗二十五年統治之下，已經由一座錦繡江山，變成了名副其實的破船漏屋。

此時此刻，這一破船漏屋正在遭遇暴風驟雨。宋徽宗趙佶生於西元一〇八二年，即北宋元豐五年，陰曆十月十日。

據說他降生之前，他的父親宋神宗曾經來到秘書省，觀看過那裏收藏的南唐後主李煜畫像，對這位亡國之君的儒雅風度極為心儀，隨後就生下了宋徽宗。並且，史書很認真地記載說，在他出生時，他的父親宋神宗夢見李煜前來謁見。這使當時稍後一點的人們普遍傾向於

相信，宋徽宗趙佶是由李煜轉世託生的。（丁傳靖輯《宋人軼事彙編》卷二第五十二頁《徽宗》）

今天，熟悉中國文學藝術史的人，則會很容易地發現，南唐後主李煜和宋徽宗趙佶有驚人的相似之處。

——他們同樣具有極高的藝術天分，才華橫溢，文采風流。不同的是，在詩詞曲賦上，趙佶略輸文采；在書法繪畫上，李煜則稍遜風騷。

——在治理國家上，他們同樣弱智，同樣昏庸，同樣不管別人死活，只顧自己享受快樂，極其可惡。不同的僅僅是禍害人的程度與範圍而已。

——他們同樣是亡國之君。李煜的南唐國亡在了宋徽宗趙佶的祖先宋太祖趙匡胤手裏，趙佶的北宋帝國則亡在了金國女真人的鐵蹄之下。

——最後，他們的歸宿同樣悲慘不堪。李煜成為俘虜後，眼睜睜看著心愛的妻子被趙家天子屢屢召去侍酒侍宴侍寢，成了真正的「三陪女」。宋徽宗被女真騎兵掠到冰天雪地的黑龍江邊時，除了年老色衰的之外，幾乎所有的妻子女兒都被女真人瓜分，淪為姬妾，失寵後，再淪為奴婢侍女。

《芙蓉錦雞圖》。宋徽宗趙佶的字畫作品。

李煜落到趙匡胤手裏三年，四十二歲時，在大宋都城汴京，死於趙家天子一種叫「牽機藥」的慢性毒藥。當時，陰曆七月七日，正是牛郎織女渡過迢迢銀漢相會的日子，又恰好正是李煜的生日。這位皇帝詞人心愛的小周皇后被宋太宗趙光義召去侍宴後侍寢，妻子向他哭泣求救，他毫無辦法，只能萬分悲愴地寫了一首《虞美人》。在詞中，這位亡國之君並不敢發洩不滿，只是滿懷悽楚地懷念故國和往昔歲月：

春花秋月何時了，往事知多少？
小樓昨夜又東風，故國不堪回首月明中。
雕欄玉砌應猶在，只是朱顏改。
問君能有幾多愁，恰似一江春水向東流。

宋太宗趙光義讀了這首情真意切的佳作之後，很不愉快，下令毒死作者。據說，他們使用的這種「牽機藥」是一種極可怕的毒藥。吃下去後，相當痛苦，使人的頭部向前抽搐，最後與足部拘摟相接而死，狀似牽機，所以起名叫「牽機藥」。

相形之下，與宋徽宗的祖先比起來，女真人顯得相當寬厚，宋徽宗在他們手裏活了九年。五十四歲時，在遠離汴京萬里之外的大金國小鎮五國城，就是今天的黑龍江省依蘭縣老病而死。死前，這位天才的藝術家皇帝也寫過一首懷念故國與往昔歲月的詞——《燕山亭・北行見杏花》。這首詞準確地表現了作者的悲愴與真情，可能是這位皇帝的所有文學作品中最好的一首詞：

裁剪冰綃，輕疊數重，淡著胭脂勻注。新樣靚妝，豔溢香融，羞殺蕊珠宮女。易得凋零，更多少無情風雨。愁苦！問院落淒涼，幾番春暮？

憑寄離恨重重，這雙燕何曾，會人言語。天遙地遠，萬水千山，知他故宮何處？怎不思量，除夢裏有時曾去。無據，和夢也新來不做。

往昔的一切，就連做夢都夢不到了。其悲愴可以想見。可惜，就連在這樣的詞章裏，我們依然可以看出作者的浪漫與輕佻。假如趙佶真的是李煜託生的話，他倒是確實為李煜報了亡國滅家的一箭之仇——讓趙匡胤開創的北宋江山斷送在他的子孫手中，這是中國人特別津津樂道的輪迴報應。

對於不太了解中國文學藝術史的人們來說，可能對宋徽宗知道的不是很詳細。但是，只要你讀過《水滸傳》，只要你熟悉那些梁山好漢，稍微一點撥，你就會知道，那位使整個國家奸臣當道、遍地虎狼、專門把好人逼上梁山的、在李逵口中坐在天子「鳥位」上的「皇帝老兒」，就是此人。

從現有史料上判斷，宋徽宗在當上皇帝之前，是一個多才多藝，好學上進，相當討人喜歡的好青年，在宮廷內外、朝野上下的口碑很不錯。據說，他從小就舉止不凡。當時的皇家

《祥龍石圖》。宋徽宗自畫自書。獨步天下的瘦金體一展真容，佔據半卷畫面，書、畫輝映，使人更生感慨：宋徽宗實在應該做個專業書畫家。

貴戚子弟大多喜歡追逐聲色犬馬，唯獨宋徽宗每日沉浸在筆研、丹青、圖史、射御之中，這顯然是一些相當正派健康的嗜好。因此，到十六七歲時，他已經「盛名聖譽布於人間」，就是說，不但知名度不低，美譽度也非常高。（《鐵圍山叢談》卷一，中華書局，一九八三年版）

西元一一〇〇年，即哲宗元符三年，正月，宋徽宗的哥哥宋哲宗病死。此時，宋哲宗只有二十四歲，應該正是生龍活虎的年齡。他的死，很有可能與放縱的兩性關係有關。有證據顯示，這位皇帝十四歲時，就有大臣上書，勸諫皇帝不要過多地陶醉在女色之中。據說，當時皇帝已經大量徵集民間適齡女子進宮，每天要有十位年齡在二十歲左右的美貌女子，侍奉這位尚未婚娶、沒有皇后的少年皇帝，這使得大臣們十分煩惱。也使皇帝的祖母，當時統攝國政的宣仁太后相當煩惱。（林語堂《蘇東坡傳》第二八四頁）

根據現代生理學和現代醫學的研究成果，成年男子具有生殖能力的精子，需要三十六個小時以上才能發育成熟。過度的性生活，很有可能是導致這位青年皇帝正當盛年死去，並且沒有留下子嗣的重要原因。

然而，不管怎麼樣，宋哲宗的死，無疑為宋徽宗登上帝位掃除了最大的障礙。

歷史記載顯示，宋哲宗死前，並沒有安排好皇位的繼承事宜。只能由皇帝的母親、宋神宗的正宮娘娘向太后，召集幾位朝廷重臣討論選擇繼位新君這一重大問題。這位向太后是河內人，就是今天河南沁陽人。她出身名門，是宋真宗朝名相向敏中的曾孫女，與宋神宗結為夫妻後，二人感情極好。西元一〇八五年，即神宗元豐八年，宋神宗崩於福寧殿。向皇后與神宗的生母宣仁太后一起，策立趙煦為帝，就是宋哲宗。後來，宣仁太后命人修繕慶壽宮給向太后居住，向太后堅決拒絕。原因是，慶壽宮在宣仁太后住所的東面，按照帝國的習俗，東面為上，向太后不肯亂了婆媳上下之分。哲宗即位後，挑選皇后，並為諸弟娶妻。向太后告誡向氏家族的女子，不要汲汲於富貴，不得參與其間。家族中有求官者，也一概拒之門外，不肯通融。因此，這位正直而賢淑的太后，在朝野上下臣民之中相當有威望。此時，向太后認準了端王趙佶仁孝端正，且有福壽之相，因而堅決主張由趙佶就是後來的宋徽宗繼位。誰知，向太后的主張，遭到了宰相章惇的抵制。這位後來名聲很糟、被認為是奸臣的宰相認為趙佶太輕佻，不適合做皇帝君臨天下。正在此時，宰相的反對派知樞密院事曾布當場厲聲指責宰相「所發議論，令人驚駭，不知居心何在」，言外之意是說他目無尊上，別有用

心，居心叵測。搞得這位宰相乖乖閉上了嘴。（《宋史》卷四七一《曾布傳》）

從中，我們看到，使用令人無法承受的罪名迫使反對派閉上嘴巴的戰術，是中國文化中悠久的政治智慧與傳統。用八百多年後現代中國社會生活中的術語表達，這種做法通常被稱之為「上綱上線」。一般說來，這種戰法應用在被上綱上線者無法或無暇辯駁的情況下時，具有極大的殺傷力，幾乎是銳利無比，所向無敵。

就這樣，後來證明絕不僅僅是「行為輕佻」的端王趙佶，變成了宋徽宗。

於是，我們很快就有機會看到，那位被認為是奸臣的宰相章惇，不幸而言中——趙佶不光是不適合做皇帝。那些自以為不別有用心的人們，包括當時人們很尊敬的向太后，和後來同樣被列入宋朝奸臣行列的曾布，為帝國選擇的，根本就是災難與死亡。所謂輕佻云云，顯然太輕看了這位皇帝禍國殃民的本事。宋徽宗或許是中國帝王中藝術天分最高的皇帝。如果沒有坐上皇帝寶座的話，他可能會成為中國歷史上一個相當完美甚至偉大的藝術家。至少在中國書法史和中國美術史上，他都會享有無可爭辯的崇高地位。

這位皇帝獨創的瘦金體書法獨步天下，據說直到今天也沒有人能夠超越。這種瘦金體書法，挺拔秀麗、飄逸犀利，即便是完全不懂書法的人，看過後也會感覺極佳。宋徽宗傳世不朽的瘦金體書法作品有《瘦金體千字文》、《欲借風霜二詩帖》、《夏日詩帖》、《歐陽詢張翰帖跋》等。此後八百多年來，迄今沒有人能夠達到他的高度，可稱為古今第一人。

這位皇帝不僅瘦金體寫得好，他的楷書作品《芳依翠萼詩帖》亦堪稱楷書傑作，其筆法犀利遒勁，鐵畫銀鉤，被後世論者稱為出神入化的「神品」。

米芾拜石。

趙佶的草書書法爐火純青，用大師稱呼不算過分。他的《草書千字文》相當精采，人們甚至認為其水準，絲毫不亞於盛唐時期的草書書聖張旭與懷素，可見其功力之深。

此人做了不少詩詞，不過似乎沒有達到他書畫的水準，就像上面提到的那首詞一樣，讀起來雖然還算過得去，但顯得過分雕琢，能讓人傳誦的顯然不算很多。

徽宗皇帝與書法家交往的故事，為歷代文人騷客津津樂道。比如，他與大書法家米芾的交往就很有意思。

米芾與徽宗一樣酷愛石頭，曾經在一塊怪石面前納頭便拜，尊稱此石為兄，人稱「米癲」，就是米瘋子的意思。有一次，徽宗令人在瑤林殿張掛兩丈長的畫絹，擺上極珍貴的筆、硯、墨、鎮紙等，召米芾寫字。米芾上躥下跳、筆走龍蛇，並大呼：「奇絕陛下！」皇帝一高興，把所有眼前寶物全部賞賜給了米芾。（《海岳志林》「奇絕陛下」，江蘇廣陵古籍刻印社，一九八三年本）有一次在崇政殿奏事，米芾手執書札，皇帝讓他放在椅子上，他大叫：

「皇帝叫內侍，要唾壺！」也不知是要皇帝用，還是自己用。大約是一種抗議自己受了慢待的意思。管宮廷風紀的官兒要治他的不尊之罪，皇帝制止說：「對俊逸之士，不要用禮法拘束他。」（《海岳志林》「奇絕陛下」，江蘇廣陵古籍刻印社，一九八三年本，「俊人」篇）米芾曾經為皇帝書寫過屏風，幾天後，皇帝派宦官賞賜給他白銀十八笏，十八笏為九百，當時的人們以九百為傻，和我們今天罵人二百五是一個意思。米芾興高采烈地對來者說：「知臣莫若君。皇帝真了解我。」皇帝聽說後，大笑。（《宋人軼事彙編》卷十三《米芾》）某宮修完後，徽宗命米芾去寫字，當時米芾已經身兼書畫兩學博士，相當於中央書院和中央畫院兩院的院級領導。他用完皇帝御用的一塊珍貴硯臺後，一本正經地說：「這塊硯臺被臣濡染過，已經不堪再讓皇帝使用了。」宋徽宗放聲大笑，將硯臺賞了他。他怕皇帝反悔，抱著硯臺就跑，結果弄得滿身墨汁淋漓。（《海岳志林》「請硯」篇）

在繪畫領域，宋徽宗也當之無愧地可以躋身於中國歷史上最優秀的大畫家之列。他的丹青造詣堪稱登峰造極，蔚為大家。據說，龍德宮建成後，徽宗召來各路著名畫家作畫。作畫者都是一時之選。徽宗看後，無一句誇讚之辭。偏偏對一位並無名氣的新近畫家所畫的斜枝月季大加讚賞，並特賜該人服緋。當時，只有官居六品方可穿緋色袍服。徽宗的理由是，月季花四時朝暮的花葉均不相同，極其難畫，而此人畫的是春天正午時分的月季，一絲不差。所以重賞。（《宋帝列傳》之《宋徽宗・宋欽宗》，第二八二頁）

現藏於故宮博物院的《祥龍石圖》、《芙蓉錦雞圖》、藏於美國大都會博物館的《翠竹雙雀圖》、藏於遼寧博物館的《瑞鶴圖》和藏於上海博物館的《柳鴉圖》與《四禽圖》表明，在花鳥畫上，宋徽宗的作品稱得上是爐火純青的大師級佳作。

出自宋徽宗手筆的山水畫傑作《雪江歸棹圖》，意境清奇高遠，不同凡俗，一般的山水畫作品，根本無法望其項背。

《聽琴圖》則是宋徽宗傳世的人物畫代表作，這幅畫出神入化的描繪技法令人歎為觀止。畫面上的彈琴者是在後世聲名狼藉的宋徽宗自己的自畫像，而那位身穿紅色衣袍的聽琴者就是他的宰相——在後世同樣聲名狼藉的蔡京。

這幅堪稱傑作的優美畫卷，具有宿命般的暗示與象徵意義。它向我們展示出了一幅君臣同體、休戚與共且意味深長的畫面——沒有彈琴者，自然不會有聽琴者；有了彈琴者，沒有聽琴者，也只能自得其樂，意思不大；若既有彈琴者，又有聽琴者，而且雙方心心相通、知音默契，這才趣味盎然、生動完整。在許多方面，亡國君臣宋徽宗與蔡京恰好就是這樣一對知音。

事實上，北宋之後的歷代史學家，基本上都同意一個觀點，即：北宋帝國是葬送在宋徽宗和他的宰相蔡京——這一對惺惺相惜的君臣知音手中的。這不能不使人在觀賞這幅美麗的藝術畫卷時，心情特別複雜。

按照現代心理學的解釋，像宋徽宗這樣才華橫溢、具有高度靈氣和素養的藝術天才，很有可能也是一個充滿詩人氣質和浪漫情懷的人。通常情況下，這種人不認為蔑視傳統價值觀念和世俗行為規範有什麼不對；他們只服從自己內心感受的召喚，按照自己的喜怒好惡行事；他們不知冷靜、理智、理性為何物，為人處事衝動而情緒化，具有極為濃厚的感性色彩。假如再加上皇權帝制所賦予他的無上權力的話，我們就應該比較容易明白發生在宋徽宗身上的許多故事了。

從現有資料上看，宋徽宗趙佶並不是個紈袴子弟，這從他的勤奮好學、多才多藝與諸多藝術成果上可以看出。他也並不昏庸，從他當政之初的情形判斷，的確稱得上出手不凡，很「粲然可觀」。當時，他大刀闊斧地整頓朝綱，平反冤獄，貶竄奸佞，提拔賢良，一時間，很有除舊布新的氣象。他曾經發布一份詔書，相當謙恭地希望天下人能夠暢所欲言地品評朝政，其誠懇平和、推心置腹在歷代帝王詔書中十分少見。從這份詔書中，可以清楚地看到一位青年天子涉世未深的坦誠、帶有理想化浪漫氣息的良好願望，讀來很是感人。

宋哲宗在位時，也曾經發布過一份讓天下人上書言事的詔書，獻言者數以千計。結果，章惇做宰相後，斷章取義地摘錄這些上書，憑隻言片語來整治上書者，搞得人們怨聲載道。宋徽宗為了解除人們的顧慮，索性下令撤銷了這個專門從事羅織的編類臣僚章疏局，這顯然是一個極為開明、大受歡迎的舉措。

在徽宗初政中，已經在哲宗朝當了六年宰相、在徽宗朝繼續當了九個月宰相的章惇遭遇重大打擊。

這位章惇是蘇東坡的老朋友，年輕時以富有才華、豪爽大方出名，屬於和蘇東坡很對脾氣的一種人。他們兩人曾經一起結伴外出遠遊，在前往蘆關的深山老林裏，馬上就要到達黑水谷的時候，他們碰到一處萬丈深淵，下面急流咆哮，上面只有一架獨木橋。章惇提議兩人過到對面的峭壁上去題字留念，蘇東坡不肯。章惇若無其事地走過深淵上的獨木橋，然後把長袍掖在腰間，抓住一根老藤盪到急流對岸，在峭壁上寫下「蘇軾章惇遊此」六個大字，然後從容回到此間岸上。蘇東坡對此的反應是，拍著對方的肩頭說：「今後你這傢伙會殺人不眨眼。」章惇問：「何來此說？」蘇東坡回答：「不在乎自己性命的人，肯定不會拿別人的性命當回事兒。」（《宋史》卷四七一《章惇傳》）

以王安石變法為契機，章惇漸次成為變法派的主力戰將，蘇東坡則立即加入到反對變法的陣營，並以自己如日中天的文名與官聲，成為令變法派特別難受的主要對立面之一。哲宗親政的時間，掐頭去尾大約只有六年多一點，這位章惇就做了六年宰相。他果然以無情地不給任何人包括他自己留退路，證明了蘇東坡當年的判斷不錯。當初，為了推行自己的政治理想，王安石也曾經放逐過政敵，如今與章惇所做的一切比較起來，我們馬上會發現王安石已

經可以用溫柔敦厚來形容了。在章惇那裏，人們才終於明白，什麼叫政治迫害，什麼叫政治謀殺。

於是，這位以不擇手段地打擊反對派著稱的宰相，也就理所當然地成了徽宗初政的第一個被清算對象。以往的時日裏，章惇整治過的人實在太多，現在就有幾乎同樣多的人要求懲處他。最後，他終於被流放到了雷州島，就是我們今天的海南省。在那裏，章惇遇到了可能是他一生中最後一次自己給自己招徠的屈辱。當初，他將自己的老朋友蘇東坡及其弟弟貶到這裏時，曾經立了一個新規矩，下令不許他們居住公家的宿舍。於是蘇東坡的弟弟、曾經擔任過副宰相的蘇轍只好租賃民房居住。誰知，宰相依然不依不饒，愣說蘇轍強奪民居，命令地方政府官員給予懲治。逼得蘇轍只好拿出租賃合同對簿公堂，才算躲過此一劫。如今，這位曾經不可一世的前任宰相也被貶到此地，當他按照自己立下的規矩去租賃民房時，得到的回答是：當初蘇相公來租房，章宰相差一點要了我們的命，我們已經沒有人敢租房子給你了。我們無法揣摩他此時此刻的心境，想必是不會好過。這位前宰相從此再也沒能返回京城，悄無聲息地死在了貶居之地。（《宋史》卷四七一《章惇傳》）

與此同時，深受這位宰相賞識與提拔的蔡京兄弟二人也成為眾矢之的，被貶黜出了京城。蔡京被奪職，令在杭州居住。

在此期間，宋徽宗做了兩件頗有象徵意義的事兒，一件是將被貶到永州的老宰相范純仁請回京城；另一件則是赦免蘇東坡，實際上是為他平反昭雪，並恢復官職。與他同期被貶的三十多位官員也恢復了名譽與原有官職。可惜，其中的大部分人已經不在人世。而此時的蘇東坡也貧病交加，不久，就病死在江蘇常州。

范純仁是北宋名相范仲淹的兒子。他的官位也當到了宰相，享有很高的名望。本來老先生是可以退休林下，在京城安度晚年的。但是，當時有另外一位七十多歲的老臣被章惇宰相流放在外，滿朝文武沒有人敢為他說句公道話。同樣年近古稀的范純仁不顧全家人的阻攔，挺身而出，結果得罪了當道者，也被章惇流放出去。就這樣，一家人跟著老人走上流放的道路。每當子女痛罵章惇時，老先生總要制止他們。一次，翻了船，老人被救上來，他抖著濕淋淋的衣服問子女們：「這次翻船也賴章惇嗎？」在這位老人身上，讓人不由自主地想起他父親范仲淹的千古名句：「先天下之憂而憂，後天下之樂而樂。」范純仁返回京城後，雙目失明，已經是風燭殘年。宋徽宗不得已讓他頤養天年，並且感慨萬端地說：「像范純仁這樣的人，能夠見一面認識一下，就已經令人感到十分滿足了。」（《宋史》卷三一四《范純仁傳》）令人遺憾的是，范純仁和蘇東坡的逝去，似乎成為了一個時代消逝的象徵。從此以後，我們所能看到的，就將完全是另外一種景象了。

徽宗執政之初，虛懷若谷地聽取各種不同意見，相當令人讚歎。宰相張商英勸告他要克勤克儉，防止奢華，不要大興土木，抑制僥倖取寵的小人。他表示完全接受。有一次，他讓人整修升平樓，還特意告誡工頭：如果張宰相經過這裏，須速把工人們藏到樓裏去，不要讓他看到。（《宋史》卷三五一《張商英傳》）曾經有一個很敢說話的臣子，抨擊童貫等宦官胡作非為，引經據典，侃侃而談，一直談到暮雲四合時分。徽宗餓腸轆轆，餓得受不了了，他站起來邊走邊說：今天先到這兒，我餓壞了，找機會再聽你說吧。誰知，這位愣頭青上前一把拉住皇帝的衣服，不讓他走，以至於把衣服都撕壞了。徽宗大叫道：「有話好好說，我的衣服被你撕碎啦。」這位大臣立即回答：「陛下不惜衣服撕碎，臣子我何惜粉身碎骨報答陛下！」徽宗相當感動，說：「有這樣的臣子，我還有什麼可憂慮的。」皇帝的侍從過來為他換衣服，他說：「給我好好保留起來，將來用它表彰正直有節操的大臣。」（《揮麈錄》「後錄餘話」卷之一，《陳禾節義敢言》）

此時的徽宗，表現得似乎特別喜歡廉潔正直的大臣。有一次，一個為政清廉的縣官被推薦給他，他把這個人召來談話，發現此人確實不錯，就破格提拔他做了殿中侍御史，大約相當於監察部司局級的主任官員，並且對他說：「方今士大夫寡廉鮮恥，你懂得義理，這就是我特別召你來的原因。」（《宋史》卷三四八《毛注傳》）有一位中書舍人，相當於為皇帝起草詔書文告的機要秘書，為人坦率耿直，徽宗對他說，「我每次聽這幫臣僚們談話，總覺得不是內含奸詐，就是馬屁撲鼻，而你耿直正派，我只能倚賴你這樣的人。」（《宋史》卷三四八《徐勣傳》）

登基之後，徽宗曾經覺得皇宮建築過於豪華，容易讓人沉淪喪志，對宰相說：「仁宗皇帝製作了一個寶座，覺得太華麗了，於是放到大相國寺去，自己不用。今非昔比，外人哪裏會知道宮中如此過分的情形呢？」（《續資治通鑒長編拾補》卷十五）

種種資料顯示，這位青年皇帝聰明、敏銳，很有一股子銳意進取的勃勃生氣。

西元一一〇〇年，即元符三年，十月，徽宗向全國發布詔書，表示自己對於元豐、元祐沒有成見，一切只看對國家是否有好處。任何傷害國家利益者，不論是元豐還是元祐，必與國人共同唾棄之。（《續資治通鑒長編拾補》卷十六，《哲宗》）

一個月後，徽宗又一次下令，「欲以大公至正，消釋朋黨，遂改元祐為建中靖國」。表示出一種不偏不黨、除舊布新的氣魄。（《宋史紀事本末》卷四十八《建中初政》）

徽宗初年，氣象萬千；青年皇帝，奮發有為。給人留下了深刻印象和無窮希望。

這一切是怎樣發生變化的？又如何變化得面目全非，走上了完全相反的道路？宋徽宗趙佶為什麼在未來的歲月裏整個變了一個人？與登基之初的他比較，怎麼會變得讓人根本就無法辨認？這實在是一個相當令人困惑的問題。

四百七十年以後，一位大明天子萬曆皇帝也曾經發生過類似的變化。但是，萬曆皇帝的變化有明顯的蹤跡可以追尋。當時的首輔張居正死後，萬曆皇帝突然發現，自己一向崇敬甚至敬畏的「師相」張居正，原來過著兩面人的生活，在公眾面前和私下裏、當面所說的和背

後所做的二者之間，有著巨大的差距。於是，這位性格相當單純、而且也還算富有才華的皇帝大受刺激，導致他由一個好學上進的青年，一步步變成中國歷史上最糟糕的荒怠加貪婪的帝王之一。

然而，在我們面前的徽宗皇帝身上，卻無論如何也找不到這樣變化的理由。找來找去，我們相當無奈地發現，只能把這種變化的原因，歸結於這位皇帝身上天生的輕佻、藝術家氣質和蔡京的影響。正是這些因素雜糅在一起，彼此強化著發生效力，遂使這位皇帝變成了後來人們心目中的那副模樣。

從現有史料上看，宋徽宗當上皇帝時，蔡京已經享有了相當廣泛的聲望。反對他的人固然不少，支持他的卻也大有人在。當他第一次成為徽宗皇帝的宰相時，為數不少的帝國臣民熱切地期待著，希望他能輔佐皇帝，領導這個國家走向興盛。據說，此人天賦異秉，有一種相當奇異的本領：他可以若無其事目不轉睛地盯著正午的太陽看，而且是長時間地看，一眼不眨。（朱熹《宋名臣言行錄》後集卷十三，四部叢刊本）在時人的眼中，他是王安石的堅定擁護者，以毫不留情地打擊保守派著稱。因此，在變法派失勢時，也遭受了同樣無情的打擊。

但是，細心的人們也注意到，當保守派掌權時，蔡京曾經相當巴結地在五天之內，就在自己轄區內廢除了新法，並向保守派領袖司馬光報功。（（宋）徐自明《宋宰輔編年錄》卷九，元豐八年）這使人們有理由懷疑他的政治操守。從後來的發展來看，這種懷疑不幸成為了事

宋徽宗傑作《聽琴圖》。畫中彈琴者為徽宗本人，徽宗左側俯首端坐凝聽者便是蔡京。畫卷頂端的字為蔡京所題。

實。而在當時，歷經神宗、哲宗兩個朝代二十多年反反覆覆的殘酷搏殺後，到徽宗朝並沒有什麼治國方略，當宋徽宗準備再次依靠變法派時，蔡京手中高舉的變法派大旗就成了他最為強有力的政治資本。

與此同時，使他享有崇高聲望的另外一個因素，也迅速發生了很有可能是更為重要的作用。

蔡京的藝術天賦極高，素有才子之稱，在書法、繪畫、詩詞、散文等各個藝術領域均有輝煌表現。他的書法，躋身於北宋蘇、黃、米、蔡四大家之中。當時的人們談到他的書法時，使用的辭彙經常是「冠絕一時」、「無人出其右者」等等，以至於就連狂傲如米芾都曾

經表示，自己的書法不如蔡京。據說，有一次蔡京與米芾聊天，蔡京問米芾：「當今書法什麼人最好？」米芾回答說：「從唐朝晚期的柳公權之後，就得算你和你的弟弟蔡卞了。」蔡京問：「其次呢？」米芾說：「當然是我。」（《鐵圍山叢談》卷四）

建中靖國元年，即西元一一〇一年，是宋徽宗登基的第二年。這一年年初，與宋徽宗共同聽政的向太后去世，宋徽宗開始真正掌權。實際上，在去年九月間，向太后已經以身體不適為由，將大政歸於趙佶了。只是到此時，他才真正無所顧忌罷了。

這一年年底，他突然把自己親手貶到杭州去的蔡京起用為定州知府，隨即轉為大名府知府。蔡京還未到任，便被任命為翰林學士承旨兼修國史，調回朝廷。又兩個月後，升任尚書左丞，這個職位相當於副宰相或宰相助理之一，已經進入中央決策層了。再過兩個月，被升任為右僕射兼中書侍郎，大致相當於第二宰相的職權。到此時為止，僅僅用了半年時間，蔡京已經成為帝國決策階層的主要人物。由此再過半年，蔡京便正式就任左僕射兼門下侍郎，成為當朝第一宰相。

從西元一一〇〇年即元符三年十月將蔡京奪官後貶黜到杭州居住，到西元一一〇一年即建中靖國元年年底，蔡京還是待罪之身。從此時到西元一一〇二年即崇寧元年的七月五日，蔡京已經一步三跳地成為帝國的第二宰相。這個令人眼花繚亂的戲劇性變化，實在來得太叫人目不暇接了。

對於這個變化，史學家們眾說紛紜。實際上，歸結起來，大體上不外於兩大因素：

其一，應該是朝廷政治鬥爭的實力對比、角逐與博弈的結果；

其二，蔡京的藝術才華很有可能發揮了非常重要的作用。

宋徽宗當上皇帝之後，激濁揚清，表現出了一位中興天子的氣象。從當時皇帝發布的各種詔書文告上看，他很是誠懇，並沒有玩弄權術、欺世盜名的跡象。

徽宗登基之後，有九個月時間，由向太后垂簾聽政。這位太后和她的婆婆宣仁太后一樣討厭變法派，於是請一位老成持重的保守派人物韓忠彥擔任宰相。很快，這位對國政沒有什麼興趣的太后就宣布歸政，三個月後便駕鶴西去。此時的第二宰相就是那位擁立徽宗即位，斥責章惇居心叵測的曾布。這位曾布不是一個簡單人物，其實他與章惇一樣，都是王安石變法的重要擁護者。但他很討厭章惇，原因是章惇過於強項霸道，壓得曾布無法出頭；另一方面，他也不喜歡蔡京。當時，他是知樞密院事，主管全國的軍事工作。而蔡京一心盯著的也是執政的位置，這讓曾布很不舒服。我們知道，執政與知樞密院事是一回事，只是叫法不同而已。而蔡京乖巧，很會討喜，這使曾布分明感覺到了壓力。因此，怎樣才能將章惇和蔡京排擠出京師，曾布當時是花了不少心思的。

如今，需要對付韓忠彥了，曾布從兩個方面著手。

一方面，他勸告皇帝，要繼承父兄神宗皇帝與哲宗皇帝的遺志，發揚光大他們的革新變法事業與精神，只有這樣，才能民富國強，長治久安，實現朝代的宿願。對於如今年滿二十，血氣方剛，思量著有所作為的皇帝，這樣的勸告應該是有說服力的。

而且，經過父兄兩代人變法革新的努力，民間百姓的生活可能更糟了，但這是皇帝不大容易看到的。而官府在經濟收入上顯然是大大好轉了，這卻是皇帝每天都能知道的。到徽宗即位後，蔡京當宰相時，北宋的國庫即便不是開國以來最富裕的，也肯定相當好過。蔡京就曾經喜悅地告訴皇帝，國庫裏的積盈多達五千萬。儘管這是在付出培養起一大批如狼似虎的貪官污吏、喪盡人心地盤剝敲詐民間和士大夫階層分裂為朋黨無休止頑強爭鬥的重大代價之後才取得的。但是，正如西諺所說：青年人相信許多假東西，老年人懷疑許多真東西；青年人喜歡相信許多壞東西，老年人喜歡懷疑許多好東西。二十歲的、很想奮發有為的徽宗皇帝當然願意相信倉庫裏堆放著的真金白銀，這些顯然不是假東西和壞東西。他肯定不願意或者也可能是沒有能力深入探究帝國肌體為此所遭遇的重大創傷。或者，他也許根本就不認為自己一心想為國家好，還會造成什麼新的創傷。

很有可能，這就是建中靖國年號只用了一年就改成崇寧的重要原因。這裏的「寧」指的是熙寧，即父親神宗皇帝推行變法的年代，「崇」應該是推崇、崇尚之意。現在，天才藝術家宋徽宗趙佶開始用自己的實際行動來證明自己的輕佻了。

另一方面，曾布的政治主張得到了不少朝臣的擁護，這還不夠。對付韓忠彥這樣的保守派，他需要更加強有力的支持者。在他的盤算中，如果趕走了現任宰相，自己極有可能順理成章地成為宰相，這樣，他應該不需要過分擔心蔡京的威脅了。因此，他可能參與並支持了皇帝對蔡京的起用。而此時，敵對一方的宰相韓忠彥，表現得不但平庸，而且糊塗。史書記載，這位宰相柔懦，木訥，不善表達。在政治上，他沒有能力阻止皇帝向變法派一方的大幅度立場轉變，作為變法的反對派先失一分；在政務上，雖然權位在曾布之上，卻事事受到掣肘，「事多決於布」，無所作為，而連連丟分。最後，被曾布擠兌得實在難受了，這位宰相居然恨恨地說：「布之自為計者，紹述耳。吾當用能紹述者勝之。」意思是說，你曾布以繼承先皇帝遺志為能事，我就找一個比你更能繼承遺志的人來除掉你。（（宋）徐自明《宋宰輔編年錄》卷十一，崇寧元年）這就談不上什麼政治作為，變成只要快意恩仇就行的玩鬧了。

而他所說的更能繼承遺志的人，就是蔡京。

至此，已經很難有什麼其他政治力量能夠阻止蔡京三級跳般地回到帝國權力中樞了。

為蔡京優美的三級跳加油助跑的，則是他本人出色的藝術才華和宦官童貫的鼎力相助。

史書記載說，有一年夏天，兩個下級官吏極為恭謹地侍奉蔡京，不停地用扇子為他扇涼。蔡京心中喜悅，於是要過扇子，在上面為他們題了兩句杜甫的詩。沒想到，幾天之後，這兩個傢伙忽然喜氣洋洋地闊氣起來。一問之下才知道，他們的扇子，被一位親王花兩萬錢買走了。兩萬錢，大約相當於當時一戶普通人家一年的花銷。而這位親王，就是登上皇位之前的宋徽宗。（《宋人軼事彙編》卷十三《蔡京》）可以想見，這位本身就是書法大家的宋徽宗是何等喜愛蔡京的作品。

而此刻，宦官童貫作為絕好的仲介，進一步加深了皇帝的這種喜愛。

西元一一〇一年，即建中靖國元年的初秋時節，宦官童貫作為內廷供奉官，被派到杭州設立明金局，其職責就是為皇帝徵集文玩字畫。此時，蔡京貶居杭州已經將近一年。據說，他恰到好處地為童貫提供了一份名單，並幫助他出謀劃策，使杭州城裏流藏民間的幾件傳世不朽之作，落入童貫手中。其中，有王右軍的字，顧閎中的畫，還有宋徽宗最為喜愛、夢寐以求的南唐周文矩真跡——《重屏會棋圖》，這使童貫在侍奉不久的主子面前大為露臉。蔡京自己精心創作的一些字畫作品自然也沒有湮沒無聞。（《宋史》卷四六八《童貫傳》）

此次設立明金局，表明徽宗並沒有打算用勵精圖治埋沒自己的閒情逸致，風流才子型皇帝的輕佻性格再露端倪，並從此一發而不可收拾。而童貫與蔡京二人也就此結下了相互支援、牢不可破的友誼。事實表明，在未來的歲月裏，正是這種可怕的友誼，誘惑著、裹挾著宋徽宗，將大宋帝國一步步拖下了災難深重的泥沼之中。

在此前後，一位名叫鄧洵武的起居郎，就是專門負責記錄天子大大小小各種各樣言論舉止的機要秘書，為皇帝畫了一張《愛莫助之圖》，也給我們的藝術家皇帝留下了深刻印象。

鄧洵武先對皇帝說：「陛下是神宗先帝的兒子，現在的宰相韓忠彥是韓琦的兒子。當年先帝創制新法以利天下蒼生，韓琦曾經百般反對。如今忠彥做了宰相，廢止了先帝的法度，這就表明，忠彥能夠繼承父志，陛下卻做不到。」

這傢伙真是挑撥離間的高手，一番話說得皇帝黯然神傷且怦然心動。

鄧洵武接著侃侃而談：「陛下如果想要繼承父兄之志，現在的朝中沒有人能幫助您。」說著，他給皇帝展開了一張圖，就是那張著名的「愛莫助之圖」。

這張圖仿效《史記》中的年表，按照宰相、執政、侍從、臺諫、郎官、館閣、學校分為七類，每類又分為左右兩欄，左邊為變法派，右邊為保守派。結果，左邊的變法派，人名寥寥無幾，從上到下只有五、七人而已，宰相執政一級的，只有執政一人。而右邊的保守派，則有密密麻麻的一百多人，宰執公卿滿朝文武，「蓋舉朝無遺焉」。最後，在左邊變法派的最上面，用小字密書著一個名字於宰相之下。皇帝細細看去，乃蔡京二字。

鄧洵武告訴皇帝：假如皇帝要繼承父志，就非用蔡京不可。（《桯史》卷十五《愛莫助之

圖》）

西元一一〇二年，即崇寧元年，五月，韓忠彥罷相。蔡京官至尚書左丞，已經是副宰相職級，大約相當於宰相助理的樣子。這種快速提升足以令人眼暈。曾布覺得不好時，已經無力阻攔了。更糟糕的是，此時的蔡京對曾布根本就不假以顏色，該出手時就出手。做了尚書左丞還沒滿月，蔡京就用一份奏章徹底斷送了曾布的宰相夢想和第二宰相的寶座。

事情起因於曾布的不爭氣。

他向皇帝推薦陳佑甫擔任戶部侍郎，這位陳佑甫偏偏是他的兒女親家，陳佑甫的兒子陳迪是曾布的女婿。按照大宋的規矩，宰相是不能舉薦自己親屬擔任要職的。

蔡京立即動本參劾。

他的話狠辣而簡明：「爵祿者，陛下之爵祿，奈何以宰相私其親？」官職俸祿是皇帝的，你宰相怎麼能夠以權謀私，私相授受給自己的親屬？

曾布不服，喋喋不休地在皇帝面前駁斥蔡京，為自己辯解，不知不覺間聲色俱厲起來。於是構成了當年他叱責別人的另外一條罪名：在天子面前無人臣之禮。徽宗拂袖而起，相當不快。御史大夫們見此情形一擁而上，交相彈劾。其中最著名的一句話是：「呼吸立成禍福，喜怒遽變炎涼。」意思是說曾布勢焰薰天，喘口氣就能決定別人的命運，喜怒哀樂之間就可以改變天地間的冷暖炎涼。曾布別無選擇，只能辭職。皇帝接受其辭呈。

這還沒完。蔡京乘勝追擊，彈劾他貪贓枉法，收受賄賂，將他的幾個兒子一網打盡，抓進開封府鍛煉周納（即今天所謂的刑訊逼供），迫使曾布低頭認罪。結果曾布再次貶官，被發往太平州居住，就是今天的安徽省當塗縣。從此，曾布噩夢不斷，直到五年後，在鬱鬱寡歡中死去。（《宋宰輔編年錄校補》卷十一，崇寧元年）

一個月後，蔡京坐到了曾布的位置上，成為帝國第一副宰相。此時，他的官銜是右僕射兼中書侍郎。這個職銜，習慣上已經被認為是拜為宰相了。一般說來，它與左僕射兼門下侍郎並列為宰相，但名次在後，因此，說它為第二宰相或許更合適。

拜相制書下達後，徽宗在延和殿召見蔡京，問道：神宗皇帝變法改制，哲宗皇帝繼承之，可是經過兩次翻覆，至今國是未定。我要繼承父兄遺志，先生有何指教？

史稱，蔡京連連叩首說：將死而後已，報答皇帝的知遇之恩。

史又稱：「京起於逐臣，一旦得志，天下拭目所為。」也就是說，朝野上下寄希望於他有所作為。（《資治通鑑長編紀事本末》卷一三一《蔡京事蹟》）

蔡京果然有所作為。

當國之初，他動作迅速地幫助皇帝完成了兩個出爾反爾的重大轉變。

第一個動作，是將元祐黨人，也就是反對變法的保守派人士徹底打進地獄。

皇帝即位之初，曾經發布煌煌文告昭示天下，將以至正大公的胸懷，不偏不倚地對待變法與保守兩派，以期利國利民。如今，僅僅一年多一點時間，言猶在耳，事情卻發生了一百八十度的大轉彎。

蔡京上任的第二天，徽宗下達了一道禁止元祐年間所行法政的詔書，措辭的強硬與嚴厲，完全不同於以往的謙抑與溫和。以此為開端，發生了中國歷史上極為著名的、整治保守派人士的元祐奸黨案及其元祐黨人碑。

蔡京為皇帝提供了一份元祐奸黨名錄，其中包括了以人品官聲享譽當時、以文化成就震爍古今的司馬光、蘇東坡、蘇轍、黃庭堅、程頤、范純仁等數百人。當年，章惇修理政敵時，曾經提議皇帝把司馬光的墳刨開，鞭屍三百。如今蔡京沒有那麼粗野兇暴，那麼小兒科，但卻更加陰柔老辣。他將鋒芒直接指向這些政敵們生前身後所最珍視的部分：千秋名節、子孫後代的尊嚴，還有他們的現實生活。

徽宗皇帝以自己優雅高超的書法藝術，先後兩次親手書寫元祐黨人碑，分別刻於端禮門的石碑和文德殿門的東壁之上，並由書法藝術同樣高超的蔡京書寫頒示天下州縣，命令各地刻立石碑，用以懲惡揚善。據說，直到今天，在某些地區還能看到這種石碑。從西元一一〇二年到西元一一〇四年，也就是崇寧元年到崇寧三年，這種政治迫害運動具有了相當程度的深度與廣度。當時，這些被列入奸黨名錄的人，大多已經故世，於是，迫害的鋒芒主要指向他們的著述和子孫後代。

名列奸黨的許多人，是當代的學術泰斗或文壇領袖。這使禁絕銷毀他們的著作成為當務之急。江西詩派的開山鼻祖黃庭堅號稱蘇門四學士之一，他的一句「春歸何處」，曾經問得詩苑詞壇一時間黯然失色。與蘇東坡比較起來，這位影響巨大的詩人雖然只能屈居二流，但是禁絕銷毀奸黨著述卻是由他首當其衝。其起因相當猥瑣無聊。

黃庭堅名列奸人黨籍之後，被貶黜到湖北降管勾玉隆觀，這是個僅次於撤職罷官的閒職。湖北轉運判官名叫陳舉，此人很想借黃庭堅的文名抬高自己的身價。於是，有一次黃庭堅應邀撰寫一塊碑文時，陳舉要求在碑文撰寫人的落款上，把自己的名字添加上去。黃庭堅不願意，拒絕了。於是，這位相當於省一級主管日常工作秘書長的陳舉，便在碑文中斷章取義地摘錄了一些詞句，舉報黃庭堅誹謗朝政。他有意將舉報交到了副宰相趙挺之手中，原因是他知道趙挺之與黃庭堅不和。果然，趙挺之——中國第一女才子李清照的老公公，立即向宋徽宗報告。結果，導致了兩個後果：一是黃庭堅被進一步貶竄到嶺南，並死在那裏；另一方面，則是大舉開始了禁絕銷毀奸黨著述的運動。

為此，大藝術家徽宗皇帝發布了一系列詔書。他先是下令，天下碑、碣、榜、額，凡是蘇東坡書寫的，要全部銷毀。又將蘇洵、蘇軾、蘇轍父子三人及蘇門四學士黃庭堅、張耒、晁補之、秦觀以及馬涓等人的文集、范祖禹的《唐鑒》、范鎮的《東齋紀事》、劉攽的《詩話》、僧文瑩的《湘山野錄》等書的印版悉數焚毀。在蔡京的慫恿下，皇帝進一步下詔，焚毀蘇軾的《東坡集》並後集印版，毀掉司馬光、范純仁等人的畫像。司馬光的偉大史學著作《資治通鑒》也在焚毀之列。

當時，負責銷毀《資治通鑒》及其印版的是蔡京的弟弟蔡卞、薛昂與林自等人。太學博士陳瑩中知道消息後，特意在太學考試出題時，引用了徽宗的父親宋神宗為該書寫的序文。這位林自不學無術，沒有讀過《資治通鑒》，不知道神宗皇帝真的寫過這篇序文，於是跑去向陳瑩中興師問罪：「神宗皇帝怎麼可能寫這篇東西？」陳瑩中反問：「誰敢說這是假的？」林自含糊了，說：「即便是真的，也是神宗皇帝年幼時寫的作文而已。」陳瑩中問他：「你的意思是說，天子的聖人之學不是得自天性，還有少年、成人之分？」這回，林自真的沒脾氣了，回去悄悄告訴蔡卞。蔡卞也不敢下手，密令太學將印版束之高閣，從此不敢再提銷毀的事兒了。（《宋人軼事彙編》卷十一《司馬光》）這樣，今天的人們才有機會讀到這部不朽的歷史巨著。

蘇東坡的詩文恣肆汪洋，意境高遠。文人騷客們愛不釋手。崇寧、大觀年間，朝廷懸賞重金禁止他的詩文，最高時賞金達到八十萬錢，大約相當於今天的十多萬元人民幣。結果，反而使蘇東坡的詩文成了民間相互誇耀的寶貝。讀書人如果不能背誦蘇東坡的詩文，是一件很沒有面子的事情，其他人會認為此人沒有品味，俗不可耐。有一位政府高級官員，甚至為此還發了大財。

這位具有天才經營意識和商業頭腦的官員，名叫苗仲先，當時擔任徐州太守，大約相當於今天的副省級幹部。蘇東坡曾經在徐州建有一座名樓，起名叫做黃樓。蘇東坡的弟弟蘇轍為此樓作賦，碑文則由蘇東坡親自書寫後刊刻。在禁絕銷毀運動中，徐州的地方官員們不忍心毀棄，將這塊碑投於護城河的壕溝之內，並將黃樓改名為觀風樓。等到富室與官宦人家以收藏東坡詩文墨蹟相誇耀時，苗太守靈機一動，命人將石碑抬出，日夜趕工摹印，得拓片數以千計。忽一日，太守下令：「蘇氏之學，法禁尚在，此石奈何獨存？」下令立即擊毀。結果，該碑文摹本市價倍增。苗太守將這些拓本帶到京師，不幾日便全部售罄，太守立即成為一方巨富。（《宋人軼事彙編》卷十二《二蘇》）

在蘇東坡的家鄉四川，民間甚至流傳了一句諺語，說是：「蘇文熟，吃羊肉；蘇文生，吃菜根。」不熟悉蘇東坡詩詞文章的讀書人，只能吃菜根。由此可知宋徽宗君臣施政與民間輿情的反差之大。

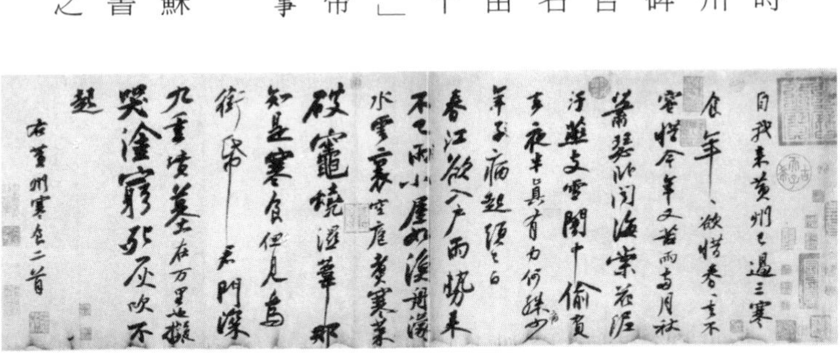

《黃州寒食詩帖》，蘇東坡傳世之作。

逝者已矣，他們親屬子弟的命運則變得相當悲慘。崇寧年間，徽宗多次下詔，凡奸黨子弟，不管有無官職，均不得在京城居住，不准擅自到京師來，不准在京師及京師府界任職；後來又規定，宗室子弟不得與黨人子弟聯姻，已訂婚尚未舉行婚禮的，必須解除婚約。黨人五服之內的親屬，均不得擔任近衛官職。知情不報者處斬。此外，在科舉考試和官吏錄用晉級等方面也有不少歧視性的規定與做法。

以今天的眼光看回去，應該說，在任何時代任何國家，這種做法都帶著一股強烈的不祥氣息。在世界範圍內，很難找到由此導入良好結局的事例。

蔡京輔佐宋徽宗出爾反爾的第二個輕佻舉措，則是分門別類地治罪那些在皇帝的鼓勵下，上書言事的人們。

我們記得，徽宗初政時，曾經發布過一份詔書，鼓勵、號召天下人暢所欲言、言者無罪地品評朝政。在此之前，徽宗的同父異母哥哥宋哲宗在位時，也曾經發布過一份讓天下人上書言事的詔書，獻言者數以千計。結果，後來，哲宗君臣斷章取義地摘錄這些上書，憑隻言片語整治上書者，搞得人們怨聲載道。宋徽宗為了解除人們的顧慮，下令撤銷了專門在臣民上書中羅織罪名的編類臣僚章疏局，使人們相當感奮，有五百八十多位官員和八百多位布衣平民上書言事，為國家發展出謀獻策。結果，同樣僅僅一年多一點時間，同樣言猶在耳、墨跡未乾，徽宗皇帝便盡反前言，將所有奏章和上書交給蔡京、蔡攸父子及他們的門客強浚明、強淵明兄弟，再加上一位不錯的學者葉夢得，由這個五人小組根據上述文書中的內容與詞句，決定如何處置這些上書言事者。

《宋史》記載說：強氏兄弟與葉夢得和蔡京結為生死交，共同策畫了元祐奸黨案和此次的上書言事案。在上書言事案中，上述五人「同己為正，異己為邪」，把這些上書言事者分別劃分成了七大類：正上、正中、正下、邪上尤甚、邪上、邪中、邪下。其中，僅五百八十多位官員裏，被列入「邪」字一榜中的，就有五百三十四人。進入「正」字榜的，只有四十一人。其中，「正上」一等的六人，包括了那位為皇帝畫「愛莫助之圖」的鄧洵武。而監察系統和政務系統中，凡是與蔡京有過節的人，幾乎一網打盡地被列進了「邪」字榜中。史書記載認為，以此為發端，從此形成北宋末年的黨人之禍。（《宋史》卷三五六《強淵明傳》）

一位被列入此榜中的不知名人士，曾經寫了一首小令，嘲諷道：

> 當初親下求言詔，引得來胡道，人人投獻治安書，比洛陽年少。
> 自訟鐫官差嶽廟，卻一齊塌了。誤人多事，誤人多是，誤人多少！（《清波別志》卷下，知不足齋叢書版）

在涉及到治國方略的重大事務上，徽宗皇帝的表現既輕佻又不浪漫，這種做法所傷害的，肯定遠遠不僅僅是上述這些被列入「邪」字榜中的人。人們有理由在這種缺少道德信念

支持的變化中，感受到前景的黯淡與令人畏懼。

顯然，得分最多的人是蔡京。元祐奸黨案中，被蔡京列入奸黨名錄的人裏面，包括了他最重要的政敵、競爭者、意見相左者和曾經批評過他的人。如章惇與曾布，是支持王安石變法的重要骨幹力量；張商英在哲宗時反對廢除新法，在奏疏中直斥司馬光等保守派人士；陸佃則根本就是王安石的學生和變法時的助手。在理論上講起來，他們都是蔡京志同道合的同志與戰友。但由於他們屬於上述幾種人，所以全部被列入奸黨名錄。在這兩次翻手為雲覆手為雨中，蔡京差不多將自己的敵人和潛在敵人清除殆盡。事實上，此後二十多年的徽宗朝政，在此時已經奠定了基本的格局。

這裏面，有一個人特別令人惋惜，他就是葉夢得。從歷史記載看，他並非稀里糊塗地成了五人小組成員，可能是相當情願地參與了為那些上書言事者羅織罪名的工作。後來，此人出任地方官。在任期間，他摧抑豪強，平反冤獄，表現得相當正直而且能幹，為此獲得不錯的官聲並遭受貶黜。到高宗時，此人力主抗金，正義凜然地致力於收復失地。他還滿腹經綸，是位不錯的學者，其幾本主要著作流傳至今，仍然具有不低的研究與學術價值。然而，就是因為這一段歷史，就是因為曾經與蔡京結為死黨，遂成為此人無法抹去的污點，結果，此後八百多年裏，始終為人所不齒。葉夢得的遭際，很有可能曲折地再現了當時政壇上的錯綜複雜。

就這樣，我們帝國的元首幾乎是以滑著舞步般的輕鬆與浪漫，處理著軍國大事。

此後，這種特點一再顯現，在治理國家的方針大計上，缺少堅定的信念，寡謀善變，投機取巧，特別典型地表現了徽宗皇帝的輕佻。

如果說皇帝在對待元祐黨人的政治立場上劇烈轉變是一種政治輕佻，在治罪上書言事者上翻雲覆雨是一種人格輕佻的話，那麼，在他改變對上述兩類人的懲治時，所表現的則是一種讓人根本無法界定的輕佻。

按理說，改變對這兩種人的錯誤懲治，應該是很受歡迎的舉動。可是，徽宗皇帝在這樣做時，卻使人絲毫感覺不到欣慰，相反，令人對國家的前途更加沮喪與絕望。

事情的起因可能與徽宗皇帝篤信道教有密切關係。

宋朝皇室與道教淵源頗深。宋太宗趙光義繼位時，有「燭影斧聲」之說，流傳了千餘年，至今還是一大歷史謎團。

據說，宋太祖趙匡胤做皇帝之前，曾經與一位道士交往很深，這位道士預言趙匡胤將登九五之尊。趙匡胤登極當了皇帝之後，這位道士杳無蹤影。十六年後，二人又一次見面，趙匡胤問道士，自己還能活多久？道士回答道，今年十月二十日夜裏，如果是晴天，你就還能活十二年。否則，就需要趕快安排後事了。到了這一天夜裏，趙匡胤登臨太清閣四下觀望，

宋太宗趙光義。哥哥是這位弟弟殺的嗎？

只見星漢燦爛，不禁心中大喜。忽然，陰霾四起，天氣劇變，雪雹驟降。趙匡胤急忙回到宮中，把弟弟趙光義召來，二人在皇帝的寢宮裏，將所有內侍、姬妾統統趕出去，相對飲酒。人們遙遙觀望，但見寢宮之內，蠟燭光下，太宗時不時地避席而起，做出謙讓不可勝之狀。漏禁三鼓，皇帝引柱斧戳地，對太宗說：「好做，好做！」當夜，趙匡胤猝死，留宿在大內的趙光義於柩前即位，成為宋太宗。

這是對「燭影斧聲」的一種解釋。

另一種解釋對趙光義就很不利了。這種解釋認為，所謂「燭影」，根本就是在燭光之下，趙光義親手殺死了自己患病中的親哥哥。「斧聲」則是趙匡胤平時片刻不離手邊的水晶玉柱斧，在激烈打鬥中發出的聲音。

對於趙家皇室來說，前一種說法顯然是唯一可以接受的。這就在皇室與道教之間，架設起了一座相當友善的橋樑。

第三代皇帝宋真宗則將道教與皇室的關係拉得更近了。這位親手簽訂了「澶淵之盟」的皇帝，特別神神怪怪，一輩子時不時地就能看見天神聖祖降臨人間，而且就是降臨到他的宮廷裏面。神道降臨時輝煌燦爛的景觀，只有我們的皇帝一人有此仙緣能夠瞻仰，其他人只能心懷崇敬地聽他繪聲繪色地予以描述。上天神聖還時常降下天書給皇帝，保佑並指導他根據上天的意志，治理我們的帝國。據說，這位皇帝之所以如此，大體出於兩個動機，一是以神道教化世道人心，二是為了「鎮服四海，誇示夷狄」。特別是要讓遼國君臣知道，大宋帝國是有神靈庇佑的，用以制止他們的南侵之心。

到了宋徽宗的時代，對道教的尊崇達到了一個高潮。中國歷史上可能還沒有哪一代帝王能夠像我們的徽宗皇帝這樣崇信道教，以至於到了最後，他給自己的稱號都要叫「教主道君皇帝」。

這位教主道君皇帝的神神怪怪，與他的先祖比起來毫不遜色，或者應該說是有過之而無不及。據說，他還是端王時，就曾經有一個道士預言：「吉人當繼大統。」吉人合起來，正是趙佶的佶字。趙佶當上皇帝之後，子嗣人丁不旺。道士劉混康告訴他，京城東北角風水極佳，倘若將地勢增高，皇家子嗣立即便會興旺。徽宗下令照辦。不久，宮中竟然連連誕育皇子。這一來，使宋徽宗對於道教大為崇信。

有一次，宋徽宗前往圜丘祭天，蔡京的兒子蔡攸隨行，由一百多個道士執儀仗為前導。

隊伍出了南熏門，徽宗忽然停住，指著前方的空中問蔡攸：「玉津園的東面好像有亭臺樓閣，重重疊疊，那是什麼地方？」蔡攸立即裝神弄鬼地回答：「我只隱隱約約看見雲彩間有幾重樓臺殿閣。再仔細看，都離地有幾十丈高。」徽宗問：「看到人了嗎？」蔡攸答道：「好像有一些道家童子，手持幡幢節蓋，相繼出現在雲間，眉毛眼睛歷歷在目。」一君一臣，一問一答，認定了有天神下凡。於是，皇帝下令，就在其地修建道宮，名曰：迎真宮。「由是，益信神仙之事矣」。（《宋史紀事本末》卷五十《道教之崇》）

假如我們不願意過分刻薄地評論此事，則或許可以將此事理解為君臣二人看到了海市蜃樓，或者出現了共同的幻視、幻影等幻覺。不過，結果是一樣的，那就是，從此皇帝更加崇信道教了。

與皇帝相處時日最久的一個道士，名叫張虛白。可能是長著一部與眾不同的鬍鬚，或者長相類似胡人，徽宗皇

神仙來了。

帝從來不稱呼他的名字，而是叫他張胡。此張胡博學多識，精通術數，經常喝醉酒後發出預言，神奇的是，每每被他言中。他曾經酒醉後枕著皇帝的膝蓋大睡其覺，並且經常直言無忌地發出批評性的警告，甚至針對皇帝本人。徽宗並不計較，只是說：「張胡，你又醉了。」宣和年間，金國人俘虜了遼國天祚皇帝，派遣人來通告，徽宗皇帝將此事告訴了虛白。虛白的反應是，徐徐道曰：「天祚皇帝在海上築宮室等候陛下，已經很久了。」此話一出，周圍的人們相顧失色。天祚皇帝是公認的荒淫昏庸之君，而且亡國後成了俘虜。虛白如此比擬，完全夠得上大不敬之罪。徽宗皇帝卻渾然無事，手撫虛白後背說：「張胡，你又醉了。」等到靖康二年，也就是西元一一二七年，徽宗皇帝真的成了亡國之君，並被金國俘虜後，又一次見到了虛白。皇帝歎息著說：「你平日所言，都應驗了。我悔恨透了，沒有早聽你的意見。」虛白說：「事已至此，無可奈何。往事不可追，來者猶可諫。陛下好好愛惜身體吧。」據說皇帝曾經賞賜給張虛白大量財寶，虛白全部推辭不受，是一位相當懂得自愛的道士。

（《續資治通鑑》卷九十三，徽宗重和元年）

皇帝寵信的道士不少，像張虛白這樣自愛的則不多。這些牛鼻子老道，各自都有自己的高招。比如，一位叫王老志的人相當絕。他見到皇帝時，先遞給皇帝一個大信封，皇帝打開一看，嚇了一大跳。原來裏面裝著他早年寫給愛妃們的豔詩，內容很隱秘，就是說很下流。皇帝立刻就被震暈，馬上就找不著北了。

最有名的，當屬林靈素。此人深得神靈鬼怪之精髓，最大的特點就是滿嘴巴跑舌頭。而且膽子極大，口氣極大，極其堅定果斷。他的相貌極為奇異。據說，因為好酒貪杯，又沒有錢，於是向人家賒賬，欠多了酒賬，債主前來討債，他「舉手自折其面」，結果，導致他一半臉乾枯如骷髏，一半臉則滋潤如常人。平心而論，單憑這副尊容，一般人見到，先就會拿他當半個神仙了。而我們的教主道君皇帝本不是一般人。因此，皇帝一見到林靈素，頓時就懵了，他疑疑惑惑地發問：「先生過去當過官嗎？曾經見過我嗎？」道家大師林靈素答道：「我往年在天上玉皇大帝那兒當差時，曾經侍奉過聖上您的大駕。」皇帝道：「那段事如今我還恍惚記得。我記得你好像是騎一頭青牛，那青牛如今哪兒去了？」靈素回答：「我把牠寄牧在外國了，不久就會來此。」皇帝又驚又喜，不但知道了自己的前世，還找到了天上的仙伴。皇帝的心情無比喜悅。

林靈素像現代心理治療的催眠大師似的，索性喚醒了皇帝所有沉睡的前世記憶。他告訴皇帝，天有九霄，神霄為最高，其辦公場

原來大家在天上就是老朋友了。

地叫府，上帝的大兒子是神霄府的玉清王，負責主持南方的工作，號稱長生大帝君，這位神靈就是陛下。然後，林靈素謙遜地告訴皇帝，自己就是府中那個名叫褚慧的仙卿。如今主子下凡為帝，自己當然也要降臨凡世輔佐君王。林靈素指著蔡京問皇帝，您不記得了嗎？這是左元仙伯呀。他講得興起，把滿屋子的人一一指給皇帝，王黼乃文華吏，盛章為寶華吏，而貌美如仙備受寵愛的劉貴妃正是九華玉真安妃。童貫等一干人也都名列仙班。如此一來，搞得大家歡天喜地，怪不得大傢伙兒聚在一起如此開心，鬧了半天，原來上輩子在天上就是老朋友了。

徽宗皇帝弄清楚自己的前世今生後，相當感慨。他派人宣諭有關部門：自己是上帝長子，只因為憐憫中華大地到處都是金狄之教（指佛教），因此懇求上帝父親，願意下凡為百姓之主，令天下歸於正道。於是，道院請示了上帝之後，正式冊封我們的徽宗皇帝為「教主道君皇帝」。

教主道君皇帝曾經親自參加褚慧仙卿林靈素大師的講經會。當時，在皇帝的宣導下，全國的道士都有官職級別，按資格享受工資俸祿和福利待遇，致使人們趨之若鶩。為擴大影響，每次講經大會都設有大齋飯，就是一頓相當不錯的飯局，而且聽經者可以得到三百文錢的施捨。結果，很多貧民買塊青布，打扮成道士模樣前來聽講。據說，每次講經大會的花費都高達相當於今天人民幣百萬元左右。

而林靈素林大師的講經格外好聽。史書記載說，林大師講經，雖然沒有什麼殊絕之處，但時時雜以滑稽，語言生動而智慧，搞得聽眾一驚一乍、亦喜亦悲，不時地爆發出哄堂大笑，氣氛特別熱鬧而且熱烈。事實上，生活在今天的中國人，特別是聽過各類大師傳法的中國人，對此應該並不陌生。而教主道君皇帝每逢此種時刻，也樂不可支，「莫有君臣之禮」。恍惚之間，皇帝可能已經真的把自己當成了玉皇大帝的大兒子。

在此期間，道家的修行、典禮、儀式、經典與生活方式，成了我們帝國國家元首生活的重要組成部分，皇帝相當自覺地以此要求自己，陶醉而且樂此不疲。於是，在此期間，中國道教的勢力遠遠壓倒佛教，達到了自己發展的頂峰。為此，道家弟子們，實在是應該感謝這位教主皇帝。

據說，當時僅林靈素一人，就有弟子兩萬多人，錦衣玉食地在京城內外招搖。他的勢焰極盛，甚至被人們稱為「道家兩府」，意思是此人的權勢已經可以和宰相並列了。

正是在這樣的時刻，褚慧仙卿林靈素林大師的一番做作，導致了徽宗皇帝對於元祐黨人案和上書言事獲罪者們的重新思考。

史書記載說，有一天，皇帝在太清樓設宴，林靈素侍宴。恰巧太清樓下就有一塊元祐黨人碑，林靈素走到碑前，納頭便拜。皇帝大為訝異，問他何以如此？大師莊容回答道：「這塊碑上的名字大都是天上的星宿，臣大模大樣地不稽首致禮，今後回到天上大家如何相處？」而且，據說這位牛鼻子老道還隨即吟詩一首。詩曰：

> 蘇黃不作文章客，童蔡翻為社稷臣。
> 三十年來無定論，不知奸黨是何人？

人們找不到這位林靈素與蘇東坡、黃庭堅這些人有什麼瓜葛、淵源的證據。道士忽然為那些倒楣蛋兒說話，由不得徽宗不信。這可能是促使宋徽宗對元祐黨人的態度明顯好轉的一個重要原因。

在此前後，還有一位道士，也曾經以類似的方式，使皇帝感受到了一種特殊的壓力。據說，有一次皇帝巡視一座道觀。觀中的道士在皇帝面前，向上帝伏地拜章，過了很久才起來。皇帝在詫異中等了相當長時間，於是問他發生了什麼事體，這位道士回答說：「剛才到上帝辦公的地方，正好趕上奎宿在向上帝彙報工作，很久才完，臣只能等他完畢才能上達奏章。」皇帝聽了，感歎不已。又問那奎宿是什麼人，向上帝彙報了些什麼事情，道士回答：「臣離得遠，聽不清，對於他們談的事情不得而知。不過那位奎宿臣倒是看清了，就是以前的端明殿學士蘇軾蘇東坡。」據說，徽宗皇帝一聽之下，大為改容。（《夷堅志補》卷二十三《奎宿奏事》）隨後，對元祐奸黨一案的態度發生了許多明顯的變化。

平心而論，這種變化特別令人心驚膽戰。想想看，作為一位國家元首，在我們的皇帝身上，時不時地就會以此種方式，令國家的治國方略發生變化，這實在很難讓人對這個國家的

前途產生什麼樂觀的想像。

而在此時此刻，藝術家宋徽宗的想像則已經插上了道教的翅膀，正在現實生活的此岸世界上空，盡情地翱翔。

應該說，道家的思想觀念與皇家的思想觀念是最為契合的，因為兩者的追求高度一致。對於道家人士來說，此岸也就是今生今世的快樂追求是最重要的——健康長壽，長生不老，修煉成仙，白日飛升等等。如果今生今世就能夠修煉成仙的話，也就意味著一勞永逸地解決了來生來世的問題。與此種聰明做法比較起來，苦巴巴地修煉來世的佛家人士，實在是顯得特別愚蠢。

一般說來，我們帝國的皇帝多數都很聰明。他們內心深處最焦慮的問題，實際上有兩個：一個是坐穩屁股底下的這把龍椅，不要讓別人搶了去；第二個就是怎麼樣才能盡可能坐得時間長一點，最好是長生不老地永遠坐下去。這兩個根本性的焦慮，是我們大多數聰明的皇帝們特別喜歡道家的主要原因。

而且，道家修煉時的美妙也實在不錯。比如，對於皇帝這樣的男性修煉者來說，健康長壽是可以通過採陰補陽來實現的。採陰補陽的過程，可能是全世界古往今來的男人們，除了生理心理失常者外，全部心神嚮往的。這個過程要求：採陰的對象，最好是芳齡二八、也就

是十六歲左右的處女，她應該皮膚白嫩細膩，氣色白裏透紅，骨骼玲瓏細緻，頭髮油光黑亮，五官和諧標緻，實際上就是一個標準的美貌處女。而且，數量越多越好。採陰的場所，最好是有山有水，林木蔥蘢，鳥語花香，配以潺潺流水和恰到好處嫋嫋不絕如縷的音樂等等。採陰的時間，最好是萬物復甦的陽春時節等等。按照偉大的佛洛依德學說，無須解析，這顯然是全世界男人們的夢。

能夠把全世界男人統統比下去，從而最有條件實現這個夢的，肯定首推我們帝國的元首——皇帝。

徽宗皇帝實現這個夢想的過程相當浪漫，也相當漫長。在這浪漫而漫長的過程中，宋徽宗從一位好學上進的青年皇帝，一步一步蛻化，最後，終於蛻化成了一位徹底地、昏天黑地地追逐聲色犬馬的昏庸天子，成了中國歷史上數得上的幾位敗家皇帝。

這個過程，是一個理論與實踐相互結合、相互促進的過程，相當有趣。

比如，有一次，當上皇帝不久的宋徽宗，拿出一些玉製的盤碗杯盞來，小心翼翼地問大家：「我打算在國宴上用這些東西，又怕別人覺得太奢華，說三道四。你們認為怎麼樣？」

蔡京馬上回答說：「天子本來就應該享受天下的榮華富貴，區區幾件玉器算什麼？何況是在國宴上使用，完全合情合理。合乎情理的事情，別人說什麼也就不必放在心上。」（《清波雜志》卷二）

這可能會使皇帝的感覺相當舒服。

我們知道，蔡京飽讀詩書，而且極有才學。他引經據典的理論闡述，可能是幫助皇帝最後解除顧慮的重要原因。

蔡京援引《易經》，發展出了一個豐、亨、豫、大理論。用今天的語言表述，其核心的意思大致是：在太平時節，君王要有天子的氣派，要敢花錢，敢於縱情享樂，不必拘泥於世俗之禮。否則，反倒會易（變化），失去上天的眷顧，變得不吉利起來。

他還援引了《周禮》中的一個說法，叫做「唯王不會」。這裏的「會」是會計的會。蔡京告訴皇帝，周禮的意思就是說，自古以來，只要是君王，其花費都是不必計算、不受限制的。陛下過分節儉，苦了自己，就和那些土得掉渣的農民一樣了。對於君王來說，這樣做是可恥的。（《宋帝列傳》之《宋徽宗．宋欽宗》第七十八頁；《宋史》卷一七三《食貨上一》）

這番理論，實在是太善解人意了，已經不能用一般的「卑鄙」、「無恥」來形容。

按照儒家傳統理論，逢君之惡，乃標準的奸佞之徒。

不幸的是，這套理論被宋徽宗全盤接受，成為皇帝本人、他的宰相和整個徽宗一朝的基本施政綱領。

有一次，蔡京的兒子蔡攸勸告皇帝：「所謂人主，就應該以四海為家，以太平歲月娛樂自己。人生幾何，豈可徒自勞苦？」

皇帝深以為然。轉過頭，在一次宮中的宴會上，對梁師成說：「先皇為天下歡樂，也為天下憂愁。如今四海太平，我才有機會放鬆一下，遊玩遊玩啊。」

梁師成回答說：「對呀。聖人先天下之憂而憂，後天下之樂而樂，說的就是陛下您這種情形吶。」

這一番對話，將現實的享樂和聖人的境界聯繫在一起，可能令皇帝特別欣慰。

大約與他的藝術氣質相關，宋徽宗酷愛稀奇古怪的石頭。中國皇家貴族、文人雅士賞玩奇石的歷史相當悠久。不過，玩得這麼大的，徽宗皇帝可能是第一份。按理說，一個皇帝不是喜歡肉林酒池金山銀海，而是喜歡賞玩石頭，這豈不是臣民的福氣？誰知，皇帝的愛好和宰相的逢迎結合後，卻生出了一個極其可怕的怪胎。這就是在中國歷史上赫赫有名的、在北宋帝國的敗亡中起到重要作用的「花石綱」。

崇寧元年，即西元一一〇二年，朝廷在杭州增設

《宮中圖》。宋徽宗的浪漫生活。

造作局，由童貫主持，每天役使工匠數千人，專為皇室製造金玉牙角竹藤織繡等物品。所需物料，全部由民間徵斂。

崇寧四年，即西元一一〇五年，是蔡京當上宰相的第三年。這一年，朝廷又在蘇州增設應奉局，由蔡京的心腹朱勔主持，專門在江浙一帶為皇帝搜羅珍奇物品與奇花異石。結果，發展為災難性的、遍及全國規模的「花石綱」大劫難。

花石綱的本意指的是運送奇花異石的船。當時，管成批運送的貨物叫「綱」。動用大批船隻向京都運送花石，每十艘船編為一綱，於是就稱之為「花石綱」。據史書記載，起初，這種花石貢品的品種並不多，數量也有限，徵集區域只是在東南地區。後來，皇帝對這些貢品大為讚賞，進貢者紛紛加官晉爵，恩寵有加。於是，化為一道無聲的號令，迅速演變成舉國為之騷動。

政和年間，安徽靈璧縣進貢一塊巨石，高、闊均二丈有餘，用大船運送到京師汴梁，拆毀了城門才進得城中，上千人都抬不動這塊大傢伙。宋徽宗大喜，親筆御書「卿雲萬態奇峰」，並加金帶一條懸掛其上。

隨後，太湖鼋山又採得一石，長四丈有餘，寬二丈，玲瓏剔透，孔竅天成。又有一樹，相傳是唐代白居易手栽，故名白公檜。連石帶樹，預備一股腦獻給皇帝。為此，特造大船兩艘，花費八千貫錢才送到京師。八千貫錢，大約相當於當時二百戶人家一年的生活費。

華亭，就是今天上海松江縣的悟空禪師塔前，有一株唐朝古樹，人們決定將它晉獻皇帝。此樹枝幹巨大，無法通過橋樑，於是造大船海運，經楚州即今日的江蘇淮安到汴京。一日風大，樹枝與風帆糾結在一起，「舟與人皆沒」。一船人全部葬身魚腹。

西元一一二三年，也就是宣和五年，在太湖又採得一石，該巨石高六仞，闊需百人合抱。再造巨艦運送京城後，宋徽宗極為喜悅，賞賜搬運船夫每人金碗一隻，朱勔的四個奴僕被封官，朱勔本人晉升為「威遠軍節度使」，那塊大石頭則被封為侯爵——「盤固侯」。「節度使」曾經相當於今天的大軍區司令兼一省或數省的行政長官，如今則用來表明同樣級別的地位、榮譽與待遇。

為了搜尋出奇制勝的花石，各地官吏如狼似虎，不論高山深谷急流險灘，還是深宅大院草門棚戶，只要有一石一木稍堪玩味，便有官吏健卒直入其地，做上皇家記號，這玩意兒就成了御前之物，主人必須妥善保護。稍有不慎，就將被以大不敬的罪名治之。等到發運時，一般都要拆牆毀屋，恭恭敬敬地將這東西請出去。史書中只記載說，「為此傾家蕩產者不計其數」，沒有說明為什麼會使人傾家蕩產。其實很簡單：奧妙就在「御用之物」和「大不敬」的罪名上。這種罪名屬於「十大惡」之罪，攤上了它是要死人的。這就堂皇正大地為官吏們敲詐勒索鋪平了道路。柏楊先生在《中國人史綱》一書中就曾經指出，這種情形很像魏晉南北朝時發生過的事情。當時，後趙皇帝石虎在首都鄴城，就是今天的河北臨漳，開闢了一個

可能是古往今來世界最大的皇家獵場，規定，任何人都不許向野獸扔石頭，違者一律處死，其罪名叫「犯獸」。於是，這款罪名一下子成了官員們敲詐勒索、發財致富的陽關大道。許多人被指控「犯獸」，從而傾家蕩產。這種情形如今通過花石綱又一次再現。

後來，在受花石綱禍害最深的浙江東南一帶，發生了方臘起義。起義農民對於落入自己手中的政府官員，採用了極為殘忍的處置手段，比如：活埋、剖心挖腹、砍斷四肢、亂箭射死、熬成膏油等等。從中國人素來不為已甚的行事品格判斷，這種極端不留餘地的做法，很有可能從反面證明了他們曾經遭受來自政府官員們蹂躪的殘暴程度。就連官修正史《宋史》中，也在指方臘為盜為匪的同時，委婉地指出了官逼民反的隱情。而此種情形，在當時，很有可能已經是民間的一種常態。

花石綱掠奪前後持續了二十多年，形成了一場真正的災難。史書記載說：在江河湖海驚濤駭浪中，人船皆沒者，枉死無算，很難統計。運到京城的石頭數以十萬計，最貴的一塊石頭，光是運輸的費用就達三十萬貫錢，相當於一萬戶普通人家一年的收入。並且，貢品的品種也變得幾乎無所不包：「大率太湖、靈壁、慈溪、武康諸石；二浙花竹、雜木、海錯；福建異花、荔枝、龍眼、橄欖；海南椰實；湖湘木竹、文竹；江南諸果；登萊淄沂海錯、文石；兩廣、四川異花奇果。」物產應有盡有，地域涵蓋全國，牽連人數和貢品數量的巨大，在中國歷史上都相當罕見。

花石綱鬧得舉國騷然，包括激起相當大面積的民間反抗，徽宗皇帝其實心知肚明。但是他已經不能也不想適可而止了。他深陷在那神仙般的快樂之中不願也不想自拔，他要不停地向更加快樂的境界前進。

於是，宋徽宗與蔡京君臣一道，創下了一個在中國歷史上到此為止相當罕見的紀錄，那就是修建艮岳。

與政治上輕佻善變相映成趣，徽宗皇帝肯定不會讓自己的物質享受刻板乏味，其變化萬端同樣令人眼花繚亂。事實上，從現有史料判斷，蔡京似乎從當上宰相那天起，就一刻不停地慫恿皇帝大興土木。君臣二人高度默契，高度協調。從崇寧元年起，修完景靈宮以後修元符殿，鑄完九鼎之後再建九成宮——九座宮殿安放這九鼎。九成宮華麗壯觀，固然很好，但大宴賓客的地方太窄小了。於是起大工程，開始修建延福宮的七宮三十二閣，疊石為山，鑿池為海，建了一座令皇帝相當滿意的、「不類塵境」的宮殿群。

從現有資料判斷，蔡京是一位生活品味極高的人。他喜歡吃鵪鶉羹和蟹黃包子，每吃一次鵪鶉羹，需要殺鵪鶉三百隻。請人吃一次飯，僅蟹黃包子一項的花費，是一千三百貫錢，大約相當於五十戶普通人家一年的收入。他家裏按照專業人員的標準，養著一位小姐，其職責就是專門負責切蔥絲。

據說，蔡京最看不上的，就是歷朝歷代講究節儉的帝王，每每談及此處，他都會嗤之以

鼻地斥之為「陋」。翻譯成現代語言，就是「土得掉渣兒」的意思。（《資治通鑑長編紀事本末》卷一三一《蔡京事蹟》）

以這樣的品味輔佐皇帝，檔次當然只會更高。

或者反過來說，需要這種檔次的宰相輔佐的皇帝，品味肯定高得嚇人。

終於，曾經令皇帝心滿意足，並且專門為此撰寫一篇賦、以記其盛的延福宮，又在皇帝的感覺中顯得「陋」了。於是，這一對君臣高度默契，共同精心策畫與實現了一個大手筆，向現實的神仙境界邁進了一大步。

這就是艮岳。

艮岳，又叫萬歲山，或「壽山」、「壽岳」，是一座人工堆砌的巨大的假山園林。

這座假山園林方圓數十里，坐落於汴京城東北，景龍江之南。當初，之所以要把這裏墊高，是因為道士告訴皇帝，這裏的方位正處在八卦的艮位之上，墊高後，皇家子嗣就會人丁興旺。如若修建成為林木蔥蘢的假山，則國運必將亨通昌盛。前面的說法業已得到了證實，自從將此地抬高之後，徽宗皇帝便連連喜得貴子，這使我們的皇帝深信，若在此地建成艮岳，國家的興旺發達必是指日可待。於是，開始了長達六年、耗資無可計數、徵用民間勞役數十萬的大工程。

艮岳，最高峰九十步，約合公制一百五十公尺左右。山分東西兩嶺，其間亭臺樓閣無

數，奇花異石無數，珍禽異獸無數，還有萬名左右妙齡美女出沒其中。艮岳山峰北部為景龍江，引江水流注山林之間，水聲潺潺，如歌如訴。其中，一花一竹一木一石價值千貫甚或萬貫者，不計其數。山上幾十個山洞裏，裝滿了雄黃與爐甘石。雄黃的作用是避蛇蠍毒蟲，爐甘石則據說可以產生雲霧。為了產生更好的雲霧繚繞的效果，還命人在油絹囊中注滿水，放置於山巒峭壁之上，如此形成高山雲霧的效果，名之曰「貢雲」。宋徽宗就在這雲蒸霞蔚之間，走來走去，尋找著神仙般的浪漫與藝術家的靈感。

當時與後世對於艮岳的記載和評述頗多，給人印象較深的兩個評價如下。

其一曰：艮岳之壯麗，「自生民以來，蓋未之有」。就是說，打從盤古開天地，三皇五帝到如今，艮岳乃天字第一份。

其二曰：艮岳之美妙，「真天造地設，神謀鬼化，非人力所能為者」。意思是，這玩意兒簡直就不是人所能造出來的。

艮岳的修建，開始於北宋政和七年，即西元一一一七年，到宣和四年，也就是西元一一二二年竣工，前後歷時六年，無法統計究

《宮苑圖》。宋徽宗就在這雲蒸霞蔚之間，走來走去。

竟花了多少錢。

在修建這座皇家園林期間，北方，發生了以宋江為首的農民起義，從西元一一一九年，也就是宣和元年開始，引起朝廷的關注與不安；南方，則在西元一一二〇年，也就是宣和二年，發生了方臘領導的大起義，幾個月之內，就將東南地區席捲進去，並有近百萬民眾群起回應。波及人口至少在數百萬以上。與此同時，南、北方各地陸續發生了至少十起左右農民暴動，人數少則數千人，多則十數萬人。用當時人的話說，離開花團錦繡的京城汴京，十里之外就到處都是民不聊生的悲慘景象。

資料顯示，當時，在艮岳和後宮中的少女總數超過了一萬人。據說，皇帝每隔五到七天，就必定要和一位處女交和，以便採陰補陽，益壽延年。這支堪稱龐大的美女隊伍，肯定可以為教主道君皇帝的浪漫生活提供必要的靈感。這些靈感，最後可能結晶成了皇帝那些美侖美奐的書畫作品、《宣和書譜》、《宣和畫譜》和《宣和殿博古圖》等，使一部中國文化史就此好看了許多。

平心而論，這已經很不錯了。中國歷史上，曾經無數次地傾整個國家之財力物力人力，只是為了一個皇帝一時的高興。這樣做了之後，除了一個壞名聲和一副臭皮囊之外，什麼都沒留下的皇帝實在是太多了。

此時的宋徽宗，除了流連於艮岳之外，據說還在忙於通過皇家專用秘道，流連於京城名

妓李師師的閨閣之中。有一種說法認為，在此期間，皇帝賞賜給李師師的錢物，大約至少在十萬兩白銀以上。

三年後，西元一一二五年，即北宋宣和七年，大金鐵騎揮師南下，如入無人之境，直逼京城汴京。被淘空了的北宋江山一觸即潰。

《琵琶美人圖》。

據說，聰明的李師師在異族騎兵兵臨城下之際，將宋徽宗賞賜給她的所有錢財全部捐獻給了守城軍民。此後，這位美麗女子下落不明，給當代和後世的文人騷客們留下了一個巨大的想像空間。

另外一種看法則認為，徽宗皇帝與她的浪漫故事，早就引起了具有強烈正義感的士大夫們的憤怒。因此，徽宗皇帝退位，新皇帝即位後的一件重要工作，就是在保家衛國的神聖名義下，義正詞嚴地抄沒了這位京城名妓的家產，用來償還滿朝文武們欠下的巨額戰敗賠款，從此，李師師幾乎淪入沿街乞討的境遇。這種說法在道學家和情感遭遇過重大挫折的男女人士那裏，特別容易獲得共鳴與支持。

第三種說法，說是李師師的美貌與多才多藝，早已名揚大金國。大金騎士拿下大宋都城後，其統帥指名索要這位美婦人。師師悲痛於百萬官紳齊下跪，全無一人是男兒的現實，堅貞不屈，吞金自殺。

可以想見，不論哪一種說法，都給帝國滿腹才學的文人們，留出了施展才華的足夠大的天地。

讓人感到特別奇怪的是，就像被施了魔法似的，凡是闖進這個天地裏，試圖在此展開想像和文采的人們，無一例外地墮入了俗不可耐的深淵之中。

同年，八十歲的蔡京退休，離開了宰相職位。當年年底，宋徽宗發布罪己詔，罷各地花石綱及各應奉局、造作局，並將帝位禪讓給兒子趙桓，即北宋王朝的第九位、也是最後一位皇帝——宋欽宗。

此時，有兩組統計數字，頗能說明徽宗皇帝二十五年浪漫生活的代價。

當年，西元一一〇二年，蔡京剛剛登上相位時，曾經向皇帝進言：「如今國庫裏的積蓄有五千多萬，足夠用來體面、快樂地生活了。」

如今，西元一一二六年，打到家門口的金兵，提出的議和撤兵條件是：宋朝廷必須交納黃金五百萬兩、白銀五千萬兩、牛馬騾驢一萬頭、絲絹綢緞各百萬匹。除了這些天文數字的

勒索之外，還要割讓中山、太原、河間三鎮；以宰相、親王為質等等。

我們的欽宗皇帝全部接受了這些條件。

為了湊齊這些款項，在將皇宮、國庫中的所有金銀財貨、天子衣服、車馬、宗廟祭祀用具、六宮官府器皿等等全部折價變賣成銀錢，共得黃金三十萬兩、白銀八百萬兩。不得已，皇帝下令在整個京城實行第二次徵集。此次搜刮進行得極其徹底。當時的命令是：凡在京官吏、軍民人等，必須在限期內將金銀送往官府，逾期不交者，斬首。允許奴婢等告發，懸以獎賞。並且倡優如李師師等、罪臣如蔡京等的家財及親屬的財產一律沒收，用來填充空缺。我們完全可以想見，大宋官吏是如何如狼似虎地進行敲剝的。這一次，「得金二十餘萬兩，銀四百餘萬兩，而民間藏蓄為之一空」。

即便如此，距離金兵勒索的數字，還有巨大的缺口。多虧孤軍深入的大金騎兵自己退走，才解決了這個難題。

第二年，北宋靖康元年，即西元一一二六年底，金兵第二次攻打汴京。宋欽宗下令「毀艮岳為炮石」，於是，百姓一擁而入艮岳之中，爭持錘斧擊之。他們毀拆屋宇、砍伐樹木充當薪柴與兵器；將數千隻珍禽異獸悉數投入汴水之中，任其所之；把鹿苑中的梅花鹿全部殺死以充軍糧；而艮岳之中收藏的碑帖書籍則全部棄諸溝渠。建成剛剛三年的艮岳就此毀於一旦。從而，標誌了徽宗皇帝浪漫生活的徹底終結。

據說，宋徽宗被俘之後，聽說金人把首都變成了一座名副其實的地獄，並且掠走了他的全部後宮妃嬪和趙構之外的所有兒女時，神色不動，沒有什麼特殊的表示；當聽說京城、皇宮中的金銀珠寶被洗劫一空時，也無動於衷；而當聽到金兵將皇城裏的書畫全部掠走時，他喟然長歎，神色慘然，表情相當痛苦。

這座美侖美奐的人間仙境的毀滅，彷彿是個象徵，特別意味深長地隱喻了花團錦繡的北宋帝國。比後來圓明園之於大清帝國的意義更多幾分悲愴。

同一年，宋欽宗下令將時人所稱的「六賊」，也就是以蔡京為首的六個位高權重的大臣分別給予了罷官、流放、賜死、殺頭、抄家等處分。他們是：蔡京、童貫、王黼、朱勔、梁師成、李彥。這裏面還沒有包括那位憑著花拳繡腿，愣把八十萬禁軍教頭林沖逼上梁山的高俅，沒有包括蔡京的兒子——想要殺掉自己弟弟、逼走自己父親的蔡攸，以及楊戩、張邦昌、李邦彥等等。認真考察起來，袞袞諸公如上述人等，的確劣跡斑斑，無怪乎當時和後代的人們異口同聲地認定了他們是奸臣。

事實上，這已經構成了北宋末年徽宗皇帝一朝另外一個中國歷史上罕見的景觀——如此大批量同時湧現出來的奸臣隊伍。這些人全部都勢焰薰天，全部都權重位高，全部都深得皇帝寵愛。他們彼此間又團結又鬥爭，最後，差不多全部都在中國歷史上留下了非同一般的鼎鼎大名。

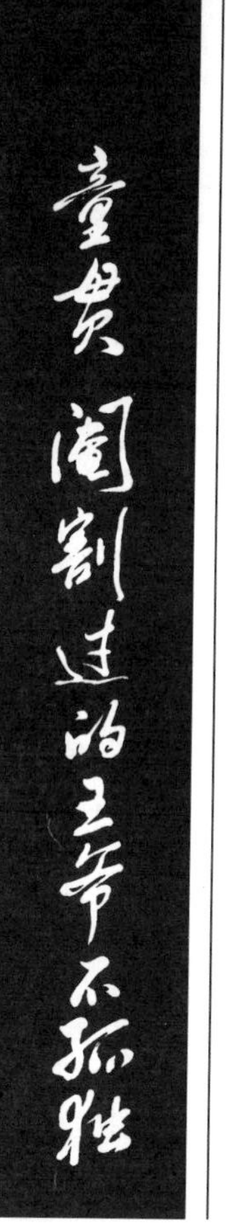
童貫
閹割過的王爺不孤獨

在西元一一二七年上演的巨型歷史悲劇中，有一個介乎喜劇與悲劇之間的角色特別引人注目。他就是童貫。

半年前，他已經被皇帝下令處死。當時和後來的人們普遍認為，他是西元一一二七年悲劇的主要製造者，即便死上一百次，也不足以贖回他的罪惡。因此，在後來的世代裏，一提起他的名字，常常會讓人不由自主地聯想起舞臺上的大花臉，或者鼻樑上塗抹著一大塊白粉的角色們。

事實上，童貫的經歷，充滿了傳奇般的悲喜劇色彩。他的一生中，開創了幾項中國歷史之「最」，肯定已經成為中華民族歷史上迄今無人能夠打破的紀錄，並且可能會永遠保持下去。

這幾項紀錄是：

中國歷史上握兵時間最長的宦官；

中國歷史上掌控軍權最大的宦官；

中國歷史上獲得爵位最高的宦官；

中國歷史上第一位代表國家出使的宦官；

中國歷史上唯一一位被冊封為王的宦官。

沒有人能夠精確統計出中國歷史上的宦官總數。粗粗算來，大約至少應該不低於百萬人

才對。也有論者估計，認為應該在三、四百萬左右，極端者甚至認為可能達到千萬之眾。這些並不重要。重要的是，在這數百萬人群當中，僅僅憑著這樣幾項紀錄，這個人物就沒有理由被漫畫化、臉譜化為一個小丑的模樣。事實上，如果不帶偏見地翻檢一下歷史記載，我們會發現，在西元一一二七年的悲劇發生之前，將近二十年時間裏，童貫肯定曾經是我們帝國的驕傲與榮耀，代表了那個時代相當一部分人的光榮與夢想。

可能是大眾傳媒和娛樂圈概念性思維加低能的緣故，致使我們每當想起歷史上的那些反面人物時，常常會把他們和或者獐頭鼠目、或者滿臉橫肉聯繫起來。從歷史記載中我們知道，至少北宋末年的這些反派大人物不是如此。

也許是因為宋徽宗具有美術天才的緣故，他所信任和喜愛的親近重臣，儀表一般都很出眾。徽宗皇帝本人，用古時人們的形容，叫做面如脂玉，唇若敷朱，風姿如玉樹臨風，與他政治上的昏庸似乎沒有太大關係。從他傳世不朽的人物畫《聽琴圖》和部分時人記載上看，蔡京眉目疏朗俊秀，風度儒雅從容，很有點美男子的味道，但這絲毫不妨礙他做事的陰毒狠辣。另外一位同樣官至宰相的此類人物，名叫王黼。這個人身材挺拔，金髮金眼，與常人大異其趣而不同凡響，這同樣沒有影響其卑污猥瑣的為人。

童貫則是另外一種類型。史書記載，此人身材高大魁偉，皮骨強勁如鐵，雙目炯炯有神，面色黲黑，頤下生著鬍鬚，一眼望去，陽剛之氣十足，不像是閹割後的宦官。這可能和

他年近二十歲才淨身有關。（《宋史》卷四六八《童貫傳》）

據說，童貫為人有度量，能疏財，出手相當慷慨大方，很像《水滸傳》上同時代那些仗義疏財的好漢。只是，他仗義與疏財的對象具有極強的選擇性，後宮妃嬪、宦官、宮女、能夠接近皇室的道士、天子近臣等等，時不時可以從他那兒得到不少好處。因此，皇帝耳邊經常可以聽到關於他的好話，稱得上好評如潮。更重要的是，這樣一個陽剛外形的人，卻性情乖巧，心細如髮，對皇帝的心理具有極強的洞察力，每每能夠事先預知皇帝的意趣意圖，於是說話做事很少荒腔野板，從而大得歡心。（《宋史》卷四六八《童貫傳》）

童貫淨身入宮時，是拜在同鄉、前輩宦官李憲門下做徒弟。這位李憲是神宗朝的著名宦官，在西北邊境上擔任監軍多年，頗有些戰功。童貫讀過四年私塾，有些經文根底，跟隨李憲出入前線，又打下了軍事上的根基，很有點能文能武的味道。加上他曾經十次深入西北，對當地的山川形勢相當了解。這使他在宦官中很不尋常。不過，看起來李憲對他並沒有什麼特別的提拔照顧，致使童貫進宮二十餘年，始終沒有出人頭地。如果不是趙佶這種性情的人做了皇帝，或者換句話說，如果神宗皇帝能多活二十年的話，他說不定會沒沒無聞地老死在皇宮裏。

從時間上推算，徽宗入繼大寶時，童貫已經四十八歲。這個年齡，正是人生經驗、閱歷、精力臻於巔峰之際。徽宗以內廷供奉官的名義，派他到杭州設明金局收羅文玩字畫，第

一次為他打開了上升的通道。一般說來，內廷供奉官大體相當於皇宮的採購供應處長，並不是一個多高的職位，卻是一個很有油水的肥差。童貫沒有滿足於撈取好處，他對這次機會的利用，稱得上老謀深算、意味深長。

在杭州，童貫與貶居此地的蔡京過從密切，朝夕相處。此次，據說蔡京很巴結，將自己珍藏的王右軍的字，給了童貫，又幫助他把杭州民間收藏的幾件珍品字畫器玩弄到了手。在民間傳說中，有不少關於他們倆巧取豪奪的故事。比如，說他們像上海灘上阿飛放鴿子、仙人跳似的，把蔡京的一個小妾愣說成是預備晉獻給皇帝的美人，從而在一個世家子手中勒索出了兩件皇帝特別喜歡的古畫。據說，其中就包括了徽宗皇帝夢寐以求的周文矩真跡——《重屏會棋圖》。這些工作成績，令皇帝十分驚喜，從而開始對童貫另眼相看。事實上，在此期間和主持杭州造作局工作

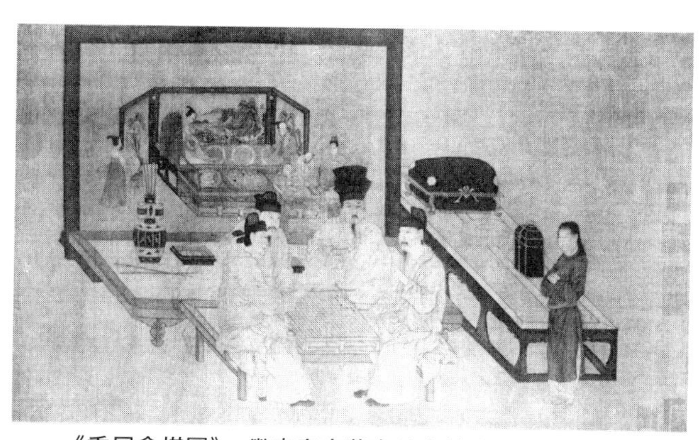

《重屏會棋圖》。徽宗皇帝夢寐以求的古畫。童貫和蔡京費了不少腦筋才為皇帝把此畫弄到手。

時，童貫肯定狐假虎威地做了不少缺德事，這從當時臣僚奏疏中頗有煩言可以看出。可是，顯而易見的是，這些抨擊童貫的言辭，都沒有能夠抵消他給皇帝帶來的喜悅。（《揮麈錄》「後錄餘話」卷之一，《陳禾節義敢言》）而且，更厲害的是，蔡京與童貫結下了彼此援引的深厚友誼。

此次杭州之行，童貫特別熱心地按照自己對皇帝的理解，指點蔡京創作了一批深受喜愛的書畫作品，經過童貫源源不斷地送到皇帝手中。回京後，他又出手極為豪爽地向宮中妃嬪、曾經預言趙佶能夠當皇帝的道士、皇帝身邊的近臣和另外深得皇帝信任的宦官梁師成等饋贈厚禮，為蔡京回京打通了關節。

當時，據說童貫的幾個心腹徒弟十分困惑，不明白師傅為何如此熱心地幫助一個貶居外地的倒楣蛋兒。童貫告訴他們：「現任的宰相沒有人拿我們放在眼裏，巴結起來即便不是沒有可能，也會極其費勁。如果看準了，通過我們自己的力量，扶起來一個宰相，那就完全不同了。」

事實證明，童貫燒冷灶的眼力與功力全部超一流。不到一年，蔡京便三級跳似的坐到了宰相的位置上。這一點對於童貫具有深遠的意義。

蔡京主持國政之後的一項重大舉措，就是推薦童貫監軍西北，意在收復青海甘肅地區的四州之地。當時，發生了一件事情，頗能看出童貫的性情。

童貫擔任監軍後，隨大軍進發到湟川。他們在此地殺牲祭旗，召開誓師大會，然後，正在行將開戰之際，突然接到皇帝手詔。原來皇宮失火，皇帝認為是不宜征戰之兆，急令止兵。童貫看過手詔後，若無其事地折起來塞進靴筒。軍中主將問他，皇帝寫了些什麼？童貫回答說：皇帝希望我們早日成功。

在這次戰爭中，童貫表現低調，他支持、配合領軍將領，打了一連串漂亮仗，平息了西北部族的叛亂。在收復四個州的慶功大會上，將領們興高采烈地領功受賞，童貫則做了兩件極為露臉的事兒。

在慶功宴會上，他慢悠悠地拿出皇帝的那份手詔，傳示軍中將領們觀看。大家一看之下，無不大吃一驚。領軍主將相當惶恐地問他為什麼要這樣做？童貫回答說：「那時士氣正盛，這樣子止了兵，今後還怎麼打？」主將問：「那要是打敗了可怎麼辦？」童貫說：「這正是我當時不給你們看的原因。打敗了，當然由我一人去領罪。」據說，當時眾將領「呼啦」一下子跪了一地，大家無不感激佩服。誰都知道，軍令如山倒，何況是違旨，這可真不是鬧著玩兒的事兒。若是打敗了，童貫可能確實是要掉腦袋。（《宋史》卷四六八《童貫傳》）

與此同時，童貫還做了另外一件相當打動人心的事情。開戰後，陣亡了一位很是奮不顧身的將領。當時，這位將領的妻子已經去世，他戰死後，他的獨生兒子流落街頭，成了乞討兒。童貫下令將他找回來，當眾認這孩子為義子。聲明一定如對己出般地善待遺孤，將他撫

養成人。這一手很厲害，那些整日裏在生死場上搏殺的將領們十分感動，認定童貫是一位值得為之賣命的上司。從此，童貫牢牢樹立起了在西北軍隊中的威望。可惜，這個改名童師閔的孩子，長大後幫著童貫做了不少壞事，西元一一二七年之前一年，誅除「六賊」時，與童貫同時被新皇帝下令斬首。（《宋史》卷四六八《童貫傳》）此是後話。

這次戰勝，對於大宋帝國極其重要。帝國已經許久沒有軍事上的光榮與輝煌了，這令帝國君臣民眾相當鬱悶。要知道，自從「澶淵之盟」，帝國與遼國結成不斷勾心鬥角的「兄弟之邦」以後，東北和北部地方好歹平靜下來了，西北軍事就成了帝國心頭長久的痛。中國歷史上名氣極大的一代名臣范仲淹都曾經在這裏折戟，弄得很是灰頭土臉。是故，童貫成為我們帝國冉冉升起的一顆耀眼明星，英雄般地受到京城朝野上下的熱烈歡迎，並且長久地照耀在帝國黑沉沉的西北部上空。

嗣後，童貫常年出沒西北，主持該地區軍事，並率兵連打幾次勝仗，相繼收復了積石軍（今天的甘肅貴德）和洮州（今天的甘肅臨洮）。從此，童貫成為名副其實的帝國柱石，撐住了西北方曾經多次險些垮下來的天空。還有一種說法，認為西北地方地瘠民窮，天欲垮不垮地好多年，表明它不可能真的垮下來。僅僅是蔡京、童貫者流希圖邀功，才窮兵黷武，屢屢挑起戰端。這種說法肯定有它的道理。我們在此想要表達的意思，僅僅是說：當時的帝國朝野上下，事實上是非常需要並且非常歡迎這種軍事上的成功的。它的心理基礎，很有可能應該不僅僅只是想窮兵黷武而已。

當此時，大觀二年即西元一一〇八年，童貫與蔡京之間發生了一次嚴重的齟齬，起因是皇帝下令授童貫為「開府儀同三司」。時人稱這一官職為「使相」，一般是在宰相外放為節度使時加官所用，極為尊貴，其含義是待遇、地位、榮耀已經相當於甚至於超過了宰相。過去，這一官職從來沒有授給過宦官。蔡京說：「童貫以一個宦官之身受封節度使已然過分，使相尊位哪裏是他所應該得到的？」蔡京作為宰相拒絕奉詔委任，皇帝也就此不了了之。（《治亂警鑒》第三卷，第三三四頁）

實際上，蔡京對童貫的不滿已經很長時間了。他認為童貫侵犯了自己作為宰相的尊嚴與權力。原因是，相當長一段時間以來，童貫在選拔西北地方將校官吏時，已經不通過政府程序，而是直接從皇帝那裏取旨任命。有的乾脆就是他自作主張，先任命了再說。這使政府首腦蔡京宰相的自尊心大受傷害。因此，決定曉之以顏色。

童貫當然也很惱火。不過，他不動聲色，相當冷靜地觀察著情勢。第二年，大觀三年，即西元一一〇九年，童貫三管齊下，一舉將蔡京拉下相位。這一次，他策動了三個方面的力量：宮中是內廷總管包括自己的徒弟為一路，工夫下在妃嬪和皇帝身上，將蔡京做的壞事在他們耳邊不停地吹風；朝中是尋找與蔡京素有怨隙的官員為一路，工夫下在臺諫官的身上，最後由中丞和殿中侍御史出面彈劾蔡京；第三路最是劍走偏鋒，卻也殺傷力最大——由皇帝最為寵信的道士出面，密奏皇帝，說是太陽中出現黑子，主在斥退大臣，否則不祥。徽宗相當驚恐，蔡京屢次求見均被拒之門外。於是，蔡京上表求退，皇帝立即下旨，同意他以太師致仕，貶為太一宮使，並進而將其貶居杭州。

至此，童貫大獲全勝。但是，很有可能他並沒有享受到多少勝利後的快感。原因是繼任宰相張商英為政持平，多次勸皇帝「節華侈，息土木，抑僥倖」，「帝嚴憚之」，時稱其忠直。實際上，徽宗皇帝初政時，張商英就曾經當過宰相，當時，青年皇帝就有點怕他，所以，在修繕宮室時，特別囑咐工頭，看見宰相過來就和工匠們躲開，不要讓宰相看到他們。後來，張商英被蔡京列入奸黨名錄中，實際上人們都知道這是胡扯，是蔡京借此排斥競爭對手而已。因為張商英擁護變法是眾所周知的。如今，將近十年過去，皇帝自我感覺好了許多，張商英卻是一點沒變，一以貫之地以自己的忠直匡正皇帝與國事，鬧得皇帝仍然「嚴憚之」，就是特別畏懼他的意思。顯然，這與童貫的路數差別巨大。

政和元年，即西元一一一一年，童貫晉升為檢校太尉，獲得武官最高一級職位。也是這一年的同一個時刻，童貫在皇帝的支持下，做了一件迄今為止前無古人的大事，他以副大使的身分，代表皇帝與國家出使遼國。據說，這件事情是童貫策畫的。原因是此階段西線無戰事，童貫靜極思動，想到東北方向的遼國去看看是否有什麼機會。

儘管此時童貫的聲望如日中天，然而，畢竟這是代表皇帝與國家出使外國。因此，還是

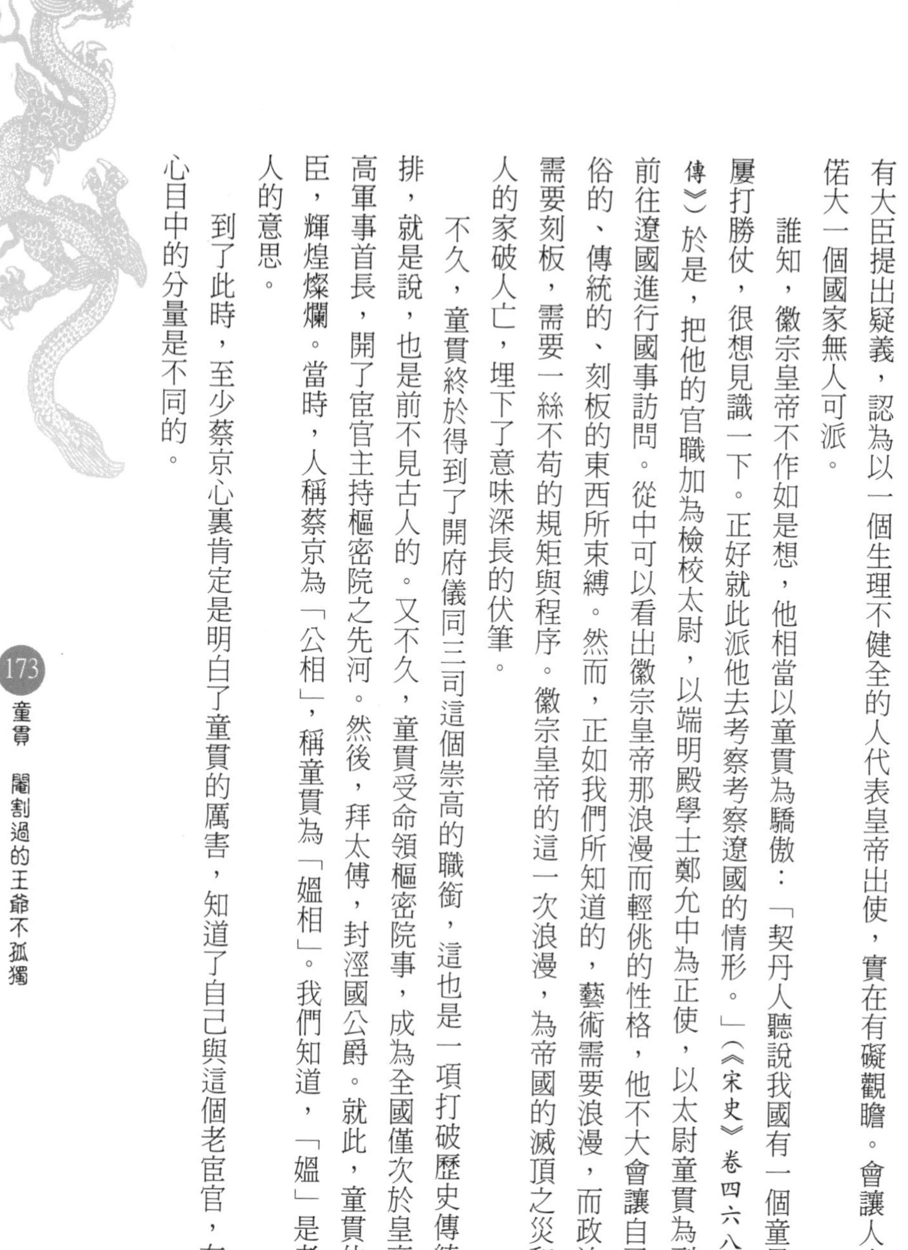

有大臣提出疑義，認為以一個生理不健全的人代表皇帝出使，實在有礙觀瞻。會讓人小看為偌大一個國家無人可派。

誰知，徽宗皇帝不作如是想，他相當以童貫為驕傲：「契丹人聽說我國有一個童貫，屢屢打勝仗，很想見識一下。正好就此派他去考察考察遼國的情形。」（《宋史》卷四六八《童貫傳》）於是，把他的官職加為檢校太尉，以端明殿學士鄭允中為正使，以太尉童貫為副使，前往遼國進行國事訪問。從中可以看出徽宗皇帝那浪漫而輕佻的性格，他不大會讓自己被世俗的、傳統的、刻板的東西所束縛。然而，正如我們所知道的，藝術需要浪漫，而政治恰恰需要刻板，需要一絲不苟的規矩與程序。徽宗皇帝的這一次浪漫，為帝國的滅頂之災和千萬人的家破人亡，埋下了意味深長的伏筆。

不久，童貫終於得到了開府儀同三司這個崇高的職銜，這也是一項打破歷史傳統的安排，就是說，也是前不見古人的。又不久，童貫受命領樞密院事，成為全國僅次於皇帝的最高軍事首長，開了宦官主持樞密院之先河。然後，拜太傅，封涇國公爵。就此，童貫位極人臣，輝煌燦爛。當時，人稱蔡京為「公相」，稱童貫為「媼相」。我們知道，「媼」是老年婦人的意思。

到了此時，至少蔡京心裏肯定是明白了童貫的厲害，知道了自己與這個老宦官，在皇帝心目中的分量是不同的。

宦官立像，宋代彩陶。

平心而論，蔡京的政治生命力應該算是極其強悍的了。他的一生中，光是在宰相的位子上，就曾經四上四下，執掌相印前後長達十七年以上。其意志之頑強堅韌可以想見。我們知道，蔡京聰明絕頂，在很多領域裏稱得上才華橫溢。一般說來，任何社會的道德指向，大體上都是崇善抑惡的。當一個社會的機制使人作惡而不受懲罰，反而可以榮華富貴時，這個社會的社會機制與文化傳統就應當受到永久的質疑。任何忽略了這一點，而去歌頌該社會經濟、文化、藝術之輝煌燦爛的行為，都應該有理由被認為是卑鄙無恥的小人行徑。事實上，蔡京、童貫者流所處的社會，就大致可作如是觀。

童貫與蔡京不同。從徽宗皇帝即位起，二十五年間，童貫一直順風順水，青雲直上。其間，除了平方臘和晚年收復燕雲一役，皇帝略有不滿，導致此人短暫離職之外，他始終受到高度信任，甚至他謊報軍情、謊報戰功、建立數萬人唯他一人之命是從的親軍——勝捷軍時，皇帝都怡然不以為意，將全國軍權全部交到了他的手中。這裏面的一個重要心理因素是：中國歷朝歷代的皇帝，一般都視宦官為家奴，認為他們已經斷子絕孫，因此不會有謀權篡位的政治野心，頂多貪圖一些富貴而已。揆諸歷史，中國的確沒有宦官當上皇帝的事例。但是，皇帝們常常會忽略，為了保住富貴，這些人卻是可能謀財害命和幫助別人謀權篡位的，目標當然主要是皇帝的性命和皇位。

導致皇帝格外信任宦官的另外一個因素則是，在偌大的後宮裏，皇帝每天只能與這些人朝夕相處，感情上自然不同。

很有可能是意識到了這一切，蔡京主動向童貫低頭示好。有傳說認為，是蔡京先去拜訪了童貫，而童貫也意識到了蔡京當朝的重要，於是，二人盡釋前嫌，言歸於好。這個傳說可能有一些問題。當時蔡京貶居杭州，貶居外地的官員，沒有皇帝的旨意，一般是不能擅自返回京師的。而在此期間，童貫是否去過杭州，也很成疑問。對此，我們姑且存疑。但有一點則是大致可以肯定的，那就是，童貫、蔡京二人在未來的十多年裏，配合默契，再也沒有發生過直接的利益衝突。

政和二年二月，即西元一一一三年，皇帝將罷相三年多一點的蔡京，重新請回朝廷。五月，蔡京再執相權，皇帝下令，允許這位年屆七旬的老宰相在家裏辦公。

蔡京的此次復出，對於大宋帝國真正是災難性的。徽宗一朝勞民傷財的浩大工程，大多是在這個時期陸續動工興建的。如許多朝代不敢輕易修建的明堂，如延福宮，如艮岳等等。在此期間，花石綱也蔓延成災，荼毒全國。

此時，老宰相蔡京也彷彿看破了似的，整治起人來，又狠又辣。舉凡官吏升遷罷黜，都必須經過他的批准。凡是順承他的，須臾之間就可以得到升遷和美缺；但凡忤逆過他的，上至宰相，下到邊鄙小吏，必除之而後快。當時一部時人著作裏曾經記載，有一個到他家裏謀官的傢伙，一頓飯的工夫，就看到這位宰相，將三個人從相當於今天的縣團級幹部，提拔為副司局級。而且，這一切都是當著此人的面進行的。表明他已經根本不在乎公開弄權了。他的三個兒子、一個孫子全部官居大學士，其地位與執政相當，差不多是副宰相的級別。家中的豢養小廝、僕役皆至大官，姬妾多被封為夫人。（《資治通鑒長編紀事本末》卷一三一《蔡京事蹟》）

這裏面，數蔡京的大兒子蔡攸最有出息。徽宗皇帝十分寵愛這廝，使他官至開府儀同三司，可以隨時進宮晉見皇帝。他和那位金髮金眼儀表堂堂的宰相王黼、號稱「浪子宰相」的李邦彥一樣，經常參與宮中秘戲。這

快樂的官場。

三位宰相副宰相時常塗抹化裝、穿上戲服，夾雜在倡優侏儒中間，講一些市井淫謔浪語，大約相當於今天的葷段子之類，可能還要加上一些表演性的誇張，甚至把全身畫滿花樣，然後脫光了全部衣服表演，以此取悅皇帝。據說，有一次君臣正在樂不可支時，被皇后撞見了，皇后大吃一驚，搖頭歎息道：「宰相尚且如此，這個國家可怎麼治理？」（《宣和遺事》前集。轉引自《宋帝列傳》之《宋徽宗・宋欽宗》第一六六—一六七頁）

後來，這位蔡攸的勢力已經可以和父親分庭抗禮了，於是便自立門戶，開始與父親相互傾軋。從史書記載中可以看出，這廝的手段極為狠辣。比如，當時，他的弟弟蔡絛深得父親喜愛和倚重，這位哥哥就找了個機會，請求皇帝處死自己的弟弟。蔡京老淚縱橫地跪在皇帝面前求情，才救下了這個兒子的性命。（《宋史》卷四七二《蔡京傳・蔡攸傳》）

《宋史》中記載說，有一天，蔡攸突然來到蔡京家中。蔡京正與一位客人說話，見他進來，連忙讓客人避入內室。只見蔡攸這廝一把抓住他父親的手腕，邊為他診脈，邊問道：「大人脈勢舒緩，身體裏有什麼地方不舒服嗎？」蔡京斷然回答：「沒有！」蔡攸說了聲：「宮裏還有事。」便揚長而去。客人如墜五里霧中，一頭霧水地問蔡京：這是玩的什麼花樣?蔡京回答：「你不知道，這小子想以我有病為藉口罷我的官呢。」蔡攸當時可能是想頂替父親的空缺，由自己執掌相印。幾天之後，蔡京果然被罷了宰相官位。（《宋史》卷四七二《蔡京傳・蔡攸傳》）但蔡攸的希望也落了空，接替蔡京相位的，是那位金髮金眼的王黼。

也算是一種報應吧。在中國歷史上，父子兩代同時位極人臣，勢焰熏天，同一天被流放、殺頭，同時列入官修正史奸臣傳的，蔡京父子可能是獨此一家。如果再加上同樣被列入奸臣傳，同樣開府儀同三司、從而位極人臣的蔡京的弟弟蔡卞，再加上同樣被列入奸臣傳、同樣勢焰薰天的蔡攸的弟弟蔡絛的話，那麼，僅僅蔡氏一門的事蹟，在中國歷史上就可算是蔚為大觀了。

就是在此期間，蔡京與童貫高度默契，慫恿皇帝宋徽宗趙佶，策畫、組織、實施了在中國歷史上掀起滔天巨浪或者巨禍的事件。這就是意圖收復燕雲十六州的聯金滅遼事件。從此，將大宋帝國推進萬劫不復、血流成河的深淵。導致大宋帝國覆滅，導致千百萬人流離失所，家破人亡，導致一部大宋帝國歷史，從此變得支離破碎，滿目瘡痍，滿紙血淚，讀來令人備感淒涼。事情起因於童貫出使遼國。

此次出使訪問，其實並沒有什麼重大議題，只是依照兩國約為兄弟之邦後的外交慣例，前去祝賀遼國天祚皇帝的生日而已。童貫也無非是留心沿途山川形勢，考察一路風土人情。除了遼國一方在接待規格上不算特別崇高隆重，令童貫稍感怏怏之外，一切行禮如儀，沒有特別值得講述的新鮮事兒。進了遼國首都臨潢府後，他們看到大街上人流如織，市面相當繁華。再進一步留心，發現原來契丹人與漢人是分地而居的，城北，房屋高大豪華，為契丹人之居住區；城南則低矮簡陋，多是以手工、商販為業的漢人居住。這使使團諸公相對感慨，不一而足。

一個意外的重大收穫發生在回國途中。

童貫一行走到盧溝地方，就是今天北京西南郊外的盧溝橋附近時，一位遼國漢人馬植深夜來訪，向大名鼎鼎的童貫太尉貢獻了一條收復燕雲、搞垮遼國的奇計。從而，揭開了帝國歷史上一個翻天覆地大事件的序幕。

馬植世居燕地霍陰，契丹佔據燕雲十六州之後，他的家族成為遼國漢人大姓，從遠祖時起便世代為官。到他這一代，居官為光祿卿，這是一個負責皇室膳食的中高級官職，大約相當於今天地專級幹部的樣子，日常工作則是主管皇家酒醴膳饈事務。官修正史《宋史》將其列入奸臣行列，並說他「行污而內亂，不齒於人」。這種評價，常常被後世學者所沿襲，使得這位馬植顯得相當面目可憎。

事實上，這種評價大有可商榷之處。我們知道，《宋史》是由元朝宰相蒙古人脫脫所主修。蒙古人滅掉南宋入主中原之後，實際上相當忌諱自己與契丹人一樣被視為胡人、胡虜，更忌諱漢族人心懷華夏正統。知道這些，應該有助於我們理解，為什麼官修正史中要將馬植列入奸臣傳了。

仔細研讀史料，我們會很容易發現，這位馬植的見識與行事相當敏銳且富有預見性，遠遠高於大宋帝國當朝的袞袞諸公。如果一定要說他有什麼錯的話，那只有兩樣：其一，他不該在被故國遺棄了一百多年之後，還要熱烈地懷念中原文明，希望回歸華夏正統；其二，他不該對遼國的政治腐敗失望之後，寄希望於宋朝的政治清明。（柏楊《中國人史綱》第二十五章）他不知道，實際上，此刻大宋帝國的腐敗程度，甚至可能已經遠遠超過了遼國。其實，這也難怪他，當時絕大多數的遼國人與金國人，都還以為大宋帝國是一個極其令人仰慕的高度富裕、高度強盛、高度文明的國度呢。

有一個事例很能說明問題。

當時遼國天祚皇帝的前一任皇帝，是天祐皇帝。這位皇帝曾經用兩千兩白銀鑄了兩尊佛像。在佛像背後所刻銘文中寫道：「開泰寺鑄銀佛，願後世生中國！」這座開泰寺的遺址，就在今天北京西便門西北一里處。連皇帝尚且希望來世託生在中國，也就難怪馬植對故國心嚮往之了。因此，誠如一位知名作家所說：馬植高估了祖國的強大，不是他對不起自己的祖國，而是這個祖國辜負了他。後來，到了靖康元年，即西元一一二六年，金國騎兵席捲大河上下之後，大宋帝國君臣毫不自省，遷怒於馬植，將已經改名為趙良嗣、並忠心耿耿為帝國奔走的他殺死在貶居地湖南郴州。

此刻，童貫面對馬植所獻的滅遼復燕之策，大為興奮。他終於找到了一個可以大有作為的天地，在那片天地裏，他將創下震爍古今的偉大事業。

對於馬植正式叛歸大宋的日期，史家歷來眾說紛紜，許多人採用的一種說法認為，馬植

此次就被童貫帶回了汴京。從當時的實際情況判斷，宋史專家、暨南大學著名教授陳樂素所考證的時間，可能是更有說服力的。就是說，馬植來投的日期，應該是在政和五年，也就是西元一一一五年。此時，完顏阿骨打舉兵叛遼已經二年時間，並在一年前創立了金國政權。而遼國國事日非的衰頹景象業已日甚一日，無可挽回。當此時，馬植所說的聯金滅遼復燕之策方才順理成章。如果這種判斷成立，那麼，四年前盧溝橋畔的會晤，很有可能只是達成了某種共識或者意向。當時，阿骨打還沒有繼承完顏部落酋長的職位，局勢並不明朗；另一方面，一國使團將被訪問國家的叛臣夾帶出境，也勢必惹起兩國關係上的軒然大波。於是，可能的情況是，童貫與馬植約定，讓他與宋遼邊境上的宋朝雄州知州保持聯繫，以待時機。

但是，上述的一切並不重要。重要的是，西元一一一五年，雄州知州送來緊急文書，其中附有馬植的親筆信，援引孔老夫子「危邦不居」的古訓，表明了南歸「聖域」，恢復漢家衣冠的願望。他所陳述的一切，並非不符合帝國正統的觀念。於是，徽宗命童貫與蔡京共議可否，二人一致認為應該接納。於是下令，讓馬植於當年四月入境。其實，此刻馬植已經來到了童貫家中。徽宗皇帝知道後，立即於延慶殿接見了他。在這次接見中，馬植全面介紹了遼國危機和金國的崛起。他的一段話，被原封不動地摘引進了《宋史》，成為宋遼金關係史上的名言：

「遼國必亡，陛下念舊民塗炭之苦，復中國往昔之疆，代天譴責，以治伐亂，王師一出，必壺漿來迎。萬一女真得志，先發制人，後發制於人，事不侔矣。」

侔者，等也，齊也，相同之意。最後一句的意思是，事情就不一樣啦。

事情的全部關鍵，不在於馬植做錯了什麼。對於大宋帝國來說，他所做所說的一切，都完全正確。問題在於，他是在一個錯誤的時間、錯誤的地點、面對一個錯誤的政府和一批錯誤的執政人物，說出了絕對正確的真理。於是，整個事情就自然而然地變得錯盡錯絕錯到了家。

宋徽宗對馬植所說的一切深表贊同。於是當即任命他為秘書丞，賜國姓趙，改名趙良嗣。從此，大宋帝國蠢蠢欲動，開始了聯金滅遼、恢復燕雲之舉。

這個消息傳出後，立即遭到了來自現實考慮和道義思量的雙重反對。

負責起草詔令的中書舍人宇文虛中的論述極為精采。他說：「用兵之道，必須先考慮強弱虛實，知彼知己，以防萬一。現在，如果說起軍備經費與貯備來，主戰的統兵大帥會說綽綽有餘，而邊防州縣財政軍糧空虛匱乏則被忽略不計；如果說起兵士的強弱，統兵大帥會說兵甲精銳，而邊防州縣的兵備廢弛則置之不問。邊境上沒有攻守器具，軍府裏只夠幾天的軍糧，就是孫武再世，這個仗也沒法打。」他認為，以百年怠惰之兵，久安閒逸之將，去與新銳難爭的敵人角逐於血肉之林，恐怕中國之邊疆，沒有安寧的日子了。（《宋史》卷三七一《宇文虛中傳》）這位機要秘書的確厲害，他所預言的一切，後來一一應驗，而且比他說的，慘烈不止千萬倍。

在策略上，他也反對這樣做。他舉了一個形象的例子來說明：譬如一個大富翁與一家窮人比鄰而居，他想吞併窮人，擴大自家的地盤。於是找來一個強盜，對他說，幹掉這個窮小子，他的房地產給你一半，他的財產全部歸你。就算都做到了，鄰居換成了一個成天惦記你家財產的強盜，從此，你的日子還能過嗎？（《宋史》卷三七一《宋文虛中傳》）從後來的情況看，他把這個強盜還是估計得太老實了。

在道義上，反對的聲音也不少。澶淵之盟，兩國結成兄弟之邦，不管怎樣，畢竟和平相處了一百多年。雙方有來有往，總體上還算友好。如今，人家家裏失火，作為鄰居，不但不幫忙救火，反而趁火打劫。這叫怎麼說的？

甚至原定的對遼作戰前敵總指揮种師道就持這種看法。這位「老种經略」，是北宋末年赫赫有名的「种氏家族」名將，世代行伍，在軍界很有威望。他勸童貫說：「我們現在做的這檔子事，就和鄰居家進了強盜，不但不去救，還趁亂搶劫分贓一樣。這種事真的做不得。」童貫聽了極為惱火。他不動聲色地密奏皇帝，彈劾种師道。結果，宰相王黼臨戰易將，立即下達命令，強令种師道退休。（《宋史紀事本末》卷五十三《復燕雲》）

今天回顧起來，促使大宋君臣玩火的原因很多。歸結起來，無非是下列三種原因起了主要作用：一是朝代的宿願，二是現實的屈辱感，三則確實是這種趁火打劫的心態。

朝代的宿願，正如我們前面已經提到的：

從石敬瑭獻出燕雲十六州換取後晉皇帝寶座以來，中原地區便實際上門戶大開，喪失了所有軍事與戰略上的主動權。因此，趙宋立國以來，便一直圖謀恢復。但是，始終沒能如願。如果上天假以時日，以趙匡胤的雄才大略或許能夠實現這個願望。到趙光義時期，連續兩次較量，都落得全軍覆沒的結果，致使宋朝上下普遍患上了「恐遼症」。加上太祖「杯酒釋兵權」之後，宋朝漸漸形成以文制武的基本國策，於是，燕雲恢復事實上變成了一個永遠無法實現的帝國宿願。

王安石變法圖強的基本動機裏面，就包含了實現這一宿願的深層追求。所以，當國庫相對充盈時，宋徽宗的父親宋神宗就曾經放出狠話：若有人能夠收復燕雲地區，皇家將不吝惜冊封此人為王。（《宋史紀事本末》卷五十三《復燕雲》）然而，在偃武修文的基本國策之下，北宋時期許多品行高潔、學術純粹、德高望重之士，大多成了主和一派。致使那些試圖用「主和」還是「主戰」，來作為區分北宋時期好壞善惡標準的人，面臨著永遠無法自圓其說的尷尬。因此，事實上，沒有人能夠摘下這頂王冠。

兄弟之邦。

此時此刻，彷彿天賜良機，使徽宗君臣這一幫根本不具備這種資格、又不自知的不入流角色們，怦然心動。特別是童貫，多年西北征戰，雖然有重大謊報軍情、損失慘重之情事，但畢竟還打了不少勝仗。因之，此時的他，已經極度膨脹。很有可能，他已經在恍惚之中，看到那頂王冠就在伸手可及之處，向世人展示著自己的輝煌燦爛，彷彿伸出手去，就能摘下來戴到自己的頭上呢。

現實的屈辱感，也很容易理解：

臣子中支持聯金滅遼的，很多人是出於每年五十萬兩匹銀絹的考慮。澶淵之盟，是在宋真宗軍事上佔據了較為有利地位的情況下簽訂的，其中仍然約定，大宋帝國每年要向大遼帝國輸送白銀若干萬兩，絹若干萬匹，雙方約為兄弟之國。其實，誰都知道，這就是一種變著說法的上貢，一種花錢買平安的沒有辦法的辦法。後來經過變故，這筆錢固定為銀絹五十萬兩匹，年年如此。就此，遼國至少在軍事上，對大宋的確是不大放在眼裏。對於從來都是以華夏正統、天朝上國自居的帝國君臣，其屈辱可以想見。

不過，大家能夠謀取心理平衡的理由是，五十萬兩匹銀絹總比浩大的軍備軍費來得便宜。而且想想看，即便花費了這些軍費，人們卻既承擔不起萬一戰敗的罪責，又承擔不起戰勝後武將們功高蓋主、尾大不掉的後果。不言而喻，這是以文制武基本國策必然的邏輯後果，是令大宋帝國君臣們相當痛苦的一個心結。

事實上，縱觀大宋帝國三百一十九年的歷程，不論是在此之前的北宋，還是在此之後的南宋，帝國君臣無時無刻不是在這屈辱與算計的兩個極端中度過的。這一對兒可憎的雙胞胎，先天不足，後天失調，頑劣乖張，醜陋狠毒，一點兒都不可愛，讓生下他們的帝國君臣費盡心機，吃盡苦頭，操透了心。顯而易見，在帝國傳統之下，這個方程事實上確實無解。因此，對於他們來說，與這麼困難的問題比較起來，哈姆雷特「活著，還是死去」的念念叨叨，根本就是、簡直就是、實在就是無病呻吟。

有一件事情，很可以說明上述困境。

位居太宰的鄭居中，很反對這次決定。太宰，是一個古老的官名，早在殷商時代就已經設置，主管家務和家奴，類似王室大管家一類。西周後沿用，仍然負責皇室內外事務，並在皇帝的左右襄贊帝命，有點類似但高於後來的內務府大臣和今天的辦公廳主任。只有到了宋徽宗時代的一段時間裏，才將尚書左、右僕射改稱為太宰、少宰，實際就是左、右宰相。鄭居中責備蔡京：作為國家元老，卻不守信用，製造事端。百餘年來，邊境宴然，兵不識刃，民不加役。此次，假如打敗了，後果不堪設想，即使打勝了，也是蠹國害民之舉。他侃侃而談，蔡京卻只用一句話，就把他憋了回去。蔡京不慌不忙地告訴他說，這是皇帝的意思。皇帝無法忍受以大宋之強大，每年還要交給遼國五十萬兩匹銀絹。

鄭居中立即無話可說。（《清波別志》卷下）

此時，就連當初幫過蔡京大忙、曾經為皇帝畫《愛莫助之圖》的鄧洵武，也不贊成毀約出兵。這位當年的起居郎，如今早已不是那個跟在皇帝屁股後面做紀錄的書記官兒了，他現在的職位是知樞密院事，相當於主管全國軍事工作的長官，已經屬於國家重臣。他說得隱晦而又直截了當：國朝初年，以太宗之神武，趙普之謀略，曹彬、潘美的大將之才，征伐四方，百戰百勝，卻唯獨於燕雲毫無建樹，今日哪裏可以輕舉妄動！「且百年盟誓，一朝棄之，誠恐兵舉一動，大宋昆蟲草木，皆不得休息矣」。（《清波別志》卷下）

他直截了當地反對出兵，曲折隱晦地否定了做這件事情的人。用今天的語言明確引申出他話中的意思，就是事兒是件好事兒，能不能做好，要看在什麼時候、由什麼人去做。在眼下這個時候，由現在這幫人去做，大宋帝國就完蛋了。

徽宗皇帝還真聽他的話，馬上對蔡京說：「別做這事兒。祖宗誓盟，違之不祥。」（《三朝北盟會編》卷一）

然而，天才藝術家宋徽宗的輕佻性格，不在這種時候發生作用，那就不是輕佻，他也就不是宋徽宗了。在這種時刻，抗拒誘惑，戰勝自己的不正當欲望，清醒、理性、理智地判斷形勢，這對於輕佻是一種否定。只有真正的政治、軍事天才才有可能做到。徽宗君臣中，沒有這樣的人物。而藝術天才不是做這種事兒的人。我們的皇帝是藝術天才。他沒有這種意志、沒有這種能力、可能也沒有這種願望進行這種否定。甚至從他即位之初的作為中，我們都能夠看出，他所意氣風發地作過的那些粲然可觀的表示，都表達的是浪漫，而不是理性。他與理性無緣。他命中注定，上天生下他來，似乎就是要這位藝術天才，用自己的輕佻，來主演這場悲喜大劇。

在這個節骨眼上，可以肯定是那種趁火打劫的小人心態發生了作用，促使到目前為止，徽宗君臣滑著舞步來治理國家的輕歌舞喜劇，無可逆轉地滑向悲劇，而且是中國歷史上最大的悲劇。

從馬植，現在叫趙良嗣的嘴裏，徽宗君臣肯定已經了解到了，這些年來，發生在遼國國內的各種問題。事實上，此時大遼帝國的國政不修，和大宋帝國的君昏臣奸一樣，的確已經稱得上一塌糊塗。只不過大宋帝國君臣不自知，而且自我感覺良好而已。其情形，恰好印證了民間那句俗話：烏鴉落在豬身上，只看見人家黑，看不見自己黑。

以今日中國的概念而論，遼國是在中國境內建立政權時間最久的帝國之一。到童貫出使遼國時為止，立國已經超過二百年。比滅掉它的大金帝國和與它對峙時間最久的北宋帝國的壽命都要長。假如我們可以把東、西漢與南、北宋，分別看成是兩個不同朝代的話，那麼，大遼帝國就是中國境內立國時間排在第四位的帝國，次於唐朝、明朝和清朝。

研究遼國歷史的學者中，有一種見解認為，遼帝國的衰敗是從遼道宗統治中後期開始的。這位遼道宗就是我們前面提到的那位特別傾慕中原文化，祈求佛祖保佑他下輩子託生為中國人的天祐皇帝。

天祐皇帝的漢語名字叫耶律洪基，是一位很聰明的皇帝，而且精通漢民族詩文典籍。他在位時間長達五十餘年，是中國歷史上在位時間最長的皇帝之一，肯定可以進入皇帝在位時間最長的前十位之列。登基之初，這位皇帝勵精圖治，而且相當有成效。不幸的是，在他的統治進入二十年的時候，開始江河日下。

或許是尊崇中原文化的緣故，他所犯的錯誤，和中國歷史上那些寵信奸佞的昏庸皇帝們非常相像，只是這些奸佞們在幫助他犯錯誤的過程中，加進去了不少新鮮的創意，遂使整個事件具有了相當獨到的地方。

西元一〇七五年，是天祐皇帝執政的第二十個年頭。這一年是宋神宗熙寧八年，遼道宗太康元年。這一年，他親手製造了遼國歷史上最大的一樁冤案，從此，注定了遼國步向衰亡的未來。

史書記載說，天祐皇帝的蕭皇后容貌美豔無雙，而且聰慧絕倫，工於詩詞格律，擅長音樂。篤信佛教的一些遼國人感歎地認為，觀世音也不過如此。於是，便別稱她為蕭觀音。當時，遼國的一首歌謠裏唱到：「玉飾頭，金飾足，觀音來做遼皇后。」美麗風雅的皇后深受臣民們愛戴。

可能和游牧民族的傳統風俗有關，遼國歷代皇帝都酷好打獵。有一次，蕭觀音跟隨皇帝

出去打獵，在伏虎林駐蹕。當晚，舉行盛大宴會，皇帝為了炫耀自己無比寵愛的皇后的才華，讓她當場賦詩一首。皇后略一沉吟，隨即朗聲吟誦，詩曰：「威風萬里壓南邦，東去能翻鴨綠江。靈怪大千俱破膽，那教猛虎不投降。」據說，皇帝激賞不已，大臣們則歡聲雷動。平心而論，這首詩無論從哪個角度看都算不上是首好詩，頗有點出自赳赳武夫之口的打油詩味道。與這位皇后後來寫的一些詩詞比起來，相差很遠。不過，同樣平心而論，在脫口而出的情況下，能到這種程度，似乎也足以顯示這位皇后的修為與氣勢了。

遼國天下兵馬大元帥是皇族中地位最尊崇的皇太叔耶律重元，他的蕭氏妃子已過中年，漸入老境。此時，濃妝豔抹，風情萬種，史稱其「豔冶自衿」。大約是自我感覺極佳，喜歡賣弄風情吧。從現象上判斷，這種表現可能是一種老之將至帶來的心理調適失常。皇后頗不以為然，將這位王妃召到自己的座帳裏，告誡她：身為皇家貴戚，不必如此。

王妃惱羞成怒。回來後，開始慫恿自己的丈夫與兒子奪取皇

《狩獵人物圖》。皇家出獵的場面。

位。他的兒子爵封楚王，二十來歲便官拜南院樞密使，執掌軍政重權。此時怦然心動。秘密聯絡了一批人，準備以父親病重為名，騙皇帝前來探視，殺之，然後擁立父親繼皇帝位。應該說，他們策畫得相當周密。然而在發動之時卻全線崩潰。原因是，有一個重要參與者臨陣倒戈，向皇帝告了密。

這位告密者名叫耶律乙辛，是一位牧民的兒子。據說，乙辛小時候放羊，在山坡上睡著了。他父親把他叫醒，他抱怨父親說，夢見有人送給他吃月亮和太陽，月亮已經吃完，太陽剛剛吃了一半，結果，被弄醒了，真可惜。很是懊喪。史書上記載說：此人風儀俊美，外表和善而內藏機關。為了皇帝，他甚至讓自己的弟弟離婚，然後把弟媳獻給皇帝。這樣的人，沒有理由不受到皇帝的寵愛。加上此次告密平叛大功，他被很快任命為北院樞密使，不久加封趙王，進魏王。從此，位極人臣。

皇帝喜歡遊獵，乙辛便為皇帝多方搜求寶弓良駒，並終於覓得一匹全身雪白、電閃追風的寶馬。皇帝極為喜愛，賜名電飛。從此，終日馳騁射獵，快樂無比。

此時，在兩個方向上，同時飛來不祥的陰雲。

一方面，皇后年屆中年，色相漸衰。加上喜歡時不時地勸諫皇帝，導致皇帝嫌她嘮叨，對她越來越疏遠。另一方面，皇后所生的皇太子已經十六歲，被冊封為燕趙國王，領南北樞密院事，成為乙辛的頂頭上司。史書上記載，這位太子雖然年輕，卻仁愛公正，用法嚴明，對乙辛多方裁抑。乙辛恐懼而且怨恨，開始設計除掉太子。

他是從皇后身上入手的。

當時，三十五歲的皇后已經越來越長時間地見不到皇帝了，相當孤獨寂寞。而且，一個普遍規律是，越是富有才情的人，這種孤寂越難排遣。於是，皇后寫了一首詞，詞名《回心院》，讓諸優伶彈唱，希望像卓文君挽回司馬相如的心一樣，挽回皇帝那顆飛流飄蕩的心。這首詞極盡纏綿悱惻地表達了對皇帝的愛意與期盼。據說，根據這首詞譜的曲，彈奏難度頗高，眾多優伶中，只有一位名叫趙惟一的伶官可以完美地演奏與表現。於是，這位趙惟一就被頻繁地召到後宮，與皇后切磋彈奏。中國宮闈故事表明，但凡到了這種時候，距離漫天蜚短流長和宮闈慘劇就不遠了。

皇后宮中有一個侍女，素常伶俐乖巧。有一天，笑嘻嘻地拿了名曰《十香詞》的十首春宮豔詞給皇后看，並且告訴皇后，此詞乃大宋皇后所製。皇后讀得臉紅心跳，卻也津津有味。據說，皇后的評論是：寫得好是好，只是太放浪了些。想不到宋朝皇后如此大膽，敢寫這樣的詩。這個侍女便請求皇后，既然是好詩，若蒙皇后抄寫一份賞賜給自己，就成雙絕了，勝過價值連城的雙璧。皇后百無聊賴，就真的給她抄了一遍，並把自己所作的一首《懷古》詩也抄在了後面。詩曰：「宮中只數趙家妝，敗雨殘雲誤漢王。唯有知情一片月，曾窺飛燕入昭陽。」

不久，乙辛出面將這個侍女和這些詩詞交給了皇帝。告皇后與趙惟一淫亂後宮。皇后所寫的詩被解釋為想念情郎的藏字詩，原因是，詩中嵌有「趙惟一」三字。皇帝大怒，據說當場操起侍衛用的鐵骨朵，擊打到皇后的頭上。第二個月，三十六歲的皇后被賜死。二年後，乙辛再次出手，幫助皇帝以圖謀篡位的罪名，將時年二十歲的皇太子貶為庶人，囚居上京。不久，乙辛命人悄悄將廢太子毒死。後來，皇帝發現了事情真相，處死乙辛及其同黨。無奈大錯已經鑄成。（《遼史》《耶律乙辛傳》）

西元一一〇一年，天祐皇帝病死。繼承天祐皇位的，是已故廢太子的兒子——比宋徽宗趙佶晚一點點登上帝位的遼國最後一位皇帝——天祚皇帝耶律延禧。

翻檢史書，的確很難找到為這位天祚皇帝說好話的理由。如果一定要說他有什麼優點的話，大約只能說他身體很好。這實在令人很無奈，卻也實在真的是事實。

天祚皇帝的身體好，可能與他酷愛狩獵有關。游牧民族出身的皇帝喜歡打獵，是一個比較普遍的現象，可以理解。但是，能夠喜歡到天祚皇帝這個份兒上的，卻不算太多。假如有人希望對「離譜」、「過分」一類辭彙增加一些感性知識的話，看看天祚皇帝是如何著迷於打獵的，可能會對此有所幫助。翻開史籍，關於這位皇帝，大量的記載都是：「獵於秋山」，「獵於斯那里山」，「獵南山」，「獵沙嶺」等等。甚至就在金國已經打遍大半個遼國，遍地烽火，遼國軍隊潰不成軍的時候，這種記載都一點不見減少。遼國首都臨潢府被大

金騎兵團團包圍時，這位皇帝不是在調兵遣將保衛京城，而是騎著一匹寶馬名駒，奔騰馳騁在皇家獵場裏打獵。

如此熱愛狩獵的一個人，他實在應該去做個專業獵手，而不是皇帝。就和大宋帝國的皇帝實在應該做個專業書畫家，而不是皇帝一樣。

值此女真崛起之際，上天幾乎在同一時間安排這兩位當上皇帝，就像專門為了讓二位把各自的國家帶進火坑，從而成全大金國似的。後來，西元一一二五年，天祚皇帝成為大金帝國的俘虜，徽宗皇帝也在同一年退位，將自己的兒子宋欽宗推出來頂雷。又過了三十一年，天祚皇帝與欽宗皇帝被大金帝國皇帝完顏亮，就是著名的海陵王，下令押解到燕京，共同囚禁在今天北京郊外的一座寺院裏。一天，完顏亮命令兩位皇帝俘虜，參加金國將領們舉行的馬球比賽。欽宗皇帝身體孱弱，患有嚴重的風疾，就是西醫所說的高血壓，又不善馬術，從馬上跌下來，被亂馬鐵蹄踐踏而死。已經八十一歲高齡、卻仍然體健如牛的天祚皇帝見勢不好，策馬狂

奔，企圖逃出重圍，結果，被亂箭射死。這些雖然已是後話，卻可以看出此人的身體好到了什麼程度。（柏楊《中國人史綱》第二十五章）

此時，徽宗君臣知道了遼國內政的種種弊端後，心中十分喜悅。於是又一次在國家根本的戰略大計上，改變主意，決定出兵滅遼。我們知道，舉凡小混混一流的角色，一般不大會去找那種目射精光、武藝高強的壯漢們耍威風。只有在面對孤兒寡女和老實人時，他們才特別不容易壓住火氣。平心而論，我們帝國的皇帝和他的主要臣僚們，的確就是一群這一流角色。

促使皇帝作出如此重大改變的，是時任宰相王黼。

史籍記載，這位王黼風姿俊美，目睛如金，口才極佳，且善解人意。他討皇帝喜歡的方式和蔡攸、李邦彥大致差不多，乍一看起來相當有創意。比如，李

《馬球圖》。宋欽宗就是因為金國人強令其打馬球，被馬蹄踐踏而死的。

邦彥被時人稱為「浪子宰相」，自稱要賞盡天下花，踢盡天下球，做盡天下官。一次，宮內秘戲取樂，我們這位宰相夾雜在倡優侏儒之中，突然將身上的衣服全部脫光，露出塗滿斑駁花紋的身體，滿口呢喃著淫穢之語。立刻引起滿場大嘩。徽宗皇帝跳起來，舉著一根木棍滿場追著打他，他逃到廊下，攀到樑柱上不肯下來，口中用嬌嗲的聲音求饒。皇帝笑得打跌，命宦官傳宣聖旨說：「可以下來了。」他呢喃著說，「黃鶯偷眼覷，不敢下枝來」，方才從樑柱上下來。王黼、蔡攸幾位和這位浪子宰相差不多，都曾經以相同或類似的方式令皇帝龍心大悅。由此，說當時帝國的宰相形同跳樑小丑，應該不算過分。（《宣和遺事》前集）不過，我們帝國的元首顯然不這樣看，徽宗皇帝親筆為王黼宅第題名「得賢治定」。可見，在皇帝眼中，王黼乃太公望、諸葛孔明一流的人物。為此，王黼曾經創下過一項大宋帝國的紀錄：自通議大夫到少宰即右宰相——第二宰相，中間隔了八級，王黼是一步跳上去的，開創了大宋歷史上從未有過的先例。

王黼宰相的各類事蹟頗多，很難一一梳理介紹。此時，他堅定地主張對遼開戰，則很有可能與他本人的一個遠大志向有關。據說，有一天他到相國寺上香，看到一篇文字下面題著太師、魯國公蔡京的大名，王黼豔羨已極，連連感歎：「真是想都想不到，蔡元長居然有這麼一堆偌大的官職！」從此，與蔡京的地位相差太遠，成為王黼宰相的莫大恥辱與追求進步的絕大動力。

這時，有人向宰相進言，如果宰相能夠做成一件大事，就不難達到老太師的地位。什麼大事呢？就是聯金滅遼，收復燕雲。而遼國國政不修，在金國的打擊之下，如枯木朽株，不堪一擊。大丈夫建功立業加官晉爵，正當此時。王黼一聽之下，深以為然。

本來，此時徽宗皇帝已經決定不做這件違背祖宗誓約的不祥之事了，王黼卻適時地挺身而出，侃侃而談。他說，中國與遼國，雖然是兄弟之邦，但是，百年以來，他們時不時地輕慢我國，實在可恨。何況「兼弱攻昧，武之善經也」，現在不趁機奪回燕雲，等到女真強大起來，中原故地恐怕永遠拿不回來了。「兼弱攻昧，武之善經也」一句，可能特別能打動皇帝。意思是，兼併弱小，攻取昏聵，是古往今來最好的取勝之道。皇帝立即回心轉意，決定就這麼做了。於是，下令在樞密院之外，再成立一個經撫房，由宰相王黼直接領導，作為國家最高機構，專門處理聯金滅遼復燕這件大事。（《宋史》卷四七〇《王黼傳》；《東都事略》卷一〇六《王黼傳》；《宋人軼事彙編》卷十四《王黼》）

王黼還真是不含糊，為了解決出兵的經費問題，這位宰相下令，全國每戶人家按人口出錢，以助軍費。結果居然一下子斂來六千二百萬緡錢。這可不是一筆小錢，差不多相當於當時全國一年的財政收入。也就是說，除了其他捐稅之外，還要另外一次性地在民間攤派如此巨大的一筆費用。

我們知道，北宋時期的稅收本來在歷史上已經屬於最高的一個朝代了，加上擾攘不休的

花石綱，現在再收上來這麼大一筆錢，相當不容易。對於一個普通農民家庭來說，我們找不到確切的數字說明其概念，如果打比方的話，大約相當於一個五口人的家庭，全家年收入為六千元錢，卻需要交一千元的稅金，然後，再交一千元錢的軍費。假如宰相們沒有足夠硬的心腸，可能很難下得去手。真正稱得上是殺雞取卵、竭澤而漁，老百姓被搜刮的痛苦可以想見。

《宋史》記載了這位宰相差不多與此同時的另一次徵集攤派。這次徵集攤派是以修黃河為名義的，舉凡得錢一千七百餘萬緡。經過如此幾次，「河北群盜因是大起」。由此，我們可以知道為什麼會產生那麼多梁山好漢了。事實上，聚集到梁山泊的好漢只是其中很少一部分。當時，史書上有記載的幾千人、萬人以上的農民暴動，可能就有近十起。方臘起義也在此期間爆發。

據說，徽宗皇帝對於王黼宰相居然能夠一下子弄來這麼多錢，極感驚奇與欣慰。很有可能使他產生了一個錯覺，覺

得自己領導的國家實在是非常強大與富裕。因此，的確應該就此完成世代的宿願，建立起令列祖列宗都要刮目相看的豐功偉績。他不知道，王黼實際上向他隱瞞了國家的許多真實情況，甚至包括方臘起義的消息。

西元一一一八年，徽宗正式派出使臣，從登州即今天的山東蓬萊下海，到蘇州即今天的遼寧金州上岸，繞過遼國，與金國磋商結盟圖遼事宜。當時，金國的巡邏隊不知道這幫人所為何來，差點把他們全體殺掉。金太祖完顏阿骨打知道了大宋的意圖後，如上天降下的禮物，欣喜異常。立即派人攜國書與珍奇特產等回訪宋朝。同時，還沒忘記對宋朝大模大樣地使用對下級和藩屬的詔書表示不滿。

西元一一二〇年，宋朝再次派遣趙良嗣以買馬的名義出使金國，實際商談夾攻遼國，收復燕雲大計。此次出使很有戲劇性。當時，金國兵分三路，已經將遼國首都上京臨潢府團團包圍，其治所在今天的內蒙古巴林左旗附近。趙良嗣從咸州即今天的遼寧開原縣追到青牛山，才見到完顏阿骨打。這位大金國的開國皇帝正在布置攻打遼國都城，匆匆忙忙地對他說：「你可以先看看我的實力，然後再談。」隨即下令攻城。臨潢府經過遼國一百多年的經營，城池高大堅固，加上首都守衛部隊也是遼國的精銳部隊，因此號稱銅牆鐵壁，聞名四方。誰想，從早晨阿骨打下令攻城，不到中午時分，這座塞外最繁華的遼國都城，便告陷落。金國軍隊兇狠強悍如斯，給我們帝國的使者留下了深刻印象。

趙良嗣此行，終於達成了宋、金兩國聯合滅遼的協議。

雙方約定：

金國負責攻取遼國的中京大定府，就是今天的內蒙古寧城西的大明城，然後經平地松林南下趨長城邊上密雲北部的古北口；宋軍負責經河北雄縣的白溝鎮出兵夾攻，攻取遼國的南京析津府，就是今天的北京，然後北上古北口，雙方以古北口關隘為界。金國同意宋朝收回燕京舊地；宋朝同意把進貢給遼國的五十萬兩匹銀絹改為進貢給金國。

對於金國來說，大宋帝國是一個富足、強盛、文明、可望而不可及的大國。此次結盟，將自己的死敵遼國置於腹背受敵的境地，金國完全不必再擔心遼國尋求宋朝的支持了。而且，宋朝收回的土地，本來也不是金國的，還能夠憑空得到五十萬兩匹銀絹，這實在是天上掉下來的大好事。金國的愉悅可想而知。

對於大宋帝國來說，雖然背信棄義，做了一件不太光彩的事情，但是國家與國家之間，本來就是只有永恆的利益，哪裏真有什麼情義可言？如今，天要滅遼，倘若真的趁機收回了燕雲十六州，信義不信義的，不談也罷。

於是，雙方互換了由各自皇帝親筆書寫的國書，約定於次年，即西元一一二一年實施此項聯合滅遼的計畫。這就是中國歷史上極其著名的宋、金「海上之盟」。（《宋史紀事本末》卷五十三《復燕雲》）

當年九月，盟約訂立。此時，聯金滅遼復燕的關鍵人物童貫，正在主持全國軍政，他受命擔任征伐主帥，調兵遣將，準備出兵北上。然而，進入十月不久，方臘起義爆發了。宰相王黼試圖向皇帝隱瞞消息。但是，這次起義的勢頭實在過於猛烈，一個多月時間，已經將東南江浙一帶數百萬人口席捲進去，舉國為之震撼。萬般無奈之下，朝廷只好將童貫本來預備北上的十幾萬大軍，改派為南下，前去鎮壓方臘起義。

從時人記載中可以看出，導致方臘起義的原因，主要是花石綱浩劫和朝廷的橫徵暴斂，致使東南膏腴之地民不聊生，景況相當悲慘。童貫了解了個中緣由之後，十分果斷地以皇帝的名義，下令罷廢蘇杭等地的應奉造作局及花石綱運送之類弊政，對起義軍形成釜底抽薪之勢。結果，第二年八月，就將聲勢浩大的大起義鎮壓下去。但是，此時已經錯過了與金國約定的夾攻遼國時間，造成大宋帝國第一次失約的事實，為金國後來的毀約敗盟留下了藉口與伏筆。

此時，發生了一個小插曲。鎮壓方臘起義的硝煙還沒有完全散盡，王黼就開始給童貫上眼藥，他對皇帝說：方臘鬧事是因為茶鹽法造成的，與各地應奉局和花石綱沒關係。童貫中了別人的奸計，把責任都推到陛下您的身上來了。徽宗聽了，對童貫頗為不滿，立即下令恢復各地應奉局和花石綱事務。童貫沒有辦法，於是放出風去，說是要勸皇帝更換宰相，請蔡京回來。王黼知道後，趕緊回過頭來安撫童貫，表示願意全力支持童太師收復燕雲。童貫這才罷手。其實，王黼對於滅遼復燕的起勁，在很大程度上也是受到遼國軍隊在金兵面前連吃敗仗的鼓舞，因此，同樣希望染指那頂美麗誘人的王冠。

在此期間，金國使者在大宋首都等了三個多月，希望敲定夾攻滅遼日期與燕雲十六州的土地劃分問題。然而，在此之前，宋朝君臣檢討以往的談判時，發現了一個絕大的漏洞。原來，由於整個朝廷中，沒有人懂得和仔細研究過燕雲十六州的歷史沿革與地理區劃，於是，在徽宗皇帝下達給使者的手諭中，提到的僅僅是收回「燕京並所管州城」。而金太祖阿骨打答應的也是「燕京舊地」再加上西京大同。如今研究下來才知道，此時的燕京路，只轄有檀州即今日北京密雲縣、順州即今日北京順義縣、景州即今日河北遵化縣、易州即今日河北易縣、薊州即今日天津薊縣、涿州即今日河北涿縣等六個州。而昔日曾經屬於燕京管轄過的平州即今日河北盧龍、營州即今日河北昌黎、灤州即今日河北灤縣，已經被改為平州路，與「燕京並所管州城」成了不搭界的兩回事。而且，你沒有辦法把責任歸咎於金國人，這些事情發生在他們與遼國鬧翻之前。要怪也只能怪宋朝廷的準備工作做得實在太不像話。更糟糕的是，在大宋朝廷的心目中，要收復的明明是燕雲十六州，結果，根據皇帝的御筆，變成了燕京舊地，多虧談判者趙良嗣加進去了一個雲中，也就是此時已經被改稱為西京的山西大同。由此，可以看出，大宋帝國在擬訂和實施如此重大的軍國大計時，是何等的漫不經心，何等的輕浮草率，何等的缺少責任感。（陳樂素《宋徽宗謀復燕雲之失敗》，見《求是集》第一集

第五十六頁）

為了彌補皇帝造成的這個大錯特錯，宋朝官員費盡心機地試圖重新界定燕雲十六州的概念。他們將十六個州的名稱一一列出，並且把有關的險關要塞、周邊土地也包括其中。結果，還是說不清楚。因為晚唐以後，連年征戰，這十六州的概念已經發生了許多變化。於是，索性規定為五代以來被奪走的所有漢家舊地。這樣通扯算下來，已經是十七州。本來，這些全都是題中應有之義，根本就是宋朝的出發點與終極目的地。現在，由於自家皇帝和臣僚們的稀里糊塗大而化之，卻變成了事實上的毀約。結果，導致金國人認為宋方的胃口越來越大，是想以外交手段輕取燕雲十六州。於是，不但堅持平、營、灤三州不屬於燕京，就連原來答應歸還的西京也不予承認了。而且，態度極其強硬，直截了當地告訴宋方，如果宋方欲壑難填，則唯有解約一途。致使事情變得極其棘手，誰也不敢為此負責。最後，金國使者在大宋京城待了三個月，仍然不得要領，只好悻悻然啟程回國。從而，給了金國方面認為大宋帝國得寸進尺、毫無信義的第二個理由。

西元一一二二年，即北宋宣和四年，三月，金國再次派遣使者前來約定夾攻時間。這一次，徽宗皇帝立即任命童貫為河北、河東路宣撫使，蔡攸為副使，率領十五萬大軍浩浩蕩蕩北上伐遼。

王黼致信童貫，慷慨激昂地表示，願以死力相助。

蔡攸則是在童貫之後奔赴前線的。陛辭之日，徽宗的兩位寵姬侍立兩側。蔡攸，這位在某種程度上肩負了國家生死存亡大任的軍國重臣，指著二人對徽宗皇帝說：「大功告成之後，請陛下將這兩位美人賞給微臣。」據說，徽宗皇帝的反應是笑而不答。（《宋帝列傳》之《宋徽宗．宋欽宗》第一八一頁）

從後來所發生的一切看，這實在是一點都不可笑。

在這舉國若狂，清醒者屈指可數的時刻，一個最不該反對此舉的人，突然發出了一聲不和諧音——

老宰相蔡京給奔兩位美人直撲過去的兒子寫了兩首送行詩。

其中一首寫了這樣幾句：「百年信誓當深念，三伏征途曷少休。目送旌旗如昨夢，心存關塞起新愁。」

另一首則說：「百年信誓宜堅守，六月行師合早歸。」（《宋人軼事彙編》卷十三《蔡京》）

這就太莫名其妙了。

從頭到尾，這個背信棄義的軍國大計，本來就是他與童貫二人攛掇起來的。如今突然憂心如焚，變成了信守諾言的正人君子。從他後來的表現看，此人顯然不是幡然悔悟，決定痛改前非。

一個比較接近事實的解釋是：這位老宰相很有可能是在為自己預留後步。因為，他大約

是整個帝國中，最了解實際情況的人。這個實際情況就是，在帝國花團錦繡、烈火烹油的後面，隱藏著底囊都已經翻上來的深重危機。因此，如果此次出兵能夠僥倖獲勝，那麼，他首建平燕之策，功勞不小；倘若北伐兵敗，他也有詩句諍諫，追究起來，不論怎樣，他都同樣可以立於不敗之地。就這樣，在大廈將傾，八方風雨之際，決定整個帝國命運的決策集團中，最重要的人物，其表現大抵如此。

整個事件的始作俑者、其掛帥領軍人物，掀起這場大風暴、大地震的風源與震源——童貫及其同志們，大抵如此。

在這種情勢之下，如果還有什麼人期待著大宋帝國能夠不招災不惹禍、順順當當太太平平地拿回那燕雲十六州的話，這個期待就顯得有點兒實在太過分了。從上帝的角度考察，但凡公正一點，都找不出可以讓他老人家如此偏心眼兒的任何理由。

趙構
騎泥馬渡江的皇帝

西元一一二七年，歲在丁未，既是北宋靖康二年，又是南宋建炎元年。按照生肖紀年，這一年屬羊。

大宋帝國的子民應該永遠記住這個年份。

開年，一進入正月，大宋帝國遭遇滅頂之災：繼帝國首都淪陷敵手，它的兩位皇帝——宋徽宗趙佶和他的大兒子宋欽宗趙桓相繼成為大金騎兵俘虜。徽宗皇帝的第九個兒子康王趙構僥倖脫身，旋即逃往南京（今河南商丘）。當年五月一日，趙構在南京應天府稱帝，建立南宋政權，改年號靖康二年為建炎元年。時年趙構二十一歲。他是宋朝的第十位皇帝，也是南宋的第一位皇帝，史稱宋高宗。

宋高宗趙構，或許是中國帝王中最難加以評論的一位皇帝。對於一般不研究歷史的人來說，很有可能根本就不知道這位皇帝是何許人。但是，假如提起這位皇帝的兩位大臣來，只要是中國人，大概沒有人會不知道。這兩位知名度極大的人物，一位是岳飛，一位是秦檜。如果有哪個中國人說自己不知道這兩個人，那麼，人們一定會認為此人有毛病，而且病得還不輕。很多人也只有在說起這兩位時，才會恍惚知道：呵，原來宋高宗趙構就是這兩位時的皇帝。

兩位知名度極高的大臣和一位不太知名的皇帝，絲毫說明不了這位皇帝昏庸或者無能。我們必須承認，這位皇帝極其複雜，經常是隱藏在重重迷霧之中。而且，他還時不時就被包圍在政治的、道德的、國家的、種族的等等激情之中。這使我們要看透他即便不是不可能，也是十分困難。因此，在很多情況下，我們只能依靠推測才能理解這位皇帝。好在這種推測所必須倚賴的資料還算豐富。

假如不是父皇宋徽宗過分輕佻與荒唐，導致家破國亡，康王趙構本來是沒有機會登上皇位的。

按照中國皇家傳統，宋徽宗立長子趙桓為太子。他最喜歡的則是第三個兒子鄆王趙楷。作為第九個兒子，趙構除了天生神力之外，其他方面似乎沒有什麼特別突出、特別引人注目的地方。

史書記載說，趙構可以兩臂平舉各一百一十斤的東西，走數百步，邊上看著的人無不驚駭嘆服。（曹勛《松隱文集》卷二十九《聖瑞圖贊並序》，嘉業堂叢書本）他還喜歡騎馬射箭，開弓一石五斗。按照宋朝軍隊的制度，這算是武藝超群，已經達到了選拔皇帝近衛隊的標準。（《宋

史》卷一九四《兵志》，第四八二七—四八二八頁）按今天的說法，差不多相當於運動健將級水準。但是，光憑這些顯然還不足以取得繼承皇位的資格。他還需要更加令人敬畏的力量幫助才行。這種力量出現了，這就是冥冥之中的宿命。

繼宋真宗簽訂「澶淵之盟」之後，北宋與遼國之間已經和平相處了一百一十九年。按照國際關係中慣常的虛偽做法，兩國間的關係被形容成「兄弟之邦」。十幾年前，準確地說是西元一一一三年，在遼國後院松花江上游的白山黑水之間，崛起了一個女真族部落，叛離其宗主遼國而獨立，一年之後就建立了號稱「金國」的國家。於是，宋徽宗和手下一幫後來公認的壞蛋如蔡京、童貫、王黼等認為有機可乘，一相情願地想要火中取栗。於是，繞過遼國，從海上主動前去與金國聯繫，希望聯合起來，腹背夾擊，搞垮遼國。宋方一相情願地希望，由此收回當年石敬瑭割讓出去的燕雲十六州，完成朝代的宿願。於是，形成了著名的宋、金「海上之盟」。

報仇雪恨收復失地，這本身沒有錯。問題是，此時的大宋帝國正是梁山泊好漢和方臘們扯旗造反的時候，整個國家貪官污吏橫行，人民動盪不安，社會百孔千瘡，軍隊腐敗不堪，根本沒有能力去實現自己的承諾和夢想。而且，我們知道，在任何時代任何地方，靠背信棄義、投機取巧來獲取利益，都是一種玩火的行為。更何況，宋朝的新夥伴——金國，本身就是一個只憑實力說話，其他一概不管不顧的強盜。宋朝的行為，根本就像一個沒有實力的騙子，邀請一個有實力而且比自己聰明的強盜合夥幹壞事。騙子自以為聰明，處處想佔強盜的便宜，結果，既讓強盜看出了自己的虛張聲勢，又給了強盜打上家門、吃掉自己的理由，惹得大火燒身。

金國用十年左右時間，基本上沒用宋朝幫忙，就滅掉了立國二百多年的大遼帝國。

事實上，此時的大宋帝國，不但談不上幫別人的忙，它自己根本就是越幫越忙，把事情搞得一塌糊塗。在與遼國的對峙中，宋朝的軍隊很少有不是一觸即潰的時候。這使金國徹底看透了，大宋帝國原來不過是一幫冠冕堂皇的小混混兒加慷慨激昂的小騙子而已，他們究竟依仗什麼，究竟有什麼資格敢於如此大膽地來玩火，讓人實在看不懂。此時，金國人也拿到了足夠多大宋帝國背信棄義又不堪一擊的證據，從而，對這個龐然大物已然完全喪失了曾經有過的敬意。於是，揮兵南下，直取汴京。

就這樣，到西元一一二七年，大宋帝國通過「海上之盟」，給自己惹來了中國歷史上少見的塌天大禍——首都陷落，父子兩代國家元首淪為俘虜，將近一半的國土慘遭蹂躪。這就是令許多中國人痛不欲生的「靖康之恥」。

北宋帝國就此滅亡。

事實上，誠如我們所看到的那樣，五年前，西元一一二二年，即宣和四年，當童貫率領十五萬大軍意氣風發地殺向邊關時，大宋帝國君臣的自我感覺極佳。

徽宗皇帝向童貫面授機宜，為上中下三策：

如果遼國人民壺漿簞食以迎王師，不戰而收復舊地，是為上策；如果遼國人納款稱藩，則為中策；如其不服，按兵巡邊實為下策。（葉隆禮《契丹國志》卷十一《天祚皇帝中》。轉引自《宋帝列傳》之《宋徽宗・宋欽宗》第一八二頁）

童貫和皇帝想到一起去了，他們經常能夠想到一起。童貫同樣希望建立不戰而拿下敵國的不世奇功。於是，他組織了一系列招降納叛工作。誰知，被宋朝背信棄義深深激怒的遼國人根本不買賬，竟然組織起一支不到兩萬人的部隊前來迎戰。

此後所發生的事情，讓所有人都大吃一驚。

這支被金國軍隊打得毫無還手之力的遼國軍隊，居然如虎入羊群一般地殺入大宋帝國軍隊大砍大殺，將數倍於己，由宋朝名將擔任前敵總指揮的兩路宋軍打得潰不成軍。史書記載說：「自河北雄縣以南，任丘以北以及雄縣以西，直到保定、正定一帶，死屍枕藉，不可勝計。」有一種說法認為，僅僅是因為遼軍不想擴大事態，主動收兵，宋軍才避免了全軍覆沒的命運。（《三朝北盟會編》卷下，政宣上帙七）

這種說法很有可能是成立的。因為，遼軍取勝後，曾經派了一位使者來見童貫，相當委婉地對童貫說：「女真人屬於叛逆性質，宋朝也應該一樣厭惡這種行為。如果貪圖眼前蠅頭小利，拋棄百年友好誓約，與豺狼結為鄰居，為日後留下隱患，實在是不可取。救災恤鄰，是古往今來通行的道理，還望您能再考慮考慮。」應該說，這番話說得中肯而得體，相當通情達理。（《宋史紀事本末》卷五十三《復燕雲》）可惜，此時已經沒有什麼人能夠聽進去了。

史書載，徽宗皇帝「聞兵敗懼甚，遂詔班師」。（《宋史》卷二十二《徽宗本紀四》）

不久，由於天祚皇帝逃得無影無蹤，新立的遼國皇帝此時又突然死去，遼國發生國喪。宋朝君臣認為這是個好機會，於是，第二次派童貫提大兵北伐。這一次，主持國政的遼國蕭太后頂不住了，派使者晉見童貫，奉上降表，請求念及一百一十九年的睦鄰邦交，不要再打了。遼國願意降為臣屬，永為屏藩。童貫不允，下令將來使趕出去。這位使者痛哭著高喊：「遼宋兩國，百年和好，盟約誓書，字字俱在。你能欺國，不能欺天。」（柏楊《中國人史綱》第六二八頁）

結果，事情又一次出乎所有人們的意料。據說，此次迎戰的遼軍，全部加起來大約有一萬人左右，而宋軍則至少在十數萬人以上。在這種力量對比的情勢之下，宋軍竟然又一次潰不成軍，而且幾乎是全軍覆沒。史書記載說：宋軍「自相踐蹂，奔墮崖澗者莫知其數」，「陳屍百餘里」。而且，經此一役，自三十年前神宗時代起積累的軍備物資、糧草錢財損失殆盡。（《三朝北盟會編》卷十一，政宣上帙十一；《宋帝列傳》之《宋徽宗・宋欽宗》第一八四—一八五頁）

這一次，童貫也被打怕了。他害怕朝廷怪罪，秘密派遣部下，前往金國請求派兵夾攻燕京。當年十二月，金兵經居庸關，直搗燕京，很快就將燕京拿到了手。

到此為止，除了兩座主動投降的城池之外，堂皇天兵屢屢敗績，幾乎無所建樹。宋軍第一次打敗仗之後，金兵地理隔絕，不知道這個消息。徽宗君臣在給金國皇帝的國書中，還口無遮攔地告訴對方，大宋帝國的軍隊如約出動，屢敗契丹，俘獲甚眾，軍威大震云云。等到第二次大敗時，恰好大宋帝國使臣剛剛到達金國大營，不久，就傳來了宋軍的敗報。而且，開戰以來，大宋帝國軍隊大敗兩次，小敗無數，無一勝仗的消息也陸陸續續傳到金方的耳朵裏。這使他們大吃一驚之後，開始極度蔑視自己的合作夥伴，原來這個以前令人敬而畏之的泱泱大國，所有的功夫全在一張冠冕堂皇、虛張聲勢、而且讓人無從分辨真假的嘴巴上。從此，金國方面態度大變。（《宋帝列傳》之《宋徽宗．宋欽宗》第一八七—一八八頁）

實事求是地說，到目前為止，雖然大宋帝國三翻四覆，顛來倒去，但是，金國方面的確沒有不守約定的情況出現。雙方的爭吵基本還是在談判的討價還價範圍之內。而這一次，金國方面則毫不客氣地告訴宋朝使者：平、營、灤三州的事情不必想入非非，如果一定想要的話，就連燕京也不給了。金國所能歸還的只限於燕京及其所屬六州二十四縣。而且由於宋朝一再違約，連燕京都是金國打下來的，因此燕京一路的賦稅應該屬於金國，如果不答應，就請使者退出燕京去，因為現在這裏已經是金國的土地。至於雲中七州的事情，如今已經全部攥在了金國手中，以後再說。

在這次談判中，有一段酷似《水滸傳》上的語言，令宋朝使臣最難以下嚥，但最終還是嚥了下去。這段話是：「好教你這使臣知道，不要說我朝只給南朝（因大宋地理在遼、金諸國之南，當時遼、金人習慣稱宋為南朝）燕京管下六州二十四縣，便是一寸土地不給，還怕你不依契丹之例繳納我朝銀絹嗎？」這話裏話外的意思，已經透出強盜依仗身強力壯，公開惦記著人家財物的味道了。（《宋帝列傳》之《宋徽宗‧宋欽宗》第一八八頁）

西元一一二三年，即宣和五年的陽春三月，雙方終於商定：

燕京管下六州二十四縣交給宋朝，其中，有兩個州已經歸降，實際由金國交還的是燕京及管下四州；

宋朝每年向金國交納歲幣銀二十萬兩、絹二十萬匹，外加一百萬貫燕京賦稅代金，由金國方面指定的物資抵充；

雙方不得互相招降納叛；

宋朝一次性付給金國收復燕京的犒賞軍糧二十萬石。

這樣的條件可能是在當時的情勢下，宋朝方面所能爭取到的最好結果了。同時也令金太祖阿骨打極為歡喜。於是，達成協約時的場面很有意思，金國代表表示：「趙家皇帝蠻大方，鬧得我家皇帝不好意思不還你家西京（山西大同）了。可是需要等一等，等我們把那兒

的老百姓遷走。」（《大金國志》卷二《太祖武元皇帝》）歸還土地，卻要遷走人民。宋方代表質問：「若是空城，讓我幹什麼用？」金國代表賊禿嘻嘻地回答：「也沒別的意思，只是我家皇帝想要南朝犒賞三軍而已。」（《大金國志》卷二《太祖武元皇帝》）

這已經是強盜加小流氓的口吻了。讓人不由自主地想起《水滸傳》裏那些極其傳神的場面來。後來，宋朝果然給了金軍二十萬兩銀子犒賞三軍，金國收到銀子後，卻未交出西京。這可能是宋朝方面不肯支付另外二十萬石軍糧的一個原因。

不管怎麼樣，至此，宋朝終於可以宣稱自己獲得了偉大的、歷史性的勝利：丟失一百八十多年的土地回到了祖國的懷抱。朝代的宿願勝利實現了一半，另一半也指日可待。這樣了不起的成就，就連神武如太祖太宗都沒有做到，卻在我們的藝術天才徽宗皇帝手中完成了。於是，舉國舉朝狂歡，慶祝勝利。

為此，王黼賜玉帶，進太傅，封楚國公，雖然沒有封王，但畢竟和老太師蔡京已經差不多可以比肩了；童貫封徐豫國公，不久，晉封廣陽郡王，成為中國歷史上第一個也是唯一一個封王的宦官；蔡攸進少師，終於有了宰相的名分；趙良嗣為延康殿學士，大約相當於副部級幹部。

隨後，皇帝下令立《復燕雲碑》，以資紀念。

在這個快樂的時刻，有兩個人值得提起。一個是鄭居中，當初，他堅決反對聯金伐遼，現在，他拒絕接受晉封自己的太保官銜。另外一個人是趙良嗣，他參加了幾乎所有的對金交涉，也許是整個大宋帝國裏，最了解金國的人。此刻，他憂心忡忡地發出了警告：「金人不可信，和平不足恃，或許頂多能夠維持兩三年。帝國必須早做準備。」然而，沉浸在舉國歡騰中的人們，沒有任何人願意聽聽這個冷靜的聲音。（柏楊《中國人史綱》第六三〇頁；《宋史》卷四七二《趙良嗣傳》）

緊接著，輕佻草率的大宋君臣又漫不經心地做了一件更加令人惱火的事兒。西元一一二三年即宣和五年，五月，宋朝接收燕京不到一個月後，原遼國平州也就是今天河北盧龍的地方長官張覺，在已經接受了金國的任命之後，又率領全州歸降大宋帝國。趙良嗣再次提醒皇帝，盟約剛剛簽訂，墨跡未乾，萬萬不可接納張覺歸降，激怒金國。否則後果不堪設想。誰知，徽宗皇帝居然大不高興，不但下令接納張覺，而且將趙良嗣一口氣連貶五級，並貶竄到湖南郴州居住。（柏楊《中國人史綱》第六三〇頁；《宋史》卷四七二《趙良嗣傳》）此時，距離金國正式對宋宣戰，還有不到二年半時間。

當年下半年，金國果然出動重兵攻打平州。張覺逃入宋軍。所有宋朝廷與張覺之間的往來信件、敕令、任命文件，甚至皇帝在金花箋上的御筆手詔，全部落入金人手中。拿下平州後，金軍立即移師邊境，嚴詞索要張覺，並且指名道姓地說出了張覺藏匿的地點，聲稱若不交出，金軍將自行前往搜捕。徽宗皇帝無奈之下，密令殺掉張覺，將首級和他的兩個兒子一

同交給了金軍。此舉人心喪盡。一時間，原屬遼國，後來支持大宋的各種力量，無不怨恨宋朝薄情寡義，沒有擔當，從而紛紛解體。（《三朝北盟會編》卷十八，政宣上帙十八）就連大宋帝國委派的華北地區最高軍政首長都感到心寒齒冷，不打招呼便掛冠而去。而最早投降大宋的遼國著名將領郭藥師，此時率領數萬將士鎮守燕京。聽到這個消息後，憤憤然道：「這算怎麼回事？金人如果要我的腦袋，難道也交給他們嗎？」（《宋帝列傳》之《宋徽宗・宋欽宗》第一九六—一九七頁）由此產生了叛宋的念頭。

此時，距離金國對宋宣戰，還有不到二年時間。

西元一一二四年，即宣和六年，三月，宋金關係再起波瀾。起因是，前一年交接燕京時，趙良嗣請示朝廷後，答應一次性交納二十萬石軍糧給金國。如今，金軍前來索要。接任那位拂袖而去的新任華北地區最高軍政首長不予承認。他的說辭是，僅僅一個趙良嗣的口頭承諾，哪裏可以成為索要二十萬石軍糧的理由？金軍使者悻悻而去。（《宋帝列傳》之《宋徽宗・宋欽宗》第一九八頁）此時，距離金國對宋宣戰，還有一年半時間。

當年七月，金軍出兵原來準備交還宋朝的雲中地區，就是今天山西大同所屬地區，兩國關係頓趨緊張。徽宗皇帝慌慌張張下令，正式冊封已經退休的童貫為廣陽郡王，復職統領整個北方邊陲軍事。此時，金國已經基本確定了對宋戰爭的總體戰略，距離正式宣戰，還有一年零二個月時間。

西元一一二五年，即宣和七年，二月，遼國天祚皇帝被金國俘虜。在此期間，由於宋朝廷殺張覺，導致河北、山西地區的一些地方武裝紛紛離棄大宋，投靠金國。比如治下在今日山西長治的隆德府義勝軍兩千人、河北易州長勝軍首領韓民義等等。他們將張覺被殺後，邊陲地區人心渙散，離心離德，以及對戰爭毫無準備的情形全部告訴了金國方面。由此，金國下定決心並開始全力準備對宋戰爭。

此時，距離金國對宋開戰，還有不到八個月時間。

據說，還有另外一個因素也發生了效力，當時，金國軍隊最重要的兩位統帥是宗翰與宗望。宗翰的妻子，是原來遼國皇帝的寵妃蕭氏；宗望的妻子金輦公主，則是原遼國皇帝的親生女兒。她們切齒痛恨宋朝對遼國的背信棄義，熱切盼望這個背信棄義的國家能夠受到懲罰。因此，特別希望她們的丈夫對宋用兵。這個因素能夠起多大作用？其情形是否如此？姑且存疑。

而另一方面，此時此刻的大宋帝國仍然沉醉在太平盛世的歡樂之中，沒有進行認真的戰爭準備，則是不需要存疑的。

今天翻檢當時的史料，相信很多人會感到奇怪：

為什麼不祥的陰影已經烏雲般翻滾在頭頂，而大宋帝國的君臣們卻歡樂依舊，根本就怡然不以為意？究竟是什麼東西能夠讓他們如此變態地、紈袴子弟般地遊戲著治理這個龐大的

國家？

到目前為止，我們已經把太多無法解釋的東西，歸因於帝國君臣那輕佻浪漫的個性和不適當的貪婪。在一定程度上，這或許是對的。但是平心而論，現在，這種說法已經使人感到厭煩。事實上，一個直截了當的解釋可能更加符合此時的實際情況：用正常人的思維，我們根本無法理解，一個人、一個組織、一個國家怎麼會變得如此不可理喻。或者反過來說也同樣成立：當一個人、一個組織、一個國家變得如此不可理喻時——明明錯的東西，得不到糾正；明明對的東西，沒有人去聽、去做——這個人、這個組織、這個國家一定是已經嚴重地失常了。繼續走下去的前途，必定就是毀滅。

我們知道，負責燕京地區防務的郭藥師曾經是遼國晚期的重要將領，投降大宋後，被委派為燕京及其管轄區域的最高軍事長官。在當時宋朝的軍隊裏，他的部隊和童貫培養起來的陝西部隊是裝備最精良、訓練最充分、兵馬最強壯、從而戰鬥力最強的兩支部隊。此人究竟是在宋朝殺張覺之前還是在此之後決定背叛大宋的，其實一點都不重要。重要的是他決定背叛，並且事實上也背叛了。因此，在一年左右的時間裏，燕京地區的最高行政長官曾經連續給皇帝和宰相上書一百七十餘次，警告他們：郭藥師有問題，請早做預防。至少是請不要過分地信賴他。（《資治通鑒長編紀事本末》卷一四四《金寇》）

一百七十多封警告信，甚至包括邊防部隊截獲的他與金國秘密往來信件，皇帝和宰相仍然不以為然。他們採取的最嚴重步驟，是讓童貫前往考察。假如童貫覺得此人確實靠不住的話，就授權童貫想辦法將他挾持回京城後處置。

童貫到達燕京時，這位郭藥師一直迎接到了河北易縣。入帳之後，藥師立即對童貫行跪拜大禮，童貫大吃一驚，跳起來避開道：「這可使不得。你老兄位居太尉，在軍中和我的級別一樣，怎敢受此大禮？」郭藥師嚴肅而誠懇地說道：「太師您是父親，藥師我只是在跪拜自己的父親而已，哪裏管什麼其他亂七八糟的。」隨後，藥師請「父親」檢閱部隊。二人攜手來到一面山坡上，四周渺無人跡。童貫正在奇怪，只見藥師一揮令旗，剎那間旌旗蔽日，兵馬如潮，鼓角震天，殺聲動地，周邊似有百萬大軍，場面至為壯觀。童貫十分滿意，回朝廷後，極言郭藥師必可抵禦金軍，成為北疆之萬里長城。那位身居相位，卻既不知兵又不識人的蔡攸，也莫名其妙地堅定主張信任藥師。他說：「只要依靠藥師，必能對抗金人，不必杞人憂天。」從此，朝廷倚藥師為干城，一心一意地在各方面滿足他的願望與要求，並放心地撤除了燕京以南的內地防務。（《資治通鑑長編紀事本末》卷一四四《金寇》）

至此，我們知道，沒有辦法了。沒有人能夠挽救帝國的命運了。用今天我們熟悉的事例比方，就好像一個大公司的大股東大老闆，當他做出決策時，對於市場回饋回來的資訊，他只相信自己喜歡和信任的人所提供的那些他想聽和喜歡聽的部分，那些由他不那麼喜歡的人所提供的不想聽和不喜歡聽的部分，則棄之不理。在這種情形下，顯而易見，沒有人能夠阻

擋這個公司的虧損乃至破產。

此時，大金帝國皇帝的對宋宣戰詔書可能已經在起草當中。

戰爭就在眼前。

西元一一二五年，即宣和七年，十月，正值秋高馬肥之際，大金帝國皇帝正式下詔，宣佈對宋朝開戰。

當金國大軍已經越過雲中地區時，金兵統帥命使者持書去看童貫，實際上就是送達一封宣戰書和伐宋檄文，其中歷數大宋皇帝與國家不守信用，違約背盟的罪過。據說，七十歲的王爺童貫瞪大了一雙無辜的眼睛，很天真地問：「這麼大的事情，怎麼不早一點告訴我？」金國使者說：「大兵已出，告訴你幹甚？趕快把河東、河北的土地割讓出來，以黃河為界，或許還能保住你家宋朝宗廟社稷。」童貫目瞪口呆。（《宋史紀事本末》卷五十六《金人入寇》）

事態的發展果然正像那些投奔金國的人們所說，金國

單方面開戰之後，大宋帝國山西、河北一帶的地方部隊，立即成千上萬地倒戈和嘩變，而國家正規軍大部隊則成建制地潰退和一哄而散。

金國大軍兵分兩路，西路軍的打擊重點是童貫調到北方前線來的陝西部隊，戰略目標是宋朝的西京洛陽；東路軍的打擊重點則是郭藥師率領的燕京地區邊防部隊，戰略目標是直搗汴京，擒拿大宋帝國的皇帝。

這時，出乎所有金國將領意料之外的事情又一次發生了。

東路金軍打到燕京後，郭藥師只是象徵性地接了一戰，隨後，裹挾著該地區所有的軍隊將領與政府官員，帶著共計精兵七萬、戰馬萬匹、甲仗五萬副和無數糧草輜重，集體投降了金軍。那位連寫一百七十多封警告信的封疆大吏自殺未遂，也被交給了金人。整個燕京所屬州縣望風而降，中原地區門戶大開，完全裸露在金軍兵鋒面前。金國軍隊在藥師的導引下，直下中原腹心。（《宋史紀事本末》卷五十六《金人入寇》）

在時人與後人所寫的各種文獻文章中，談到金軍的此次入侵，特別常見的形容詞是：勢如破竹、所向披靡、摧枯拉朽、如入無人之境等等。事實上，翻遍古今中外的歷史，任何一個國家面對外敵入侵時，只要出現了這種情形，那就不必再深入考究，肯定是這個國家內部已經變得根本不值得同情了。現在，正如我們所不停地看到的，對於此時此刻的大宋帝國便可以作如是觀。

這時，發生了一個小小的插曲，郭藥師投降金國的消息傳到京城後，徽宗皇帝秘而不宣，還授意臣下上書，建議冊封郭藥師為燕王，命他世代鎮守燕京之地。這和當初給童貫封王很是相像。本來，徽宗皇帝對於童貫收回的只是燕京空城不太滿意，因而令童貫退休。金兵一有異動，他趕快冊封童貫為王，令他再上前敵。泱泱大國的國家元首，行事卻直如長了一雙鬥雞勢利眼的市井小人，讓人實在無話可說。

此時，金國的西路大軍也沒有碰上它想重點打擊的童貫部隊。原因是童貫接到金國使者送來的宣戰檄文後，認為茲事體大，必須由他自己親自返回京城，當面和皇帝商量怎麼辦才行。於是，他放下北方邊疆最高軍政首長的授權與身分，不顧太原地方長官的堅決勸阻，執意要返回京城。逼得這位太原地方長官當著宦官王爺的面長歎道：「童太師平生何等威望，如今臨事抱頭鼠竄，還有什麼臉面去見天子呢？」童貫不以為意，還是走了。而且，走到半路，想想不對，又秘密下令，將只聽他一個人調遣的西北軍隊中最為精銳的二萬勝捷軍，調到身邊，作為自己的護衛親兵，一起返回京城。（《宋史》卷四六八《童貫傳》）

從此，西路一線群龍無首，除了一個太原未被攻破，將金軍死死拖住之外，其餘地方，基本上與東路相同，金軍所向，如入無人之境。

直到這個時候，我們的國家元首徽宗皇帝方才意識到，原來這次金國人是在玩真的，他們真的是要滅掉自己的國家！於是，大叫一聲：「想不到金國人竟敢這麼做！」然後，拉著

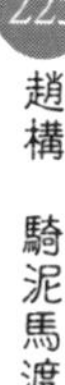

心愛的寵臣蔡攸的手，昏厥過去。

到這個時刻，他和他的臣僚們都已經看出，徽宗皇帝已經不適合繼續坐在國家元首的座位上了。

此時此刻，他的大兒子、皇太子趙桓則大喊大跳，大哭大叫，甚至昏厥過去，表示不願在這種時候繼位為帝。最後，於重病之中，被他的大臣們硬是扶到了皇位上去。在中國歷史上，如此不情願地繼承皇位的成年人，這可能是頭一例，甚或是唯一一例。（《宋史》卷二十三《欽宗本紀》）

此後發生的一切，就像一部誇張而又荒誕的政治童話，充滿了黑色幽默，整個帝國陷入到了一場完全徹底的混亂與錯誤之中，人們顛三倒四，正確的聲音孤獨而微弱，並且很快就被荒謬壓倒。一切跡象都在顯示，這個國家已經喪失了繼續存在下去的理由。哪怕更換了皇帝也依然如此。

而我們這位新皇帝，則以他自己後來的作為，準確地證實了這種猜測：這個國家的確已經沒有理由繼續存在下去了。

敵人第一次兵臨城下時，本章節的主人公趙構，則表現得相當好。

西元一一二六年即靖康元年年初，金兵第一次包圍宋朝首都汴京。金兵提出的退兵條件是：割地，除了燕京七州還給金國之外，還要割太原、河間、中山三府土地，當時的中山就是今日的河北正定；賠款，黃金五百萬兩，白銀五千萬兩，綢緞一百萬匹，牛馬一萬頭；然後，以親王一人、宰相一人為人質，就可以退兵。

新皇帝完全接受了這樣的退兵條件。儘管誰都不知道，到什麼地方去找那即便在今天看來，都絕對是天文數字的賠款。假如用購買力折算，這筆賠款大約相當於今天至少幾百億元人民幣。

於是，剛剛當上皇帝不久的大哥宋欽宗把弟弟們找來，問誰願意去做這個人質？老九康王趙構自告奮勇，願意赴湯蹈火，去做人質。而且，臨走時，他還悄悄告訴皇帝哥哥，如果有什麼對付金兵的好辦法，就儘管去做，不必顧慮自己。（《三朝北盟會編》卷三十，第二二〇頁）應該說，這份勇氣和胸懷相當令人感動。當時，他剛滿十九歲。

隨後，發生了一件莫名其妙的事情。

在雙方談判的過程中，金兵突然提出要宋朝換一個人去做人質。結果，趙構的五哥被派來替換趙構，並從此被掠到異邦，再也沒有能夠回到故鄉。趙構則英雄般地回到首都，並受到熱烈的歡迎。

金兵為什麼這樣做？沒有人能夠解釋清楚。歷史記載很簡單，大意是：有一天半夜，一支從外地前來勤王的宋軍兵馬，為了爭頭功，前來劫營，被金兵打退。同在金兵大營談判的

宋方大臣嚇得直哭，而趙構卻泰然自若，渾然無事一般。令金兵統帥稱奇不已，認為大禍臨頭了還能夠如此表現，不太像皇家子弟。於是，就提出了換人的要求。（《三朝北盟會編》卷三十六，第二六七頁）此事遂成為一件讓人無法說清的歷史謎團。另外一個可能，就是後代人不了解當時人們的心態，所以才會覺得無法理解。事實上，按照我們今天的想法，或許恰好因為他的這種表現，才更加可以認定此人就是皇子。因為，只有這種生在深宮、長在深宮裏的公子王孫，才會如此不懂得世事的兇殘險惡而不知道害怕。

此後，金兵由於孤軍深入，沒等到宋朝廷交齊賠款，便先行撤軍了。結果，在新皇帝的領導下，我們帝國沒有在國防上進行任何政治、軍事上的檢討、革新與建設。其理由，據說是害怕激怒金國人。然後，將唯一可能幫助帝國渡過危機的人物李剛，排除出了決策階層。最後，皇帝和他的助手們運籌帷幄，策畫了一項讓人完全無法置信、從而徹底葬送帝國前途的小把戲。

欽宗皇帝給金國的一位大將軍寫了一封密信，策動這位前遼國投降金國的將軍發動兵變，大宋願意裏應外合，支持將軍搞垮金國，既為遼國報仇雪恨，又可以建功立業。他暗示，將軍將成為復國後的遼國皇帝。然後，皇帝又給逃到遙遠的中西亞地區的遼國新皇帝寫了一封密信，對以往的背信棄義表示歉意，希望恢復一百多年的友誼，雙方攜起手來，兩面夾擊，除掉金國。結果，兩封密信全部落到了金國人手裏。後一封信，是被金國邊防巡邏隊截獲的。而前一封信，皇帝是交給了一位金國派來索要賠款的使節。這位使節以前也是遼國人，談話中，發了幾句金國人的牢騷，我們的皇帝就以為可以把千萬人的性命託付給他。於是，送給他一筆重禮，並託他轉交那封非同小可的密信。結果，兩封密信幾乎在同一時間一起擺到了金國統帥的案頭。（柏楊《中國人史綱》第六三二頁）

當年八月，金兵以此為口實，再一次兵分兩路，大規模南侵。趙構繼上次充當人質之後，又一次受命充當「告和使」，前往金軍大營求和。有一種說法認為，這是應金國方面的要求而安排的。就是說，金國人可能已經知道，這位臨危不懼的小伙子是真正的皇子，希望把他掌握在自己手裏。然而，這一次，趙構卻沒那麼臨危不懼。他的行動相當詭秘，如有神助般地逃脫了厄運。遂成為這位皇帝的又一個歷史謎團。

他是十一月十六日離開首都汴京城的。當時，給他擔任副手的那位大臣，曾經親眼看到過金兵攻陷真定城時的情形，於是歎息著告訴他：「真定城幾乎比汴京城高一倍，可是金兵轉眼間就打進去了。京城城樓壯麗如畫，天下無雙，可是沒有用呵。」這番話，很有可能給趙構留下了極其深刻的印象。（《續資治通鑑長編紀事本末》卷一四五，第四四〇五頁）

到達相州，就是今天的河南安陽以後，趙構知道金兵已經渡河進逼汴京，他沒有前去尋找金兵主帥，執行自己談和的使命，而是逕直北上，來到抗金氣氛濃烈的磁州，就是今天的河北磁縣。在那裏，他的這位副手因為攜帶著金國人的服飾標誌，而被當地軍民當成漢奸殺死。趙構沒有回汴京，而是悄悄返回相州，並以金兵南渡，副手被殺的理由，停留在相州，等待皇帝的指示。

十天後，西元一一二六年，即北宋靖康元年，十一月二十五日，金兵又一次包圍大宋首都汴京，皇帝派人給趙構送來封在蠟丸中的密令，任命他為河北兵馬大元帥，要求他火速召集兵馬救援首都。趙構接到這封藏在頭髮裏方才帶出的密信後，痛哭流涕。隨後，十二月一日，在相州開大元帥府。

然而，就在趙構接到密信時，帝國首都汴京已經落入敵人的掌控之中。到十一月三十日這一天，趙構的大哥欽宗皇帝親自出城來到金軍大營講和，也被扣留，直到遞上降表，才被放還。

帝國首都陷落時的情景——這樣說會顯得沒有心肝，但卻真的是事實——極其具有喜劇效果，酷似八百年後的義和神拳。當時，大敵兵臨城下，欽宗皇帝本來已經絕望，準備無條件接受金軍的任何要求。突然，堅決主戰的宰相將一位精通神術、類似今天氣功大師的人物帶到皇帝面前。這位大師鎮定地告訴皇帝，他可以採用六丁六甲法消滅金軍，生擒金國元帥。據他說，其方法是：挑選七千七百七十七個男子，經過咒語訓練後，就可以神靈附體、刀槍不入，滅金軍擒金將易如反掌。半信半疑的皇帝，在堅信不疑的宰相臣僚鼓動下，終於決心一戰。結果，到了大師指定的時間後，這些被寄託了莫大希望的六丁六甲神將們，非死

即逃。大師也就手脫出危城，一溜煙跑得無影無蹤。壯麗如畫、銅牆鐵壁般的大宋帝國京城就此陷落。（《靖康要錄》卷十三）

此後四個月，大元帥趙構基本沒有進行有效的軍事與政治救援行動。他所做的，似乎就是帶領一支數目不詳的隊伍，不停地虛張聲勢，遊走在週邊地帶。然後，就是拒絕金國方面的誘捕。

西元一一二七年，即北宋靖康二年，四月，金兵最後撤離汴京。他們分七個批次，將退居二線的太上皇宋徽宗、當上皇帝不到二年的宋欽宗，連同后妃、宮女、皇親貴戚、官員、藝伎工匠包括趙構的一妻二妾等一萬四千餘人驅虜北上，京城、皇宮、官庫、民間的金銀財寶、圖書文物被洗劫一空，傾全國之力建設起來的皇家宮殿園林——延福宮和建成不到五年的艮岳，全部毀於戰亂。

在這場浩劫中，偌大一個帝國，唯一得分的人大概就是趙構。此時，他是大宋帝國唯一一個倖免於難的正宗皇子，在中興大宋的旗幟下眾望所歸，理所當然地成為號令全國的領袖人選。

就這樣，西元一一二七年，即北宋靖康二年，五月一日，趙構相當順利地在南京應天府，也就是今天的河南商丘即帝位，成為南宋的

開國皇帝，改年號為建炎元年。這一年，趙構二十一歲。於是，西元一一二七年就有了兩個年號，既是北宋靖康二年，又是南宋建炎元年。

為此，趙構遭到當時金國人士和後代史家、特別是當代史家極為尖刻的批評。

其中，最有代表性的評論來自金國人士，認為趙構：「銜命出和，已作潛身之計；提兵入衛，反為護己之資。」意思是說他受命出使時，已經做好潛逃保命的打算；成為號令兵馬的大元帥，沒有率兵救援京城，反將這些兵馬變成保護自己的資本。

作為敵對方如此批評，意在破壞敵人領袖形象，具有濃厚的宣傳戰色彩，可以理解。但是，後代史家，特別是當代史家以此為定論，卻過於苛刻，似乎有失公正。

這裏，構成了圍繞趙構的又一個歷史謎團。

事實上，當時的趙構不可能預見到汴京必然淪陷、父兄兩代皇帝必然成為俘虜的結果，他為什麼敢於不去執行自己的使命？

我們的推測是，作為兩次議和的高級人質和使者，趙構很有可能是帝國朝廷中對雙方態勢觀察得比較清楚的一個人。他肯定不是一個捨生取義的忠臣義士，卻是一個腦筋清楚、較有才能、懂得審時度勢保存實力的政治人物。他很清楚，雙方在戰和條件與實力上的差異過於巨大，即便前往金兵大營，也未見得能達成使命，而他自己則幾乎肯定難以全身而返。因此，他才冒著寧願受到皇帝責備的風險，尋找藉口，躲開了這個未知數太大，危險卻明擺在

那兒的任務。

當時，誰都知道，金兵的鋒芒是直指汴京的。趙構的行動則表明，他的副手離開首都時的那一番話，肯定對他發生了作用，使他不願返回這座危城。於是，便停留在相州觀察事態的發展。這些舉動，對於一個政治人物來說，並不是完全不能容忍的。中國政治文化傳統中，有一種鼓勵人們殺身成仁、捨生取義的道德傾向，而保護這種仁人志士的社會機制卻相對欠缺，直到今日仍然暫告闕如。因此，評判歷史事件和歷史人物時，僅僅停留在這種層面，顯然是不夠的。對此，我們只能推測，趙構的潛意識裏可能充分感覺到了自己遠離颱風眼的意義。

對於趙構沒有組織起有效軍事救援行動的指責，則稍顯粗暴，似乎有些蠻不講理。因為，誠如我們在上面的敘述中所多次看到的那樣，當時的大環境，幾乎或者說根本就沒有這種可能。

冷眼看去，在我們到目前為止所能夠看到的情形裏，完全可以得出一個絕對不算過分的結論：到西元一一二七年，北宋帝國不滅亡已經是沒有天理的事情了。

事實上，經過宋徽宗二十多年的腐敗朝政，北宋帝國已經病入膏肓。

徽宗一朝，批量湧現出來的那些中國歷史上赫赫有名的、公認的壞蛋，如蔡京、童貫、高俅、楊戩、朱勔、王黼、蔡攸、梁師成、李彥、李邦彥等等，相互提攜，又團結又鬥爭，先後，或者幾乎同時出現在歷史舞臺上，以極重的權位，極多的人數，極長的當政時間，一口氣折騰了二十多年，直到帝國覆滅前一年多一點，才跟隨他們的徽宗皇帝，陸陸續續地離開了各自的領導崗位。這種情形，在中國歷史上應屬絕無僅有。而且，此時的舉國文武，幾乎全部是這幫傢伙培養起來的。他們的離去，絲毫不能意味著國家與朝政的真實轉變。何況，即便發生這種轉變，也還需要相應的時間與條件。

從種種歷史資料判斷，《水滸傳》中的描寫，包括花石綱、生辰綱之類，並不是小說家的虛構。西元一一二七年之前的帝國實況，可能比小說中描寫的，還要黑暗得多。

在軍事部門，情況似乎更嚴重。

中國歷史上唯一一位被封為王的宦官，就是我們耳熟能詳的那位童貫。就像我們所看到的，此人執掌軍政大權二十年，最後，成為相當於今天僅次於國家元首的、主管全國軍事工作的一把手。人們傾向於把他看成是帝國覆滅的罪魁禍首。從我們在上面所看到的各種情形判斷，這種看法不能說完全沒有道理。

而靠踢得一腳好球當上太尉的，則是我們更加熟悉的高俅。高太尉執掌的工作，大約相當於今天的國防部長，時間同樣將近二十年。

有資料顯示，童貫家中的廚師和馬夫被提拔到相當於縣團級領導崗位的人數不少，而由他的門房、僕役、小廝、賤役、跟班、帳房、管家之類，一躍而為相當於今天地專廳局級幹部的人數，據說在全國各地可以達到數百人。時人記載中使用的說法是：公開向他行賄而直上青雲者比比皆是。（《東都事略》卷一二一《童貫傳》）資料顯示，他每次出師的時候，都是直接將朝廷劃撥的經費送回到自己的家裏，然後責令各地方州縣補齊。於是，到後來，他的富貴達到了驚人的程度。有一次，一個工頭奉詔為童貫建造府第。建成後，工頭請童貫驗收。童貫很客氣，請他吃早點。先由軍卒捧上類似寶蓋瓔珞的東西，仔細看去，乃皆為珍珠。早點共上酒飯三道，每次均更換所有用具，第一次為銀質，第二次為金質，第三次則為玉質，製作全部巧奪天工。吃完飯告辭出來時，等在門口的僕人告訴他，主人吩咐，所有用過的金、銀、玉器皿、珍珠和兩位侍候的美姬均請笑納。於是，笑納後的此人立即富甲一方，聞名於他的老家湖南地區。宋人筆記中認為，童貫「私家所藏，多於府庫」，就是說，他家的財富比國庫還多。在他家裏，常年役使的軍士經常在千人以上，這些軍士所從事的日常工作五花八門，包括為童貫從打掃廁所到無償耕種莊園的土地。（《靖康要略》卷三）

高俅的路數也差相彷彿。他本來是蘇東坡的小廝，後來被東坡轉送給了大畫家、駙馬王晉卿。徽宗皇帝沒登基之前與晉卿的關係很好。有一次，徽宗外出時，需要修飾鬢髮，卻發現沒帶篦刀，借了晉卿的用，覺得式樣和做工都挺不錯。晉卿告訴他，自己還有一把新的，可以相贈。於是，派高俅去送。這高俅眉清目秀乖巧伶俐，其嫵媚俊俏大約不亞於今日電視螢幕上經常可以看到的那些男身女態的美貌小生，這使天才畫家徽宗皇帝相當喜愛。當時，

《蹴鞠圖》。蹴鞠——這種踢球的遊戲一旦被天子喜歡上了，踢球高手便可以跟著得道升天。

徽宗正在園子裏蹴鞠，就是一種類似踢毽子般踢球的腳技。高俅站在一旁專注地觀看。徽宗見他看得用心，就問他：「你也會這玩意嗎？」誰知，這廝不僅會，而且精於此道。於是，著意露了幾手。徽宗一見，更是大為中意，派人告訴晉卿：「多謝刀，連送刀的人我一起留下了。」從此，這廝一步登天。

徽宗登基後，幾年之間，高俅便官至節度使，這已經是大軍區司令兼大行政區長官一級的地位與待遇了。隨後，官拜太尉，最後，「開府儀同三司」，身分尊貴得與宰相平起平坐。這使邊上一起玩過的人們不可能不妒忌得要死。對此，我們的徽宗皇帝是這樣答覆的：「你們誰長了他那麼靈巧的一雙腳？」

此後，高太尉在長達二十年時間裏，「遍歷三衙者」，主管全國軍隊的管理工作。

大宋帝國在軍事上實行的是典型的軍事三權分立制度，樞密院是全國最高軍事領導機關，有調兵之權，但沒有管兵之權；管兵之權則歸三衙所有；而統兵之權則由皇帝臨時任命將官執掌，實際上是掌握在皇帝手中。在管理全國軍隊的歲月裏，高俅用實際行動證明，自己絕不僅僅是只長了一雙靈巧的好腳，他還有一個智商絕對高出常人的頭腦。這個頭腦中，經常孕育出不同凡響的聰明才智。比如，他對帝國軍隊的管理大體如下：

招募士兵時，特別注重選拔那些具有一技之長或者絕活兒的工匠；

允許軍中士兵免予訓練，前提條件是願意出錢貼補這些軍中工匠；

進一步放開手腳，允許軍隊官兵經營其他行業，專職兼職均可；

最後，實在沒有本事的，扛大包賣力氣維持生活也行。

核心管理理念是：總而言之，統而言之，不管怎樣，反正不要因為不能按時、足額發放軍餉而影響了大家的生計。

於是，在帝國軍隊中，形成了一條奇妙而完整的生態價值鏈，價值鏈終端和核心，則是雍容而智慧的高太尉。用通俗的語言表達就是，帝國百萬大軍，從中央禁軍到地方部隊，再到預備役和民兵組織，實際上成了由國家發放薪水的高氏大作坊中的打工仔。

既然如此，高太尉以軍隊所有的土地、勞力、工匠為自己修建宅第苑圃，他的兒子和部下愣把林冲逼上梁山，也就肯定不值得大驚小怪了。（《揮麈後錄》卷七《高俅本東坡小吏》）

知道了這些，我們自然可以明白，何以宋朝軍隊在遼、金軍隊面前，動不動就全軍覆沒了。

在童、高二位首長的長期領導下，帝國軍隊中想靠本事晉升的軍官，被認為是迂腐和可笑的。據說，每一個軍官職位都有相應的價格，只有戰功和資歷遠遠不夠，還必須能夠拿出

錢來，才能得到這些職位。得到這些職位的軍官，通常利用下列三種方式收回自己的投資並獲取利潤：其一是吃空餉，按一萬人報名請餉，按兩千人實際發放；其二是喝兵血，該發給士兵的錢糧不足額發放，想出各種名目克扣之；其三是無償使用士兵的勞役。再加上下級軍官為了晉升所做的逐級貢獻。這些，已經成為不成文的制度，為大家所默契。

上述種種情形，遍布全國所有軍隊的各個等級。就連種師道領導的部隊也不例外。這位種師道在《水滸傳》中曾經多次被提到，時人稱呼他為「老種經略」或「老種」，大概是當時公認最有威望的將軍。就這樣，到西元一一二七年前後，宋代的官方史書上，已經有大量關於士兵逃亡，部隊在大街上到處拉夫抓壯丁的記載，酷似我們在電影《抓壯丁》中看到的場景。當時，帝國軍隊已經到了這種地步：為了防止兵士逃亡，不得不像在戰馬屁股上烙字一樣，在所有士兵的右臂上或烙或刺而留下永久記號。這很容易使我們聯想到那些被刺配流放的罪犯額角臉頰上的黑字。

查閱當時的記載，我們發現，在以往相當長歲月裏，這支軍隊面對遼國時，很少有光榮的紀錄——

在宋、遼、金三邊軍事關係中，遼軍在與金軍交鋒時，金軍如狼似虎，遼軍經常一敗塗地；而一旦宋軍與遼軍開打，則遼軍立刻變得如狼似虎，宋軍很少有不被打得一塌糊塗的時候；只有在鎮壓國內百姓時，帝國武士們才變得如狼似虎，顯得特別能幹，特別英勇，特別能戰鬥，所到之處，常常能夠留下一路哭聲地滿載而歸。比如，史書記載，就在這一時期，童貫領兵平方臘時，「東南之民死於天兵者，十之五六」。這種情形很悲慘，卻是宋軍當時的實際情況。（《東都事略》卷一二一《童貫傳》）到一一二六年種師道病死後，宋朝就連威望稍微高一些的將軍都已經找不出來了。

因此，西元一一二五年年底到一一二六年年初，宋欽宗登基之後，曾經派遣中央禁軍，也就是直屬中央的精銳正規軍兩萬人，前去保衛黃河渡口。結果，歡送保家衛國健兒出征的首都市民們開心地看到，這些好不容易爬到馬背上的健兒們，雙手緊抱著馬鞍子或者馬脖子，不敢鬆手。（柏楊《中國人史綱》第六三一頁）當時，人們很有可能在快樂地拿這件事情當做笑話傳講，大概類似今天人們快樂地閱讀手機短信和段子一樣。很少有人意識到其背後隱含著的兇險資訊：自己的身家性命原來是由這樣一些人在掌控和保衛！

果然，史料記載說，金國騎兵的旌旗剛剛露頭，數萬黃河守軍便一哄而散。金國人是用臨時找到的小船，一船一船平平安安地把自己的兵馬送過天險黃河的。在敵人的國土上，他們不受打擾地花了五天時間，從容不迫地完成了運送騎兵的工作，然後，不慌不忙地開始運送步兵。面對此情此

中原地區無此強悍之風。

景，金國軍隊的統帥們全都大惑不解，他們怎麼也想不明白大宋帝國君臣們到底想幹什麼。按照一位金國將領的說法，只要有一兩千兵馬守在這兒，想過河都會變得極其困難。（《三朝北盟會編》卷六十七，靖康元年十一月；《資治通鑑長編紀事本末》卷一四四《金寇》；《宋史紀事本末》卷五十六《金人入寇》）

西元一一二六年下半年，金軍第二次大舉進攻時，歷史資料顯示，大宋帝國曾經派出將近三十萬正規國防軍，前往阻擊攔截。結果，無一建樹。最典型的一次戰例仍然發生在黃河渡口。當時，共有十三萬帝國軍隊守護在黃河岸邊，與金國軍隊隔水相持。當天夜裏，金軍並未進攻，只是猛擂戰鼓，通宵達旦。結果，第二天早晨，宋軍主將發現自己手下的士兵已經全部逃亡，眼前只剩下一座空蕩蕩的軍營。（《三朝北盟會編》卷六十七，靖康元年十一月；《資治通鑑長編紀事本末》卷一四四《金寇》；《宋史紀事本末》卷五十六《金人入寇》）

如果有人要求時年二十一歲的趙構，帶領這樣一支軍隊，去戰勝剛剛滅掉遼國的金國騎兵，這種要求本身就是腦子進水的表現，相當弱智。一個乳臭未乾的毛頭小子，僅僅因為是皇帝的兒子，就掛上了兵馬大元帥的頭銜，其象徵意義遠遠大於現實意義。就是皇帝，不是也都成了俘虜嗎？而且，我們知道，按照中國人的計算方法，趙構的二十一歲年齡，指的是虛歲，當時，他的實足年齡可能還不滿二十歲。

事實上，就當時的情形而言，宋徽宗君臣一口氣行了二十多年惡政，積累起來的那些當

量巨大的破壞性能量還遠沒有釋放完畢，其惡果才剛剛開始顯示。另一方面，金國崛起，在它嶄新肌體中，蘊藏著同樣當量巨大的進攻性能量也同樣沒有釋放完畢。因此，宋高宗趙構的噩夢也就遠遠沒到結束的時候，離「谷底反彈」著實還有一段很遠的距離。要和金兵抗衡，二十一歲的他還實在太年輕。他需要在未來的歲月裏培養自己的才能、經驗、閱歷和威望，他需要不少的時間來積累力量。

總之，像美國人喜歡說的那樣：Long way to go——他有很長的路要走！

金國鐵騎來去如風，狂飆般所到之處一片血雨腥風。這還不算，趙構面臨的內憂也挺嚇人。建炎二年，剛剛當了一年皇帝的趙構，東躲西藏地逃到了揚州，一口氣還沒有喘勻，就在金兵的追擊下，潰逃到杭州。隨後，建炎三年年初，他當時的一支主力部隊——護衛親軍統制苗傅和劉正彥等人——按理說應該是他比較信任的部隊和將領——就發動兵變，逼迫這位當了一年半皇帝的趙構退位。實際情況是，很有可能，他還根本沒有時間、沒有機會建立自己真正能夠信任的部隊。

這次兵變給趙構的打擊極大，以至於韓世忠等人平息了叛亂後，這

位已經二十三歲的青年皇帝當眾拉著韓世忠的手大哭不已。他泣不成聲地問韓世忠：「中軍吳湛最壞，現在還留在我的肘腋之間，你能幫我先除掉他嗎？」韓世忠二話不說，立即去見吳湛，這位中軍吳湛大約相當於皇家部隊的一個分部司令。韓世忠見到他後，握手致意間，突然發力，當場將吳湛的手骨頭捏斷，隨後將其斬首。（《三朝北盟會編》卷一二五—一二八，第九一三—九三二頁；《宋史》卷三六四《韓世忠傳》）就此，韓世忠深得趙構信任，並在未來的歲月裏，逐步錘鍊出一支令金兵聞風喪膽的韓家軍。

當年六月，金國鐵騎再次南侵，直下江南。宋軍的長江防線全線崩潰。趙構及其朝廷被敵人追得一路奔逃，從杭州逃到越州，就是今天的紹興，再逃到明州，即今天的寧波，再跳上海船逃到定海，就是今天的浙江鎮海，從鎮海逃到昌國縣，即舟山群島，從舟山群島又逃到台州的章安鎮，即今天的浙江臨海，最後逃到溫州，並準備南逃福州。

這次逃難充滿艱險。在明州，也就是今天的寧波，準備下海船之前，又一次發生兵變。起因是皇帝的衛隊親兵因為無法把自己的親屬全部帶上船，而喧鬧不止。宋高宗此次行事很果斷。他親自布置，指揮部隊將這些衛士們解除武裝，並披帶鎧甲，彎弓搭箭，將兩個爬到房上的衛兵射落下來。結果眾衛士「駭懼，悉就擒」。這種情形再一次表明，這位青年皇帝身邊，連一支忠心耿耿的衛隊都還沒有建立起來。（李心傳《建炎以來系年要錄》卷三十，建炎三年）

當建炎四年新年來臨的時候，趙構君臣是飄蕩在大海的波濤上度過的除夕與初一。正月初二，他們才靠岸停泊下來。

這一次，趙構在茫茫大海上東躲西藏了四個多月。個中滋味，大約苦不堪言。最慘的一次，眾多臣僚將士只找到五塊炊餅可以充饑，趙構一個人就狼吞虎嚥地吃掉了三塊半，還意猶未盡。這一年的正月十五元宵節，趙構君臣苦中作樂，過得相當別緻，起因於他們收購了兩船的橘子。史料記載說，當時，君臣將士「常鬱鬱不樂」，十分鬱悶煩躁。突然，發現兩艘海船鼓著風帆，乘風破浪，直衝皇家逃難船隊行來。大家嚇壞了，很緊張。因為當時的確切消息是，金兵打到寧波，已經組織船隊下海追來。經攔截盤問，知道是販運橘子的商船，裝了滿滿兩船橘子。於是，趙構下令全數收買，分給皇家衛隊將士們吃。正月十五這天入夜，趙構讓大家把油灌進橘子皮裏，點燈放到海上。當夜，「風息浪靜，水波不興，有數萬點火珠，熒熒出沒滄溟間」，景致很有看頭。當地民眾奔相走告，大開眼界。至今，民間傳說中仍然津津樂道。可惜，逃難之中，這種快樂不會很多。到後來，連宰相這個級別的官員都穿起了草鞋，君臣境況之狼狽不難想見。（李心傳《建炎以來系年要錄》卷三十，建炎三年，參看此後之若干章節）

從常理推斷，沒有人會喜歡這種境況。任何人但凡有一點能力，恐怕都不會願意如此狼狽，何況是在臣民面前至高無上的皇帝。因此，把我們皇帝遭遇到的一切，理解成是實力對

抗與對比的結果，可能是比較貼近實際情況的。當時，民間產生康王趙構「泥馬渡江」的神話，顯然帶有相當深切的同情、理解與祝願的成分在。實際情況很有可能是當時他連像樣一點的馬匹都沒有。這裏面包含的天命因素，恰恰是中國人表達自己愛憎的慣用手法。比如，面對為非作歹的大壞蛋，在現實中無法懲治他時，中國人就會加上天命的成分，在想像中認為這個壞蛋將會或者已經受到了神靈的懲罰。多虧有這樣的聯想或想像機制，不然，漫長的二千多年裏，在如此悠久的帝制傳統下，面對歷朝歷代數不勝數又讓人基本無可奈何的壞蛋們，中國人的心理平衡如何保持，實在是一件無法想像的事情。有一些現代歷史學家認為，這一切是趙構畏敵如虎、苟且偷安、執行投降主義路線的結果。這種說法氣壯如牛，永遠都不會錯，卻也讓人無話可說。

從二十一歲到二十四歲，趙構就是這樣度過了他登基後頭幾年的歲月。這樣的經歷，想必給他留下了無法磨滅的印記，從而影響到他的一生。應該說，任何人有了如此經歷，恐怕都很難不受影響。

西元一一三〇年，即南宋建炎四年春天，橫掃大江南北的金兵終於決定從江南撤兵。有人認為，這是因為金兵耐不住江南漸次來臨的潮濕悶熱氣候；同時，在軍事上，蛛網般密布的河湖港汊水田叢林，也不利於騎兵的大兵團奔騰馳騁、展開攻守。

這種看法可能是一部分實情，但是，忽略了一個更深層次的事實。

五百年後征服全中國的滿洲騎兵，就是這些金兵的正宗後代，來自一模一樣的自然環境。滿清的輝煌成功表明，自然條件並沒有成為他們勇猛善戰、文治武功的障礙。使他們奪取勝利的一個重要的，甚至是基本的條件是，他們遠遠比自己五百年前的祖先更加成熟，更加富有政治智慧，他們的雄心與目光更加遠大，同時也具備了像皇太極、多爾袞這樣雄才大略、文武雙全的領袖人物。

而此時，西元一一三〇年，即南宋建炎四年春天，趙構們所面對的金兵，從最高統帥，到一刀一槍拼殺的士兵，他們眼中所見、心中所想、念念不忘的只有金銀財寶子女玉帛。這些驍勇剽悍的北方騎士，最快樂的事情莫過於用自己勇猛絕倫的武力，去攻佔、征服、燒殺搶掠和不由分說的敲詐勒索。然後，把搶來的女人、財寶、奴隸源源不斷地運送回寒冷的老家。在潰不成軍、望風而逃的大宋君臣、軍隊面前，他們似乎從來沒有認真想過自己也可以做這萬里錦繡江山的主人。因此，在以往勝利的鼓舞下，他們的表現相當輕率而野蠻，總是來去如風，除了燒殺搶掠敲詐勒索，從來看不到他們有過像皇太極、多爾袞那樣目光深邃、胸懷遠大的從容展布。

好像是宿命一樣，女真人似乎注定要統治中國，只是這項工作要在五百年後，由他們的

子孫來完成。

毫無疑問，金兵北撤使趙構獲得了極其寶貴的喘息時機。與五百年後的情形比較，北宋和明朝的崩潰同樣根源於帝國內部的朽爛，他們面對的也同樣是女真人的鐵騎。不同的是，南宋高宗趙構君臣顯然比南明弘光皇帝朱由崧及其馬士英、阮大鋮們要高明得太多了。這使風雨飄搖、艱難困苦中的南宋帝國終於站穩腳跟，並堅持了一百五十多年，成為當時中國漢族人最後的一點體面與希望。

從僅僅完成於北宋覆滅前幾年的《清明上河圖》中，我們知道了北宋首都汴京是如何令人悠然神往的。這座城市的繁華富裕，在當時即便不是世界第一，也肯定可以名列前茅。有資料顯示，此次金兵北撤後，這座有三四十萬戶、百萬人口的大都市，剩下的成年男子還不到一萬人。

南宋立足的江浙地區，號稱東南膏腴之地，「天下賦稅，盡出其半」，是當時世界上最為富庶的區域。經過宋徽宗二十多年花石綱的徵掠、席捲幾百萬人口的方臘起義和此次金兵的荼毒，這裏人口銳減，滿目荒涼，已經變成土匪、盜賊、武裝割據者、叛亂者和豺狼出沒的地方。

此次金兵南侵北撤，還有一個副產品，那就是一位名叫杜充的人公開投敵。此人手握重兵，身居宰相之位，是岳飛的老上級，也是南宋時期變節投敵者中名位最高的第一人。他的無能與投敵是宋軍長江防線全面崩潰的重要原因，並形成強大心理效應，影響相當一批軍政要人先後叛變，對抗金戰爭的民心士氣打擊相當大。其情形酷似八百年後日本人侵入中國時的情景。中國人習慣上稱呼這些人為「漢奸」，並歸因於他們個人品行上的缺陷。至今還沒有見到什麼人在文化與制度的層面上，探討何以中國歷史上每到關鍵時刻，就會經常大批量地產生此類人物。

杜充叛變，使趙構的自尊心備受傷害。據說，他聞訊後整天不吃不喝，祥林嫂似的見人就嘮嘮叨叨，說：「我對杜充這麼好，從普通官員一直提拔，直到拜他做宰相，他怎麼可以這樣做？」（《宋史》卷四七五《杜充傳》）

上述一切，資料來源於南宋時期的各種記載。假如這些記載與當時發生的實際情況誤差不太大的話，那麼，至少我們可以得出兩個應該不算特別冒昧的判斷。

其一，有一個極端的說法，認為趙構從當上皇帝那一天起就開始對金求和，是讓人無法理解的一大歷史謎團。上述資料至少可以讓我們知道了他這樣做的部分理由。用西方哲學家的術語表達，叫「環境的力量勝過父母的遺傳」；用中國的諺語描述，叫「人在屋簷下，不得不低頭」；用今天中國人喜歡說的話講，則叫「人在江湖，身不由己」。現代心理學研究則認為，如果條件允許不做，卻還甘願低三下四的天生賤骨頭不是很多。對古人，大約也可

以作如是觀。

其二，這一輪金兵南侵，事實上形成了物極必反的分水嶺，趙構與南宋政權在金兵的打擊下，終於跌入谷底。之後，開始了雖然並不強勁，但卻很有後勁的反彈，並從此由沒頭沒腦的全面潰敗進入戰略相持之中。

有證據顯示，經過金兵的打擊，北宋的正規軍大部分已經崩潰。翻開當時的歷史記載，幾乎每一天都可以看到大宋軍隊潰敗，全軍覆沒，城池陷落，文官武將們叛亂、投降、戰死、自殺、逃跑、下落不明的記載。南宋的軍隊建設差不多是從頭開始的。趙構利用金兵北撤的喘息間隙，指揮他的追隨者們，剿撫並用，迅速平息了散處各地的土匪、盜賊、割據者、叛亂者和與金國勢力相勾結的異己力量，使健康的規範化社會力量開始復甦並成長。韓世忠、張俊、劉光世、岳飛領導的軍事力量正是以此為契機發展壯大起來的，這幾人在未來的若干年裏，逐步成長為歷史上著名的「中興四將」。南宋政權相當艱難地一點點培養著與金國抗衡的政治、經濟、軍事實力。

由這些史實中可以看出，從北宋崩潰到南宋站穩腳跟，充滿驚濤駭浪。其艱難困苦的程度實不亞於創建一個新的朝代。趙構表現得並不昏庸，也不怯懦，顯示出了不錯的政治才能。歷史上欲求偏安而不可得的事例觸目皆是，或許這是趙構在南宋人的諸多記載中被稱為「中興之主」，受到相當推崇的原因所在。應該說，在這一點上，此人做得並不是特別糟不可

言，甚至可以說相當不錯。

問題在於下面這個更大的歷史疑團：當南宋帝國已經相對穩固之後，韓世忠、岳飛等中興四將在江淮荊襄一帶形成了比較堅強的防禦體系，南宋軍隊在對金作戰中也取得了一連串勝利，宋、金之間的實力消長與整體戰略態勢已經發生了有利於宋的逆轉。在這種情況下，為什麼趙構不肯乘勝追擊，北上收復失地，而是仍然一味主和，並殺死當時最傑出與忠心耿耿的軍事將領岳飛？

這才是宋高宗趙構令人困惑的最大歷史謎團。

我們找不到證據證明他為什麼這樣做，現有的資料相當混亂，雲遮霧罩，情緒化，各執一詞，還常常自相矛盾。這種情況很有可能恰到好處地再現了當時情形混亂的程度，提醒我們不要一相情願自說自話。因此，我們恐怕只能根據這些資料，盡量拼湊、還原當時的情景，到趙構的經歷、中國帝制文化、大宋帝國的帝國傳統和當時的各種社會關係中去尋找答案。

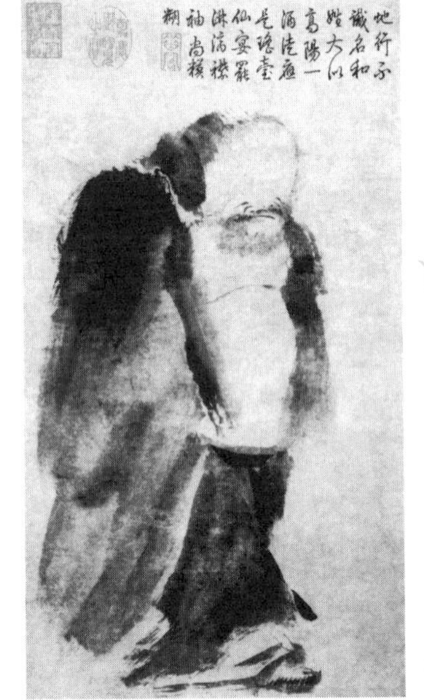
肯定不只一個人感到困惑。

在中國帝制文化中，皇帝具有半是人格半是神格的至高無上地位，其如影隨形的共生伴侶則是圍繞皇位的拼死廝殺。翻遍史書，我們找不到哪一個皇帝曾經擺脫過這個陰影。中國歷史上曾經有無數父子、夫妻、兄弟姐妹之間為此進行過骨肉相殘，從而造就了皇帝和皇家文化對皇位皇權可能受到侵犯的高度敏感，成為帝王們心頭永遠的「痛」——一種命中注定伴隨其終身，不論白天黑夜永遠無法消除的「痛」。

在以往的世代裏，中國皇親貴戚、帝王將相中發生了許多血腥故事，應用常識常情根本就無法理解，常常使人一頭霧水。而一旦放到這個背景之下，就立馬豁然開朗，洞若觀火。比較典型的例子，如漢武帝，他喜愛小兒子劉弗陵，將其立為太子。為了防止太子年輕的母親在自己死後出問題，於是，提前將這位備受自己寵愛的鉤弋夫人殺死。這種做法，在歷朝歷代堂皇文書中大受稱道，成為這位皇帝所謂雄才大略的一部分。

類似和比這糟得多的故事，史不絕書。中國帝制文化最深處，具有這種與生俱來的天性兇殘。其指向，對於皇親貴戚和臣僚百姓是一樣的。事實上，認真思索一下的話，我們民族集體性格中的某些部分的確相當令人不安。

因此，就像陽光下必然出現陰影一樣，我們的煌煌帝制則必然伴隨陰謀與血腥，成為令人毫無辦法的一個事物的兩個方面。為了消除陽光下的陰影，我們的祖先以令人驕傲的聰明才智付出了極大的努力。其中最有成效的，就是開始於周公之禮，並最終使中國社會演變成為徹底的宗法等級制社會的那一部分努力。

按照這套制度，天子正妻所生的長子，叫嫡長子。這位嫡長子不論長幼，不分愚賢，是天子的當然繼承人，其餘的孩子只能封為諸侯。在諸侯國內部，只有諸侯的嫡長子有資格成為下一代諸侯，其餘諸子只能被封為卿、大夫。以此類推，卿的嫡長子天然為卿，其餘諸子為大夫；大夫的嫡長子為下一代大夫，其餘諸子為士；士的嫡長子仍為士，其餘諸子則為庶人，也就是一般平民了。天子——帝王是最高一級的大宗，無條件受到天下的尊崇。

這套制度最關鍵的規定是，各級嫡長子均為本級的大宗，有資格祭祀宗廟，是帝統、正宗、正統、「尊之統也」。其餘諸子均為小宗，是旁支，沒有祭祀宗廟祖先的權力，必須無條件接受大宗的支配和約束。小宗可以絕，大宗不可以絕。遇到大宗絕後時，小宗必須過繼給大宗後，才能繼承正統。小宗本身沒有正統、正宗的繼承權。中國「嫡長子繼承」、「長兄為父」這套說法就是來源於此。

與此相配合，周公給各個不同等級的人們，在服飾、用具、居住、出行、飲宴、祭祀、婚喪嫁娶等各個方面制定了極為詳細煩瑣的

老大永遠是老大，是正宗，任何違犯都是大逆不道的。

禮儀規定。就是所謂周禮。

於是，宗法等級，禮儀制度，再加上後來君君臣臣父父子子三綱五常的儒家教義，從天子——皇帝，一直延伸到普通民眾的氏族、宗族、家族之中，形成了中國社會嚴密完整的社會控制系統，即宗法等級制度。

這套制度、觀念與相應的國家機器和分散的小自耕農經濟一道，形成了中國古代社會的超穩定結構，從而長期延續。為中國人的方方面面打下了至今清晰可見的印記。

按照正統的儒家意識形態，這些制度，是人人都要遵守的。違犯者，很容易被看成不忠不孝，犯上作亂。這種人常常被冠之以一個標準的稱呼，那就是——亂臣賊子。按照儒家的正統說法，亂臣賊子，人人得以誅之。意思是，人人都可以殺掉那些不守規矩的人。這種事例在中國古代文獻中相當常見，到南宋初年，也就是趙構的時代，已經控制中國人的思想觀念至少一千多年了。

作為宋徽宗的第九個兒子，趙構屬於小宗，本來沒有資格繼承帝統大宗。西元一一二五年，金兵第一次南侵，把國家禍害得一塌糊塗的宋徽宗，將皇位讓給了大兒子趙桓，就是宋欽宗。趙構的這位大哥實在倒楣，他本來是嫡長子，正兒八經的大宗帝統。卻在八方風雨之際，被自己的父親推出來頂雷。他誅竄令人厭惡的蔡京等所謂「六賊」，力圖振作。然而，終是回天乏力，一年多一點時間，就和父親一道成了金兵的俘虜。於是，唯一漏網的嫡系皇

九子趙構陽差陰錯地成了大宋皇帝。

看起來，趙構當皇帝是天命所歸，但是，他充當「告和使」時的詭秘行徑，的確讓人覺得不那麼光明正大，鬼鬼祟祟、假公謀私、別有用心的味道頗重。使人在金人的譏諷面前很難為他辯護。更重要的，則是大哥趙桓還活著。這位名正言順的皇帝一旦返回，趙構的皇位會立即受到威脅。在帝統大宗面前，他不可能不面臨尷尬。三百年後，在大明朝皇室裏發生的英宗復辟表明，帝統正宗在中國人心目中所具有的天然政治號召力相當可觀，帶有一種人心所向、眾望所歸的天生魔力。這種代表祖先與上天意志的魔力，具有讓任何反對者都低下頭閉上嘴的驚人功能。

我們推測，這可能是趙構最大的一塊心病。只有這個推測成立，才能解釋為什麼他能迎回自己的母親韋太后，而欽宗大哥卻要終於客死異鄉了。這裏，還存在另外一個可能，金國堅持不放回宋欽宗，是為了在必要時，扶植一個欽宗系統的傀儡政權，這將是大宋皇統的正宗嫡系。岳飛曾經因為這種擔心，而一再勸告趙構早立太子，從而直接導致了趙構對他的嫌惡。

從建炎年間到紹興五至六年間，大約十年左右的時間裏，趙構的工作中心顯然是在爭取生存權上。不被金兵強大的軍事壓力壓垮是壓倒一切的任務。在趙構及其臣僚們的努力下，這個任務完成得不錯。在此期間，南宋政權經歷了從全線潰敗到穩住陣腳，再從重點防禦，

轉向戰略相持的變化。到紹興十年前後，宋軍已經發展出了相當完善的、針對金國騎兵的步兵戰術，並有能力在正面戰場上給予金兵重創。岳飛甚至率領岳家軍一直殺到距離汴京只有二十多公里遠的朱仙鎮，令帶兵南侵的金軍統帥吃盡苦頭。

在這種背景之下，西元一一四〇年即紹興十年冬，趙構曾經放出大話說：「我如果親自率領一支部隊，賞罰嚴明，激勵將士，一定可以抓住金軍統帥兀朮。」「兀朮雖然強大，卻專門以殺伐殘忍為能事，不顧人心向背，我知道他不會有什麼作為了。」從現有資料中，我們知道，趙構曾經冠冕堂皇地說過很多言不由衷的漂亮話。上面這些話，很可能就屬於此類。（李心傳《建炎以來系年要錄》卷一三八，紹興十年）

事實上，趙構對金國軍事力量的畏懼相當深重。史書顯示，趙構的私生活頗為不幸，他身患陽痿，始終沒能治癒，並就此喪失了生育能力，只能過繼一個兒子做繼承人。而之所以如此，據說就是在被金兵追出揚州，「泥馬渡江」那一次驚嚇所至。這樣慘痛的經歷，如果在心理上沒有留下什麼影響倒是一件怪事了。

建炎四年，趙構在海上逃難回杭州後，仍然常年在候潮門外錢塘江上備有二百隻船，並在昌國縣即舟山群島備有船隻糧草，隨時準備應急，再次出逃。

紹興十二年，完成對金國屈辱的和議後，趙構曾經撫摩著頭髮，相當感慨地對秦檜說：「我今年才三十五歲，頭髮已經大半都白啦。都是操心操的呀。」（李心傳《建炎以來系年要錄》

卷一四二，紹興十一年）

西元一一六三年，即隆興元年，當了三十六年皇帝的趙構，主動退位，做起太上皇。到了此時，他還經常戒慎戒懼地告誡繼子宋孝宗，千萬不要輕易言戰。一旦開打，「對於金國只是勝負的問題，對於我們可就是生死存亡了」。

這番話，很有可能是他的真心話。他確實是被金國給打怕了。

我們知道，趙構身材魁偉，體魄雄健，天生神力。我們也知道，體魄與膽魄、膽識與權位的不相稱歷來不乏其人。這，常常令人扼腕歎息。

到此，假如我們願意轉換視角的話，還可以從趙構的角度繼續觀察一下當時的形勢。

從上面的敘述中，我們知道，南宋政權在很長一段時間裏，相當疲憊窘迫。其國土面積大約只有原來的一半多一點，人口則大幅度下降。京西路在北宋神宗年間有八十萬戶，到南宋嘉定年間，僅有六千多戶，不足原來的百分之一。而嘉定年間距離趙構的時代，已經休養生息了將近半個世紀。兩淮路和荊湖北路是宋金戰爭的主要戰場，淮南東路在神宗年間有六十多萬戶，嘉定時減為十二萬戶，減少百分之八十；淮南西路從七十三萬戶掉到二十一萬戶，減少百分之七十；荊湖北路從六十五萬戶掉到三十六萬戶，減少百分之四十五。半個世紀之後尚且如此，可以想見，南宋初期趙構時社會經濟破壞的慘烈景象。這也是南宋時期後

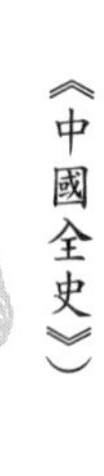

備兵員補充始終相當困難的原因。

北宋晚期，物價一般維持在米每石四五百錢的水準，大約相當於今天每斤大米一元錢人民幣。到南宋初年，米價最高時達到過每石三萬錢，大約相當於今天每斤大米六百元人民幣。紹興十年南宋政權相對穩定之後，米價仍然高達每石二千錢，相當於今天每斤大米四元多人民幣。根據並不精確的推算，當時一個普通五口之家的平均月收入大約相當於今天的五六百元人民幣，可能還不到。人民生活之困窘可以想見。

當時，南宋的國家常備正規軍大約保持在四十萬人。發生戰事時人數還要增加許多。國家財政收入平均在每年四千五百萬貫錢左右。供養這支軍隊的費用，和平時期大約在兩千四百萬貫，趙構一家皇室的開支大約在一千三百萬到一千四百萬貫左右，其他所有開支只有七八百萬貫。這使南宋政權的財政狀況始終處於巨大的壓力之下。最糟糕的是，從趙構開始，終南宋一百五十二年的統治，這個政權幾乎沒有為緩解這個壓力採取過什麼像樣的建設性措施。我們所能找到的紀錄，僅僅是不停地用通貨膨脹和增加苛捐雜稅的方式，將壓力轉嫁給民間。於是我們在史學家的研究中只能看到，南宋一朝苛捐雜稅的科目之多、賦稅水準之高，在中國歷史上是空前的，經常達到北宋時期的至少一倍左右。這是南宋時期民間動盪不安反抗較多的主要原因。（《中國宋遼金夏經濟史》兩宋部分，人民出版社，一九九四年版百卷本《中國全史》）

據說，當時曾經有人算過一筆賬，從成本核算的角度支持對金求和。他們認為，每年支付金國五十萬兩匹銀絹，遠遠比開戰後軍費開支的浩大成本與風險更划算。這種犬儒主義的算計很有可能恰好對了趙構的心思。

由此，可能會導出一個為趙構開脫的理由，儘管我們在感情上很不情願。那就是，作為一個並不糊塗的國家元首，他應該最了解此中情形。在南宋後來的一百多年裏，至少主動發起過兩次大規模的北伐戰爭，均以慘敗告終。由此，證明了一個老生常談：任何戰爭，都不僅僅是武力的對抗，而是交戰雙方綜合素質的較量。這可能是趙構不想也不敢對金開戰、只希望屈辱求和的重要原因。

在赤裸裸弱肉強食的時代，此類以小事大、以弱事強的事例並不罕見。形勢比人強。在強人面前，弱小者並不是任何時候想滅掉這個強人都能做到的。特別是當他已經被這個強人打怕了的時候更是如此。

從實力對比等等綜合因素中尋找戰與和的歷史動機，應該不比完全歸咎於個人品質更遠離可能的實際情況。

岳飞必须死

西元一一二七年，岳飛二十四歲，時任東京留守司七品統制。用現代語言描述，大約相當於帝國首都留守軍事管制委員會下屬部隊的團職軍官。十五年後，西元一一四二年初，岳飛被殺死在帝國臨時首都臨安，就是今天的杭州，時年三十九歲。死前，他剛剛被解除帝國最大一支部隊的統帥職務不久，時任樞密副使。

說岳飛必須死，並不意味著趙構與秦檜合謀冤殺岳飛是可以原諒的。這是中國歷史上最令人寒心的一樁罪行。事實上，從世界範圍來看，任何一個民族的歷史上，只要曾經發生過一次這樣的罪惡，就值得這個民族永遠反省自己所擁有過的那份政治遺產。

岳飛可能是中國歷史上最傑出的軍事統帥。他的故事，成為後代中國許多民間傳奇中經久不衰的主題。唯一能夠與他相提並論的武士，大概只有一位三國時代的關羽。如果說在武藝高強、忠肝義膽上兩人不相上下的話，在文化素養上，岳飛可能就要高出一籌了。今天杭州西湖邊上的岳王廟裏，那一幅「還我河山」，據說就是出自岳飛的手筆。那四個字所表現出來的氣勢、功底和代表的意

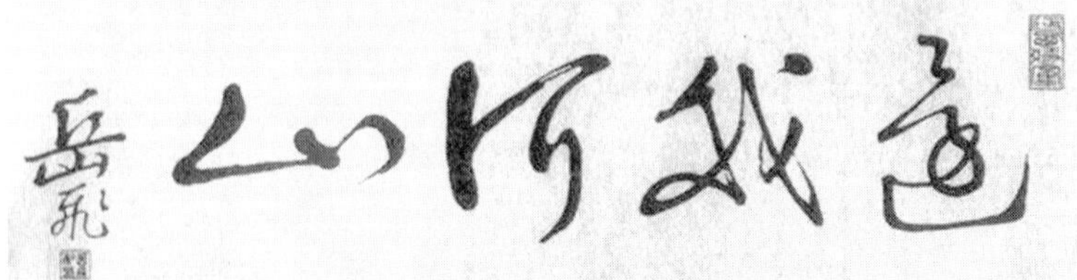

岳飛手跡「還我河山」，成為流傳千古的經典與絕跡。

思，讓人覺得只有岳飛才配得上寫它。而那首壯懷激烈的《滿江紅》詞，人們也普遍願意相信是岳飛所填。八百年後，在面臨國破家亡的歲月裏，許多中國青年就是吟唱著這首詞，走上抗擊倭寇的戰場的。直到今天，它仍然會在許多場合，讓那些具有正直信念的人們熱淚盈眶、熱血沸騰。

據說，有一本以岳飛的名義撰寫的軍事著作，名叫《武穆遺書》，是一本可以讓人攻無不克、戰無不勝的軍事聖經。在中國的傳奇文學中，為了得到這本書，江湖上的各種人物展開了令人眼花繚亂的爭鬥，掀起一陣陣血雨腥風。最後，終於由代表正義的一方得到了它，並通過學習它，將邪惡勢力一網打盡。

這是典型的中國式思維。這種美好的想像，常常會在現實面前被擊打得粉碎。

我們在中國人的日常生活中，特別容易看到一個景象，年長的人們，時常用他們閱盡滄桑所悟出的人生智慧與政治智慧，滿懷憂慮地告誡那些初出茅廬、血氣方剛的年輕一代。代表這些智慧的古老格言在中國特別多，雅緻一些的比如：木秀於林，風必摧之；行高於眾，眾必毀之等等。市井氣息濃厚一些的比如：人怕出名豬怕壯，出頭的椽子先爛之類。假如不怕武斷的話，大約沒有哪個中國人在自己成長的過程中沒有接受過這樣的勸告。

可以肯定，這種文化現象是中國人所獨有的。許多來自其他民族與文化背景的人們，完全無法理解中國人特別是漢族人的這種智慧。在他們看來，這種所謂人生智慧恰恰剛好是反

人生的。在這種智慧指導下的生活，不太可能是明朗的、健康的、有活力的；結出的果實，必定壓抑而鬱悶，陰冷柔滑，帶有濃厚的陰謀氣息。事實上，即便是在現代，中國人許多陰鬱的挫折感和煩悶不安，都與此干係甚深。奇怪的是，這個優秀的民族很少有人去探究，事情何以竟會如此？

與此相關，中國人以很高的頻率掛在嘴邊的一句話是「善有善報，惡有惡報」，然而，在長達四千年的漫長歲月裏，始終沒有能夠建立起一套實現它的機制。於是，這個民族中那些最優秀的人物，便常常面臨極端悲慘的命運。

岳飛和秦檜的命運，典型地表現了上述文化與社會機制，是如何實現善有惡報、惡有善報的。這可以幫助我們理解這種獨特的文化現象。

在南宋初年的「中興四將」裏，岳飛出身農家，年紀最輕，資歷最淺。他比張俊小十七歲，比劉光世和韓世忠小十四歲。一一二九年，就是建炎三年，平定護衛親軍叛亂時，韓世忠與張俊已經官拜節度使，岳飛則是正七品的東京留守司統制。而且，張俊還曾經是岳飛的老領導，多次重用、提拔、獎勵過岳飛。劉光世則是將門之後，其家世背景、資歷和經歷都是岳飛所不能比擬的。

到紹興六年，即西元一一三七年時，八年左右時間，岳飛已經官拜太尉，擔任宣撫使兼營田大使。太尉是宋代武將的最高頭銜，宣撫使則是僅次於宰相的執政級實職差事，一般情況下，要由現任執政官充當。至此，岳飛成為與韓世忠、張俊、劉光世並駕齊驅的高官。

而且，由於在一系列軍事行動中，岳飛藝高膽大敢打會拼，且治軍嚴謹、身先士卒，富有軍事洞察力，從而數次創下以少勝多、以弱勝強的輝煌戰例。因此，他的聲望後來居上，已經遠遠超過了其他幾位。

這一切，大約使上述幾位的心頭相當不舒服。

為此，岳飛曾經給他們寫了數十封信，殷勤致意，聯絡感情，均沒有得到回應。平定楊么之後，岳飛特別將繳獲的大型戰船配備好全套人員和裝備，贈送給韓世忠和張俊。韓世忠畢竟是一個坦蕩磊落的人，他相當高興，與岳飛盡釋前嫌。而張俊則認為岳飛是在向自己炫耀，反而更加嫌惡起來。

假如用現代人的語言形容，很有可能人們會說岳飛是個性情中人。若用民間的說法形容，大概會說他相當「一根筋兒」。

怒髮衝冠，憑欄處，瀟瀟雨歇。抬望眼，仰天長嘯，壯懷激烈。三十功名塵與土，八千里路雲和月。莫等閒，白了少年頭，空悲切。

靖康恥，猶未雪；臣子恨，何時滅！駕長車，踏破賀蘭山缺。壯志饑餐胡虜肉，笑談渴飲匈奴血。待從頭，收拾舊山河，朝天闕。

倘不是至情至性之人，斷然寫不出如此壯懷激烈之詞。而縱觀岳飛一生為人行事，又與這首詞驚人地吻合。因此，儘管學術界對這首詞是否為岳飛所作尚有爭議，學術界之外的人們卻大多不由分說地願意相信這首詞就是出自他的手筆。

西元一一二七年，也就是建炎元年，趙構稱帝不久，岳飛前去投效。當時，岳飛二十四歲，只是一個低級軍官，相當於如今的營連長之類。他滿懷熱情地給皇帝寫了一封信，指名道姓地建議這位時年二十一歲的皇帝，不要受黃潛善、汪伯彥之流的影響，要銳意恢復，不辜負中原人民的希望，等等。（轉引自《治亂警鑒》第三卷第四三七頁）這裏提到的兩個人，正是剛剛幫助趙構當上皇帝的兩位宰相。若干年後，在二十四史的《宋史》中，這兩位宰相都被列進了奸臣的行列。不過在當時，他們還算寬大，沒有滅掉岳飛，只是下令把這個年輕人遣送回老家。

岳飛很鬱悶。他轉了一圈，又去投奔河北招討使張所。這一次，張所相當欣賞他，讓他以中軍統領的名義，隸屬王彥領導，渡河抗金。（《宋史》卷三六五《岳飛傳》）

這位王彥很有可能是建炎初年最了不起的將領。此人素有名將之稱，並且也確有名將之實。他在金國騎兵所向無敵圍攻首都汴京之際，慨然棄家從戎，奔赴戰場。河北招討使張所「異其才」，就是驚異於他的才華，委任他為都統制，擔任當時的前敵總指揮。他出手不凡，率領岳飛等十一員將領和七千士兵，屢破大敵，威震當時。致使金兵把他們當成了宋軍主力

部隊，調動大軍前來對決。當時，金兵重金懸賞要王彥的腦袋，搞得他很難受，連晚上睡覺都要一夜換好幾個地方。他的部下們了解了這種情形後，相率在臉頰刺上了「赤心報國，誓殺金賊」八個大字，表示願意不留退路地追隨他，絕無異心。這就是當時極其有名的「八字軍」的來歷。沒有多久，中原地區各義軍首領紛紛歸附，一時間，八字軍達十餘萬人眾，綿延數百里，「皆受王彥約束」。為此，王彥成為金兵的心頭大患。金軍專門召開軍事會議，準備集大兵攻打王彥的營壘。結果，一位剽悍的金兵首領居然跪在地上哭泣著說：「王都統的營壘堅如鐵石，實在是不太好辦。」

遺憾的是，岳飛與這位王彥對不上眼，兩人發生衝突，而且一氣之下，岳飛拂袖而去。按照大宋軍法，凡部屬擅自離開主將，均以逃兵論處，罪當斬首。岳飛不可能不知道這條軍律。但是寧願頂著如此重大的罪名離去，很有可能是這兩個人同性相斥，實在是互不相容的結果。（《宋史》卷三六五《岳飛傳》）

他們都自視甚高，個性都很倔強，軍事才華不相上下，同樣是堅定的主戰抗金派，兩個人對當朝的兩位宰相黃潛善、汪伯彥同樣不以為然，同樣當面言辭激憤地忤逆過兩位宰相。王彥領導八字軍抗金，威震河朔，並屢屢冒犯當朝權貴，於是，很早就犯了忌諱，被剝奪兵權轉成文職官員，成為治理一方的地方大吏。當時的輿論相當為他不平和惋惜。但是王彥卻由於事親以孝，居官清廉兼才幹出眾而很快在文官的職位上也享有了很高的聲望。就這樣，他們本來應該是相當志同道合、惺惺相惜的同志和戰友，卻極其可惜地反目成仇。我們只能用一句俗不可耐的成語來形容，就是「一山難容二虎」。而且，二人之間的嫌惡如此之深，以至於七八年以後，岳飛成為一方大軍統帥，駐屯在襄陽，王彥也成為聲名卓著的文職大吏，被委派為知襄陽府、京西南路安撫使。這時，已經年屆知命的王彥，寧肯辭職，也不願和岳飛同處一地共事。這真的令人十分惋惜。（《宋史》《王彥傳》）

就這樣，岳飛離開王彥的八字軍，輾轉來到京城汴京。結果，在汴京街頭，真的被人認出，當做逃兵給抓了起來。就在即將被砍頭的危急時刻，岳飛碰上了當時京城的最高負責人——開封尹兼東京留守宗澤，這個職位大致相當於首都的市長兼軍管會主任。這位令人尊敬的老人一眼看出這個小伙子不是凡俗之輩，喝令刀下留人。交談之下，宗澤認定這是個有出息的年輕人，將他收留在自己帳下。當時，正值金兵來犯。宗澤令岳飛率五百名士兵出戰。岳飛勇猛善戰，以少勝多，大捷而返。從此深得老人的喜愛，被破格提拔為正七品的東京留守司統制，大約相當於現在的團級幹部。岳飛一戰成名，就此進入人們的視野。（《宋史》卷三六五《岳飛傳》）

宗澤當時年屆七十，威望極高，連金兵都很敬畏，每每提到他時，必定稱呼他為「宗爺爺」。老人家愛人以德，正確地指出，岳飛雖然具備了不亞於任何古代良將的優秀資質，但自恃勇力武藝過人，太喜歡野戰，忽略行軍布陣，缺乏兵法造詣。因此，傾己所學，教授岳

飛陣圖兵法，為他成為一代名將打下基礎。（《宋史》卷三六五《岳飛傳》）

不久，宗澤老人在憂憤之中去世。臨死時連呼：「過河！過河！過河！」意思是，打過黃河，收復失地。可惜，這個願望歷南宋一百五十二年都沒能實現。

接手宗澤職位，成為岳飛頂頭上司的是杜充。此人特殊地殘暴，特別喜歡以微小的過失殺人立威。誰知，在趙構眼中，居然認為這一點表明此人果決有為，擁有大才。於是，連連委以重任。最後，拜他為宰相，將十餘萬大軍交給他，令其負責南宋長江防線中最緊要的建康一線的防守。建炎三年六月，金兵大舉，直下江南。在杜充的指揮下，宋軍長江防線全線崩潰。趙構君臣被追殺得在茫茫大海上奔逃飄蕩了四個多月，而杜充也成了南宋第一位叛國投敵的宰相。現在，這位宰相終於有機會用自己的無恥，來證實趙構皇帝嘴上無毛辦事不牢了。

直到這時，岳飛終於獲得了一個獨當一面、施展才華的機會。他收攏潰散的兵馬，帶領他們轉戰於宜興、常州一帶。黃天蕩一戰，是韓世忠創下的雖敗猶榮的輝煌戰例。倘若不是幾個小漢奸見利忘義，這一仗很有可能會使後來的歷史重新寫過。令人迴腸盪氣的巾幗英雄梁紅玉「擊鼓戰金山」的故事，講的就是這次戰役。岳飛配合韓世忠，設伏於牛頭山，也參與了這次大戰。是年，岳飛二十六歲。

建炎四年，即西元一一三〇年春天，金兵北撤。他們錯過了消滅南宋政權的最佳時機，從此再也沒能渡過長江。南宋帝國利用這寶貴的喘息機會，下力氣平息疆域內幾股叛亂、割據巨患，穩定政權，渡過了風雨飄搖生死存亡的關鍵時刻。在張俊的推薦、重用下，岳飛在一連串惡仗、硬仗中，以少勝多，連戰連捷，迅速脫穎而出，成為整個帝國最為耀眼的一顆將星。一一三三年秋天，皇帝趙構將他召到首都，親自書寫「精忠岳飛」四個大字，製成錦旗賞賜給他。同時，要在京城為他建造府第。岳飛辭謝說：「敵未滅，何以家為？」大敵未滅，要家幹什麼？這情形，很像漢代名將霍去病的故事——「匈奴未滅，何以家為」。為此，皇帝趙構相當喜悅，很親切地徵求岳飛的意見：「你覺得天下什麼時候可以太平？」岳飛回答道：「文臣不愛錢，武將不怕死，就可以天下太平。」據說，趙構很吃驚，沒有想到一介武夫能說出這麼有水準的話。不久，剛過而立之年的岳飛便被授清遠軍節度使，封武昌縣開國子，成為整個長江中游的最高軍事指揮官。（《宋史》卷三六五《岳飛傳》）

節度使，是北周到隋朝時期開始設置的官職，唐朝沿襲下來，是鎮守地方的最高官職，

常常總攬一個大地區內的軍政、民政與財政，轄二三州到十數州不等，所轄區域內的各州刺史均為其下屬。很像中國曾經有過的「東北局」、「華北局」、「華南局」等等大區建制。趙匡胤杯酒釋兵權之後，變成一種針對將相與皇室成員的榮譽和待遇，受封者並不赴任，或者赴任後沒有實權，其味道大概和今天的「享受大軍區司令級待遇」差相彷彿（可能並沒有這種說法，僅僅為了說明問題而已）。「武昌縣開國子」則是一個貴族稱號，子爵是五等貴族封號中的第四等，低於侯爵，一般用來封賞那些立有出色軍功的軍人和皇室成員。這個稱號表明，岳飛一家從此進入了帝國的貴族行列。事實上，到此時，已經開始有人稱呼岳飛為「岳侯」或「侯爺」了，這可能是當時一種略帶恭維性質的叫法，和今天我們稱呼副首長時常常略去那個「副」字的作用一樣。

西元一一三七年，即紹興七年，二月，岳飛奉命進京述職。在此之前，曾經發生了一件對趙構影響不小的事情。稍早一點，正月裏，皇帝兩年前派到金國去的一位使者返回，帶來了發自金國最高決策層的信件通知，趙構被掠到金國的父親宋徽宗，已經在兩年前即一一三五年去世；寧德皇后則是在九年前即一一二八年，就已經去世。得此凶訊，趙構「號慟擗踴」，捶胸頓足號啕痛哭，連續幾天不吃不喝，表現得相當悲痛。平心而論，金國的做法的確挺野蠻，即便是敵對雙方，也不必在親生父子的骨肉之情上如此不通人性。這常常可能激起人們的同仇敵愾。事實上，先皇帝慘死異鄉，怎麼說也是這個國家的奇恥大辱。

這件事情很有可能給趙構的刺激很深。於是，他召岳飛進京，除多次討論北伐中原恢復故土的各種可能外，還為岳飛加官晉爵，在職權上做出了一系列安排。

就在這一次，趙構對岳飛褒獎有加，授予了岳飛太尉的頭銜。太尉是個很古老的官銜，大約自秦漢時期開始設置，為全國的軍政首腦，與丞相、御史大夫並稱三公，地位尊崇，權力很大。漢武帝時改稱大司馬。東漢時與司徒、司空並稱三公。從此以後歷朝歷代大多都曾設置，但漸漸虛化，變成榮譽性的加官，沒有實際權力。從宋徽宗的時代起，太尉並不是實職官銜，卻是軍人官職級別中的最高一級，「同二府之列」，「崇以輔臣之禮」。就是說，官拜太尉，就已經可以享受與宰相同樣崇高的待遇了。同時，趙構將岳飛的實職晉升為宣撫使兼營田大使，成為僅次於宰相，與執政同級，與韓世忠、張俊平行的大將。這一年，岳飛還不滿三十五歲。

隨後，趙構前往建康府，命岳飛扈從。三月初到達丹陽縣，韓世忠率親兵朝見。四日，趙構在鎮江府單獨召見岳飛。九日到達建康府後，趙構又一次單獨召見岳飛，而且是在皇帝的「寢閣」即臥室裏召見的。皇帝對岳飛說：「光復國土，中興大宋這項事業，我就託付給你了。從今以後，除了韓世忠、張俊之外，其餘的軍隊都交給你節制。」（《鄂國金佗續編》卷二十七）古代漢語中，「節制」一詞帶有約束、指揮、管轄的意義，相當於今天歸岳飛領導的意思。這相當不尋常，其意味深長之處在於，這個做法與宋朝的帝國傳統相去甚遠。與皇

帝素無淵源的岳飛，得到了皇帝的高度信任。大宋開國一百七十多年，對軍人深切忌諱與防範，還沒有哪一個將領得到過這樣的信任與權力。這道命令一下，岳飛就將是全國大部分軍隊的實際統帥。以岳飛所表現出來的軍事才能，統領這樣一支稱得上強大的軍隊，大舉北伐，其成功的可能性並非沒有。如果真的能夠這樣，很可能將深刻地改寫中國歷史。趙構也將以雄才大略的一代偉大君主的形象，出現在史冊之中。可惜，「假設」對歷史毫無意義。事情畢竟發生了變化，而且變化得一塌糊塗。

從唐朝中期的「安史之亂」開始，各地的節度使們逐漸演變成軍閥藩鎮，成了一群不受節制的驕兵悍將，叛亂、割據、混戰層出不窮，導致大唐帝國的衰微與滅亡。其後的五代十國，是典型的有奶便是娘、有槍就是草頭王的時代。弱肉強食是為時代規則。在這個規則之下，兵連禍結，上演了不少「兵驕則逐帥，帥強則叛上」的悲喜劇，成為一個個短命帝國。宋太祖趙匡胤以此黃袍加身奪得帝位之後，為了避免重蹈覆轍，立即執行了罷功臣，釋兵權，制將帥，立兵制等一整套政策，從而形成有宋一朝根深蒂固的帝國傳統。

杯酒釋兵權的故事，如今已經演變成為中國人政治智慧的一部分。解除節度使的行政權、財權與兵權，使之成為一種崇高的榮譽和待遇，是趙匡胤一項意義深遠的設計。為了從體制上限制軍人武夫有可能造成的危害，使兵權完全集中到皇帝手中，宋朝開國之初就確立了樞密院——三衙——皇帝的統兵體制。

樞密院與中書省「對持文武二柄」，就是說，樞密院是全國主管軍政事務的最高機關，中書省是主管全國行政事務的最高機關，並稱東西二府。樞密院的長官有樞密使、副使、簽書樞密院事和同簽書樞密院事。大約相當於今天的首長、副手、助理等等。有時以知樞密院事代替樞密使和副使。樞密院的職責是掌管軍國機務、兵防、邊備、戎馬之政令、出納密命，以及侍衛諸班直、內外禁兵的招募、閱視、遷補、屯戍、賞罰等等。尚書省設有一個兵部，在理論上講，兵部的權力很大，差不多相當於今天國防部的樣子，掌管兵衛、儀仗、鹵簿、武舉、民兵、廂軍、土軍、蕃軍、輿馬、器械等等。但實際上，宋代的兵部形同虛設，頂多是個文書轉移上通下達的文牘機關而已。大權掌握在樞密院。

三衙的全稱是殿前都指揮使司、侍衛親軍馬軍都指揮使司和侍衛親軍步軍都指揮使司。其職能是「掌殿前諸班直及步騎諸指揮之名籍，凡統制、訓練、番衛、戍守、遷補、賞罰，皆總其政令」。實際上，是負責管理全國軍隊。

而全國軍隊中各部隊的統兵首長，並不是由固定的將領擔任，而是由皇帝臨時委派，稱「率臣」。率臣無定制，品級高低不同，管轄地區大小不同，所轄兵力的多少也不同。通常情況下，是有事時委派率臣，事畢後率臣則要離開部隊，交出兵權。

對於完全不懂軍事的人，想必也能看出，這套縱橫交錯的指揮系統和統轄體制，事實上是把兵權一分為三：樞密院有調兵權，沒有管轄權；三衙有管轄權，沒有調兵權；最後，對

部隊有實際指揮權的統兵官由皇帝臨時任命。於是，實現了「發兵之權」、「握兵之重」與「統兵之威」的徹底分離。在這種體制之下，如果還有哪位將軍想要不聽招呼擁兵自重的話，他所需要克服的困難就實在是太多太多了。

與此相映成趣的，是大宋帝國執行得相當徹底的重文輕武、偃武修文基本國策。直到岳飛生活的時代，重文輕武早就已經成為帝國社會生活的一個風尚，從歐陽修、蘇東坡、辛棄疾、陸游、李清照這些名字裏，我們完全可以感受到這種時尚的魅力。可以說，宋朝經濟文化的輝煌燦爛，絲毫不遜色於漢唐明清任何一個偉大帝國，甚至可能還要更好。

仔細觀察趙匡胤開創的帝國傳統，真是一件饒有趣味的事情。這位純粹赳赳武夫出身的皇帝，為自己的整個朝代，建立起來一個偃武修文的堅定信念，那就是：必須徹底地防範、裁抑、限制軍人武夫們的權勢，否則，他們就會驕橫跋扈，尾大不掉，為害國家。為此，他的做法稱得上是不惜代價。比如，北宋一百七十年間，樞密院長官基本是由文臣擔任的。個別武將出掌樞密院，很快就會受到猜疑而去職。最有名的當數宋仁宗朝的一代名將狄青。此人出身行伍，擔任執政後，遭到文官普遍的、極力的反對，曾經為此掀起過一場真正的軒然大波。而其中反對最力者，就是今天中國人最崇拜、最敬重的包青天包拯。儘管這位狄青人品正直高尚，幾乎是一位無可挑剔的名將。但是不行！武將們耀武揚威為非作歹的時日太久了，給人們留下的惡劣印象太深了。他們必須受到裁抑。他們不但在皇帝面前要俯首貼耳，就是在文臣面前也必須保持恭敬。

宋朝的第三位皇帝宋真宗時，繼續貫徹以文制武的方針。「祖宗之法，不以武人為大帥，專制一道；必以文臣為經略，以總制之。武人為總管，領兵馬，號將官，受節制，出入戰守，唯聽指揮。」就是說，全國各部隊的第一把手都由文臣出任，武將的出入戰守必須在文臣的督率節制之下行事。這一制度立即成為帝國傳統與慣例。這就相當令人不安了。冷兵器時代的戰爭，畢竟是要伐謀伐智也要伐勇伐力的。不習戰陣的文臣甚至要來指揮一場戰役乃至戰鬥，這就未免有點過分了。

這還不算。大宋帝國的趙家天子沿著真理的道路繼續前進，使真理不止走過了一步，而且是變成了徹頭徹尾的謬誤。如宦官督責監軍與陣圖鉗制即是。

宋代宦官監軍的陋習，始於宋太宗趙光義。他任用的宦官王繼恩，在鎮壓王小波、李順起義時，胡作非為，陷害先鋒官馬知節的事蹟，已經成為歷史上相當醜陋的一樁公案。到童貫封王時，宦官監軍在中國歷史上終於登峰造極。如前面已經敘述的，我們這裏所講到的一切，幾乎都肇始於這位宦官。

陣圖鉗制則是一種相當令人無法理解的做法。其具體做法是，「圖陣形，規廟勝，盡授紀律，遙制便宜，主帥遵行，貴臣督視」。意思是，打仗時，由皇帝和幾位大臣，在皇宮中制定好作戰陣圖和戰略戰術，前線將領不許更改地遵照執行，宦官在旁監視。於是，領兵將領萬分痛苦，戰場形勢瞬息萬變，依從陣圖可能有違實際，不從則是違抗上命。即便是徹底的外行，也能看出此做法的愚蠢。這大約是我們翻遍宋代史書，在太祖趙匡胤之後，很少看到宋軍打什麼漂亮勝仗的重要原因。

宋太祖趙匡胤文韜武略，與秦始皇漢武帝唐太宗齊名，開創了大宋基業。他手下有一位很厲害的將領，名叫曹彬。此人在太祖手下，從來沒有打過敗仗，立下過許多極為顯赫的戰功，深受信任與器重。當代學者考證，認為這位曹彬是曹雪芹的嫡系先祖。到太宗趙光義時，應用這套戰法節制武將，結果，同樣還是這位曹彬，便被打得七葷八素，差點把命都丟在戰場上。

但是，不管怎樣，這套東西好壞雜糅，形成了我們大宋帝國深入人心堅不可摧的帝國傳統。其最大功效，在於從內部使皇家權威不受侵犯的安全係數最大化。對於帝國與皇家來說，這就足夠了。與此比較起來，其他的一切都算不了什麼。沒有人意識到，這樣一來，這個曾經強大的帝國就變得不再強大了，在外部的打擊面前，已經不堪一擊。

為了增強軍隊的戰鬥力，宋朝甚至規定，軍隊中的士兵，身高體重者比個矮體輕者吃的軍糧、拿的軍餉要多，意思是鼓勵身高力壯的人當兵，以提高士兵的戰鬥素質。（參看《中國宋遼金夏軍事史》兩宋部分，人民出版社一九九四年版百卷本《中國全史》）我們能夠想像，在上述帝國傳統之下，如果僅僅因為士兵身強力壯，軍隊就能夠不「積弱」，倒實在是不可思議了。

就這樣，到西元一一二七年，金國騎兵打擊宋朝軍隊時，確實可以使用「摧枯拉朽」這個詞來形容。事實上，這一時期前後，宋朝的正規軍已經土崩瓦解。中興四將所領導的四支大軍加上吳玠率領的川陝部隊，是在後來近十年的抗金戰爭中逐步發展起來的。這十年，整個是一個大動盪、大分化、大重組的十年。南宋政權在生死線上苦苦支撐，沒有必要沒有能力也沒有可能實行以文制武這一套。一切都為適應戰爭的需要而自然成長。於是，這五員大將對他們所領導的軍隊，也自然而然地具有了極大的權威。因此，民間自發地稱呼韓世忠部隊為「韓家軍」、張俊部隊為「張家軍」、劉光世部隊為「劉家軍」、岳飛部隊為「岳家軍」、吳玠部隊為「吳家軍」。

西元一一三五年，即紹興五年，幾經變化後，南宋軍隊形成了以這五支部隊為核心的行營護軍建制。

《中興四將圖》之一。人物由左至右分別韓世忠主僕和劉光世主僕。

韓世忠部為行營前護軍，兵力八萬人，以淮東楚州就是今天的江蘇淮安為大本營；

張俊部為行營中護軍，兵力八萬人，以建康即今日南京為大本營；

劉光世部為行營左護軍，兵力五萬二千人，先後以池州即今日安徽貴池和廬州即合肥為大本營；

岳飛部為行營後護軍，兵力十萬人，以鄂州即今日武昌為大本營；

吳玠部為行營右護軍，兵力七萬人，以興州即今日陝西略陽仙人關為大本營。（參看《中國宋遼金夏軍事史》兩宋部分，人民出版社一九九四年版百卷本《中國全史》）

如今，按照皇帝趙構的內定安排，岳飛接管劉光世的行營左護軍，同時節制吳玠的行營右護軍，讓他統帥全國五分之三左右的兵力，在淮西、川陝、荊襄三個主要正面戰場上，對金兵形成全面反攻的戰略態勢。這無疑是一個相當具有戰略眼光和魄力的安排，其激動人心之處自不待

《中興四將圖》之二。自右首起分別為張俊主僕、岳飛主僕。

言。岳飛感奮不已。如果這一切順利實現，這位青年將軍與對他有知遇之恩的青年皇帝，君臣二人的人生事業將可能達到一個令人目眩的光輝頂峰。

於是，西元一一三七年，就是南宋紹興七年，三月十一日，即皇帝在寢閣親切召見的兩天之後，岳飛給皇帝上了一份奏疏。可以看出，岳飛寫這份奏疏時感情相當激盪，以至於八百年之後讀起來，仍然會令人感慨，歎息造化弄人之殘酷。

岳飛寫道：

「臣伏自國家變故以來，起於白屋，實懷捐軀報國、雪復讎恥之心。陛下錄臣微勞，擢自布衣，曾未十年，官至太尉，品秩比三公，恩數視二府，又增重使名，宣撫諸路。臣一介賤微，崇榮超躐，有逾涯分；今者又蒙益臣軍馬，使濟恢圖，萬一得便可入，則提兵直趨京、洛，據河陽、陝府、潼關，以號召五路叛將，則劉豫必捨汴都，而走河北，京畿、陝右可以盡復。至於京東諸郡，陛下付之韓世忠、張俊，亦可便下。」

從後來岳飛取得一連串大捷，一再重創金兵主力，一直所向披靡地打到距汴京只有四十五里路的朱仙鎮來看，岳飛的確不是在這兒說大話。

岳飛最後說：

「異時迎還太上皇帝、寧德皇后梓宮，奉邀天眷歸國，使宗廟再安，萬姓同歡，陛下高枕無北顧之憂，臣之志願畢矣。然後乞身還田裏，此臣夙昔所自許者。」

趙構讀了岳飛的奏疏後，當即批示道：

「有臣如此，顧復何憂。進止之機，朕不中制。惟敕諸將廣布寬恩，無或輕殺，拂朕至意。」意思是說，有這樣的臣子，我還有什麼可憂慮的？在收復故土的戰鬥中，我不會束縛你的手腳。只是你要告誡將軍們，不要濫殺無辜，這是我最不願意看到的。云云。（《鄂國金佗續編》卷一，第一一四三頁）

這裏表現出來的君臣風雲際會與默契，相當動人。

至此，岳飛迎來了自己生命中的黃金歲月。

揣度此時岳飛的心情，他的自我感覺肯定非常好。這很正常，沒有什麼不對。畢竟，這一切榮譽、地位、權力、威望，都是他在槍林箭雨中真刀真槍打出來的，他完全受之無愧。但是，另一方面，這一切，很有可能也造成了他對皇帝趙構的錯覺，使他把適用於普通人之間的那種「士為知己者死」的崇高感情與信條，應用到了皇帝身上，這就大錯特錯、錯盡錯絕了。

原因很簡單，在中國的帝制文化之下，任何將普通人的感情加諸皇帝的行為，都會被視為對皇家權威的冒犯，從而形成對於行為者本人的絕大殺傷力。不管這種感情多麼真摯、多麼可貴。從歷史記載上判斷，岳飛很有可能為了報答皇帝的知遇之恩，就是犯了這種錯誤，而且錯得至矣盡矣！

大約就在這段時間裏，有一天，岳飛與皇帝趙構談話。君臣二人十分投機。可能是談得興起，岳飛突然相當莽撞地提出，希望皇帝早日解決皇位繼承人的問題。此言一出，談話的氣氛立即急轉直下。儘管當時正值岳飛的聲望如日中天、最受信任最受寵愛之際，趙構仍然絲毫也不假以辭色地呵斥道：「你雖然出於忠心，但是，手握重兵在外，這種事情不是你所應當干預的。」岳飛的臉色當時就變了，十分尷尬。他退出去後，皇帝立刻接見了岳飛的參謀官薛弼，趙構對他講了這件事情，並關照這位參謀長說：「看樣子岳飛不太高興，你可以去開導開導他。」（李心傳《建炎以來系年要錄》卷一〇九）

幾年前，在金兵的追殺下，趙構由於驚怖導致陽痿，並喪失了生殖能力，如今正在想盡一切辦法醫治。他剛剛三十出頭，畢竟還存著很大的希望。前些時候，他又遭遇了一個更加慘痛的事件，唯一的兒子，因為宮女不小心踢翻一個銅鼎，而被驚嚇抽搐致死。這兩件最深的隱痛，如今被岳飛的一句話都給勾了起來，其心情之灰惡、惱怒可以想見。

問題的嚴重還不僅僅在於岳飛哪壺不開提哪壺。最要命的是，岳飛觸犯了皇家最大的忌諱：手握重兵的武將對皇位繼承感興趣。我們知道，皇權繼承問題，在歷朝歷代都是一個絕對核心的敏感問題，為此所導致的皇家骨肉相殘比比皆是，為此形成臣僚或飛黃騰達或家破人亡的故事也史不絕書。人們歷來特別容易把這個問題和那些手握重權、重兵的文臣武將們的政治野心聯繫起來。

誰知，後來，岳飛在一封密奏中，又一次談到這個問題，希望皇帝盡快確定過繼皇子的繼承名分。這就表明他並不是談得高興一時口滑所致。事實上，這件事情確實是岳飛的一塊心病。當時，金國人扣住宋徽宗、宋欽宗不放，有著相當重要的政治原因。趙構稱帝以後，金人就曾經考慮將宋徽宗放回去，用以削弱趙構的影響。後來一直存在著一種可能，就是金人以武力扶植一個宋欽宗嫡系的傀儡皇帝，這位傀儡皇帝具有趙宋帝國先天的大宗正統地位，將使南宋政權相當難堪、被動，甚至對其存在的合法性都可能形成挑戰。當時，部分地為了對抗這種可能，趙構從太祖趙匡胤一系挑選了兩位皇室子孫，過繼到自己名下，但還沒有確定究竟由哪一位繼承皇位。岳飛的提議，從抗金鬥爭的現實出發，顯然是好意。而且是那種忠心耿耿地把皇帝當成自己人、不見外的那種好意。但是，這種好意是否能被皇帝愉快地接受，卻大成疑問。德國哲學家費爾巴哈認為，住在茅棚裏的人和住在皇宮裏的人，想的不可能一樣。誠哉斯言。趙構對岳飛的呵斥明明白白地說明了這一點。

隨後，就發生了對岳飛命運產生重大影響的「淮西事變」。

劉光世是南宋初年「中興四將」之一。此人出身於名將之後，他的父親是戰死沙場的著名將領。到紹興年間，南宋政權穩定下來之後，這位將軍厭倦了刀頭舔血的戎馬生涯，陶醉於酒色之中，對於什麼光復國土抵禦外侮之類毫無興趣。於是，他統帥的五萬大軍便成了「軍律不整」的驕兵悍將。打起仗來不行，欺侮百姓、騷擾地方很凶。因此，朝野上下頗有

煩言。聽到風聲之後，正中這位仁兄下懷。他倒是不貪戀權位，馬上上書，稱自己身體不好，希望能安排一個閒職。趙構賞賜給他了一些珍寶古玩，劉光世大喜，津津有味地把玩到了後半夜四更時分，就是賞玩了一夜，天都快亮了。這種表現，令皇帝相當滿意。在中國，這種人政治上的安全係數一般都會很高，而且生活幸福。趙構的此次安排，主要就是讓岳飛接管他的部隊。

皇帝為了岳飛能夠順利接收劉光世的部隊，專門為岳飛寫了一道下達給劉光世及其主要將領的手詔。手詔中要求這些人，聽從岳飛的號令，就像皇帝親自在場下令一樣，如果有人膽敢違反，「邦有常憲」，就是依法嚴懲不貸的意思。（《鄂國金佗粹編》卷一，第十五頁）

誰知，皇帝的這個安排，遭到了時任宰相張浚和剛剛出任樞密使的秦檜的反對。而且，反對的理由極其強有力，那就是我們已經十分熟悉的大宋防範與裁抑武將的帝國傳統和祖宗家法。事實上，在過去的幾年裏，已經有不少文臣陸續談到了應該防止武將坐大的問題。但是，戰爭的需要，使南宋君臣很明白，他們不可能一邊限制和得罪這些將軍，告訴這些正在出生入死的人們，你們是靠不住的，是一些潛在的壞蛋，一邊還要求他們奮力保衛自己的家國。因此，儘管皇帝和他重要的文臣們為此相當焦慮，但是，他們不能也不敢在這麼敏感的問題上輕舉妄動。

如今，活著還是死去似乎已經不成問題了，那麼，君臣議論過不止一次的恢復以文制武政策，就理所當然地提上議事日程了。張浚與秦檜認為，委託岳飛統領大軍北伐，可能是在生身父親宋徽宗去世噩耗的刺激下，皇帝短暫地發生心智失常所致。因此，作為臣子有責任提醒皇帝，這是違背帝國傳統與祖宗家法的。於是，宰相張浚忠告皇帝，讓一員武將掌握過大的兵權，一旦此人功蓋天下，威震人主，便悔之莫及了。所謂末大必折，尾大不掉，此之謂也。

趙構聽了張浚和秦檜關於「以合兵為疑」的陳述後，深以為然，當即給岳飛另外寫了一份手詔，告訴他合軍一事，「頗有曲折」，委婉地取消了成命。然後，讓張浚想辦法處理善後。（《宋史》卷二十八《高宗紀》第五二九頁）

翻閱當時與後代的史書，對這位張浚的評價都不算低。在像我們這種普通中國人一般會肅然面對的「二十四史」《宋史》中，甚至將這位南宋初年的宰相，與諸葛亮作過一番比較，認為他對王事的忠誠，很像這位極受中國人敬愛的諸葛孔明。

史書記載，張浚出身儒臣，為人豪爽有大志。他是唐朝宰相張九齡的弟弟張九皋的嫡系後代。四歲失怙，但「行直視端」，從來不說假話，認識他的人都認為這孩子將來必成大器。南宋朝廷被迫遷到東南之後，上下一度混亂不堪，曾經發生過韓世忠的部下把一位諫臣逼到水裏淹死的惡性事件。張浚堅決要求將手握軍隊、立有擁立大功的韓世忠撤職查辦，結果真的把韓世忠觀察使的職務給罷免了。史書說，從此「上下始知有國法在」。建炎三年護衛親軍兵變時，正是這位張浚居中調度，使韓世忠、張俊協調起來，方才平息叛亂，由此大功，得到了趙構的信任與重用。趙構回憶說，兵變發生後，自己被隔絕在宮中。有一天正在吃粥羹，忽然聽說張浚就要被貶到湖南郴州去了，大吃一驚之下，把一碗粥都打翻在手上了。當時想，完了，張浚要是被貶走，還有誰能平息得了這場叛亂呢？據說，叛亂平息後，趙構曾經極為親熱地將張浚引入內殿，對他說，皇太后知道你忠義非常，想要見見你。隨後，解下自己佩帶的玉帶賜給張浚，並且當時就要拜張浚為宰相，張浚以自己是後生晚輩，資歷不夠而推辭了。（《宋史》卷三六一《張浚傳》）

張浚做的事情裏，可圈可點的確實不少。平息護衛親軍兵變時，他把韓世忠、張俊手下的軍官們召集起來，厲聲對他們說，叛賊懸重賞，要我這顆腦袋。你們要是覺得我該殺，就取了這顆頭去領賞，不然，就跟著我去殺賊。任何人膽敢退縮，我都將嚴懲不貸。結果，眾人感奮，都願服從他的領導，拼死殺賊。有一天深夜，一個不速之客突然出現在戒備森嚴的張浚面前，從懷裏掏出一張紙說：這是重金懸賞要您腦袋的文書。張浚說：既然如此，你幹嘛不拿了走呢？這個人回答說：我雖然是個粗人，卻也知道好壞，怎麼會為賊所用？我來只是想提醒您，我走後，恐怕還會有人來，而您的安全警衛是有漏洞的。說完，此人飛身上房，飄然而去。張浚也很絕，他馬上殺掉一個人，對外放風，將被殺者說成是捉到的刺客，用來嚇阻後來者。（《宋史》卷三六一《張浚傳》）

建炎年間，一個叫薛慶的江洋巨盜，在江淮地區嘯聚數萬之眾。當時，張浚擔任樞密使，害怕這股勢力蔓延開來不可收拾，於是，自己一個人逕直來到薛慶的巢穴，居然憑三寸不爛之舌和凜然正氣，使這位薛慶「感服下拜」，願意為朝廷效力，對抗金兵。此時，朝中盛傳張浚已經被盜賊扣押了。不久，張浚安然返回，令趙構驚歎不已。（《宋史》卷三六一《張浚傳》）

作為堅定的主戰派領袖，張浚在當時享有極其崇高的威望。紹興初年，由於在川陝地區主持工作時的一些做法引起非議，張浚曾經被罷免樞密使職務，貶到福州居住。到紹興四年時，金國元帥兀朮率領十萬大軍打到揚州，下戰書，約宋軍決戰。此時，趙構緊急將張浚召回，官復樞密使。結果，韓世忠接到兀朮的戰書後，派人去見兀朮應戰，並且告訴這位金兵統帥，張浚已經來到鎮江。兀朮不信，說：張樞密不是被貶到嶺南去了嗎？怎麼可能到了鎮江！韓世忠派去的人拿出張浚所下的文書給兀朮看。據說，兀朮的反應是「色變，夕遁」。就是說，這位金兵統帥當時臉色就變了，連夜撤兵走人。（《宋史》卷三六一《張浚傳》）

到紹興六年，張浚已經擔任右宰相、兼知樞密院事，都督各路軍馬。這一年，金國扶持下的傀儡偽齊軍南侵。當時，金兵不肯配合這次軍事行動，於是，偽齊軍號稱七十萬之眾，化裝成金兵大舉南下。南宋朝廷嚇壞了，紛紛準備退保長江。張浚堅決主張頂住了打。他說服趙構後，星夜急馳到采石，嚴令正在後撤的劉光世部：「若有一人渡江，則殺無赦。」意思可能是說，若有一個人撤退過了長江，就要砍下部隊最高長官的腦袋。所以，才有了一個記載，說是劉光世相當惶恐，對部下說：「弟兄們往前打，救救我的腦袋。」結果，在張浚的指揮下，偽齊軍被打得全線潰敗，宋軍大獲全勝。

至此，張浚「總攬中外之政，幾事叢委，以一身任之」。皇帝趙構事無巨細，必定徵求張浚的意見；凡是發給諸將的詔書，大都由張浚起草。他的人生事業達到頂峰。（《宋史》卷三六一《張浚傳》）

在這種情勢下，西元一一三七年，即紹興七年的晚春時節，張浚以帝國傳統和祖宗家法的名義，勸阻趙構不要讓一個武將兵權過大，無疑具有巨大的說服力量。

就張浚本人的動機而言，下列三種考慮應該是可能的：其一，他十分清楚本朝對武將尾大不掉的傳統恐懼，作為宰相，他有責任幫助皇帝避免此種局面的出現。其二，此時的張浚，自信或者自負，在內心深處，他很有可能覺得只有自己——張浚，才是統帥各路大軍北伐，實現中興大業的唯一人選。事實上，在偽齊軍發動進攻之前，張浚已經在皇帝的支持下，對北伐作出了相當全面的軍事規劃和布置，甚至各路大軍已經按照布置，進入了指定的位置。因此，這個統帥人選不應該是任何別人，包括岳飛。其三，南宋帝國政權設置中，有一個都督府。在理論上講，樞密院是全國最高軍事決策機關，都督府則是全國軍隊的最高管理協調機構。張浚兼任都督。我們知道，此時的各路大軍都是在戰爭中自己衝殺出來的，因

此，這個都督府的實權相當有限。顯然，張浚非常希望都督府有一支直屬部隊。按照趙構的安排，岳飛接管劉光世部隊，節制川陝部隊，就在相當程度上「宣撫諸路」，取代了都督的職權。這肯定是張浚所不願意的。這些，可能是張浚準備用都督府參軍呂祉取代岳飛，統領這支部隊的真實動機。

於是，張浚將岳飛召到都督府，在這兩位堅定的、實際上志同道合的主戰派戰友之間，發生了一次給歷史留下深刻遺憾的談話。

這時，如果張浚能以一種豪爽磊落的方式，坦誠地把事情攤開來談的話，結果可能會很不一樣。可惜，張浚這一次既不豪爽，也不磊落，他採取了一種最不高明、卻是直到今天心中有鬼有愧的人仍然慣常採用的做法——揣著明白裝糊塗，拿別人當傻瓜。結果，既侮辱了對方，也侮辱了自己，使事情出現了最糟的一種情形。

他裝作根本沒有發生過讓岳飛統領這支部隊的樣子，裝模作樣地徵求岳飛的意見：「淮西這支部隊很服氣王德，現在準備任命他擔任總管，酈瓊擔任副總管，再讓呂祉以都督府參謀的名義統領。太尉你以為如何？」

這其實等於是通知岳飛，事情變化了，以前的安排不算數。岳飛不可能愉快地接受這種變化和這種方式，但還是相當克制而客觀地回答說：「王德和酈瓊素來不相上下，而且互不服氣。這種安排必然導致二虎相爭。呂祉雖然是位通才，可是畢竟是位書生，不習軍旅，恐

怕難以服眾。」

張浚又問：「張俊怎麼樣？」

岳飛回答：「張宣撫是我的老領導，我本來不敢說三道四，但是為國家利益考慮，恐怕張宣撫性子太暴躁，缺少謀略，尤其是酈瓊會不服。」

張浚陰沉著臉，沉默片刻，又問：「楊沂中應該高出這二人了？」

岳飛搖頭道：「沂中雖勇，和王德差不多，怎麼駕馭得了這支部隊？一旦處置不當，變亂可能在彈指間就會發生。」

張浚終於忍不住了，說出了一句相當傷人的蠢話：「我就知道非太尉你來不可。」

岳飛也忍不住了，憤慨地說道：「都督您正兒八經地問我，我不敢不據實回答。難道我是為了圖謀這支部隊嗎？」（《鄂國金佗粹編》卷七，第四二七頁）

雙方把話說到這個份上，已經全然沒有了迴旋餘地。從這件事情中，我們唯一能夠得出的結論，只是一句不相干的廢話：但凡採用此種方式行事的人，十有八九或者大抵是由於心中不乾淨所致。

岳飛離開都督府，立即上了一道奏章請求辭職。然後未等批覆，就把軍中事務委託給助手張憲代管，自己逕直回到廬山，給母親掃墓守孝去了。

結果，不該生氣的人——宰相張浚和皇帝趙構絲毫沒有反省自己的意思，他們比該生氣

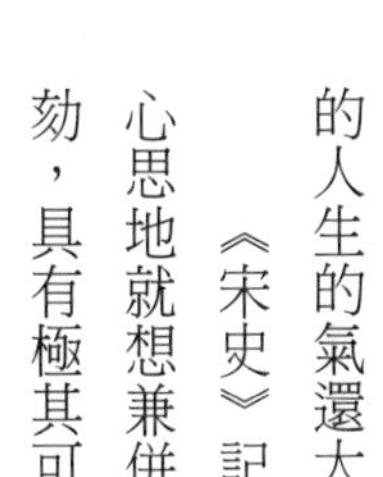

的人生的氣還大。

《宋史》記載，此後，張浚多次上奏皇帝，堅決彈劾岳飛，說：「岳飛處心積慮，一門心思地就想兼併別人的部隊。此次辭職，真實的意圖是要脅皇帝。」這種顯然不負責任的彈劾，具有極其可怕的殺傷力，岳飛立即陷入險惡的渦漩之中。（《宋史》卷二十八《高宗紀》第五三〇頁）

由此向前推十年，張浚曾經以同樣決絕的態度，堅定地彈劾過李剛。

事情發生在西元一一二七年，也就是北宋靖康二年與南宋建炎元年。在此一年多以前，即宣和七年年底到靖康元年年初，金兵第一次圍攻京城時，李剛臨危受命，組織了京都保衛戰，使汴京終於堅持到各路勤王兵馬趕到，沒有被金兵攻破。

在與金兵議和時，李剛慷慨請行，宋欽宗怕他過於強硬剛烈，改派了一位名叫李棁的大臣前往。史載，這位仁兄見到金兵統帥後，嚇得說不出話來，從營門開始，就只知道磕頭，跪在地上用膝蓋「膝行」進談判的帳房。金兵提出的退兵條件是：索要黃金五百萬兩，白銀五千萬兩，牛馬萬頭，表緞百萬匹，割讓真定、太原、河間給金國，並以親王和宰相為人質。這位大宋的談判代表全部諾諾。宋欽宗在二十萬勤王兵馬雲集京都城外，金兵一方只有六萬兵馬的情況下，同意了金兵的條件。於是，當時還是康王的趙構主動請命，前往金營充當人質。當天夜裏，發生勤王兵馬為爭功而偷襲金營事件。為了平息金人的憤怒，宋朝君臣把責任推到了強硬主戰派領袖李剛身上，將其撤職罷官。

此後，發生過兩次數萬京都太學生與市民伏闕請命，就是到皇宮門前集體請願，要求罷黜求和派，讓李剛主持工作的群眾運動。李剛與發動請願的群眾領袖們素不相識，但是皇帝與主和派大臣們則大都傾向於認為是李剛暗中操縱了這些請願運動，意在要脅，居心叵測。

後來，趙構登極之後的第六天，召請李剛擔任右宰相。七十七天之後，在李剛強硬的主戰主張與求和派發生激烈衝突時，同樣是主戰派的張浚，突然劍走偏鋒，上書皇帝，措辭激烈地彈劾李剛排斥異己，濫殺無辜，結果導致李剛被罷黜出京城。從此，這位與岳飛同樣忠誠，同樣富有才華，同樣耿直，同樣威望素著的人物再也沒能回到朝廷發揮作用。若干年後，趙構談起李剛時，仍然不能原諒李剛，認為是李剛挑起的那些請願運動。而張浚則投合皇帝的心理，其實是將李剛長期排斥在朝政之外的真正重要的力量。（《宋史》卷三六一《張浚傳》）

由此，從李剛、張浚、岳飛這三位位高權重、影響巨大的主戰派人士的命運中，我們可以部分地理解了，何以南宋政權只能偏安於東南一隅。

這次事件，對岳飛和張浚二人的命運都產生了重大影響。

岳飛的做法，顯然在政治上是不可取的。這位天才的軍事統帥，富有軍事上的洞察力，在政治上卻表現出了十足的幼稚。一個可能的推測是，此時，岳飛仍然心懷對趙構知遇之恩的感激，潛意識裏希望用這種賭氣的方式，喚起皇帝的覺悟。畢竟，就在不久前，君臣二人之間還有著高度的默契與信任。但是，他錯了。他不知道，皇帝的心理活動，是不能用普通人的標準來度量的。

事實上，此時的皇帝對岳飛極為惱怒。他將岳飛的舉動，理解為居功自傲、驕橫跋扈和對自己——帝國皇帝大不敬。

從後來的發展看，趙構基本上接受了張浚的說法，在心理上關閉了對岳飛理解與信任的大門，從此只剩下利用。利用完後，則是無情的誅殺。中國歷史上，失去信任之後，皇帝誅殺功臣的事例舉不勝舉。這可能是中國「過河拆橋」、「卸磨殺驢」、「兔死狗烹」之類格言諺語比其他國家和民族多得多的主要原因。

趙構採取了一個很少見、很絕的方法來處理岳飛的辭職事件，他給岳飛最主要的助手參謀官李若虛和統制官王貴二人下了一道嚴厲的命令，讓這兩個人前往廬山，必要時在岳飛的住室旁搭一間房子住下來，敦請岳飛復職工作。如違抗此令，或者做不到，就把李若虛等併行軍法。於是，李若虛二人只好來到廬山東林寺勸說岳飛出山。岳飛很惱火，堅持不肯。就這樣，一直僵持到第六天，李若虛對岳飛說出了一番極其嚴厲的話，致使岳飛不得不接受詔旨，下山復出。

李若虛說：

「難道你是想造反嗎？難道讓你出來工作不是好事嗎？你堅持不從，朝廷怎麼會不懷疑你？想想看，你不過是一個農夫出身，受天子委託，掌握這麼大的兵權，你是不是覺得可以和朝廷抗衡了？如果你堅持不再復出，我們二人受刑死掉，應該算是沒有什麼對不起你了吧？可你難道一點都不覺得有愧於我們嗎？」（熊克《中興小紀》）

這一番話，很有可能將此時趙構深藏在心底，想說而沒有說的話說了出來，魔鬼般地預示出岳飛的命運。

岳飛下山後，三次向趙構謝罪。趙構說了一番看似不軟不硬，實則殺機四伏的話：

「對於你這一次的輕率舉動，我並沒有生氣，要不然，必有懲處。這就是太祖所說的，犯吾法者，唯有劍耳。之所以還讓你統領部隊，把中興大業託付給你，就是因為我沒有生你氣的意思。」（《三朝北盟會編》卷一七八；李心傳《建炎以來系年要錄》卷一一二）

一般說來，中國皇帝以三尺寶劍對付他們心中的異己時，很少有手軟的。後來發生的一切表明，趙構也是如此。

岳飛回到鄂州大本營後，給皇帝上了一份奏章，在併統諸軍北伐的計畫夭折後，請求率領本部兵馬出兵北伐。趙構以手詔回覆，表示欣賞岳飛的忠誠，「恢復之事，朕未嘗一日敢

忘於心」，同意岳飛單獨北伐。於是，岳飛提起精神，厲兵秣馬，準備出擊。（《鄂國金佗粹編》卷一，第十七頁）

然而，正在此時，淮西兵變爆發了。岳飛預言的一切，全部發生，而且情況更加糟糕。屬於可能發生的所有情況中最壞的那一種。

從此，一切都無從談起了。

五月間，南宋朝廷任命王德擔任該軍都統制，相當於方面軍司令，酈瓊為副，都督府參軍呂祉兼兵部尚書「節制」該軍。三人之間的關係類似今天董事長和總裁、副總裁的關係。只是呂祉這位「董事長」握有實權。

此人紙上談兵是一把好手，聲稱如果交給他一支部隊的話，他就能生擒偽齊政權的劉豫父子，然後光復所有失去的國土。言外之意是，現在的統兵大將都是些笨蛋。

現在，手裏有了一支大軍，他卻只會沿用以文制武的舊習，對諸將傲慢無禮，試圖以勢壓人。根本不知道如何收服、治理這支軍隊。殊不知這幫子武夫也根本就沒把一個書生放在眼裏。酈

瓊拉攏了大部分將領，先和王德死掐，兩人一直打到御史臺。朝廷一看不好，趕快派幾位大員前去安撫、彈壓。呂祉也密奏朝廷，請求光是派大員還不夠，必須派大軍進駐才行。結果，他的奏章居然叫機要秘書洩露給了酈瓊。八月八日，酈瓊生擒呂祉，隨即殺之。然後率領除王德八千人之外的全軍四萬多人投降了偽齊。（《三朝北盟會編》卷一七八；李心傳《建炎以來系年要錄》卷一一三）

相當於全國軍隊至少百分之十以上的一支方面大軍，居然集體叛變，投降了敵人。其影響之巨大可以想見。

岳飛很快收到了來自趙構的手詔，下令立即停止北伐行動。

張浚則受到連珠炮似的彈劾。有人認為，這個傢伙成事不足敗事有餘，令人恨不能食其肉寢其皮。皇帝趙構也切齒痛恨，預備把他貶到嶺南去。按照宋太祖趙匡胤的密約，宋朝一般不輕易誅殺大臣，「遠竄嶺表」炎荒之地已經是最重的懲罰。接任的宰相一再求情，才將他放到永州閒住，就是今天的湖南零陵。從此，這位顯赫一時的宰相在中國政治舞臺上消失了二十多年。後來，有人試圖為他說情，想要重新把他弄回朝中時，趙構發狠說：「我寧願亡國，也絕不再用此人。」（《宋史》卷三六一《張浚傳》）

二十五年後，紹興三十二年，即西元一一六二年，宋高宗趙構退位為太上皇，新皇帝宋孝宗準備重用張浚。趙構不以為然地對宋孝宗說：「別相信張浚的虛名，將來他肯定會誤你

大事。他專門喜歡拿國家的名器財物做人情。」宋孝宗談到重用張浚是為了恢復大計，趙構使用了一種開玩笑的口吻，實則很認真地說：「小哥，等我老人家百年以後，你再來談論這個事情吧。」（《宋史》卷三十三《孝宗紀》第六一八頁）

淮西之變對宋高宗趙構的影響十分明顯。我們無法知道他是否認真地反省過自己，但從此他堅定地開始了對武將的防範、猜疑與裁抑，則確實是毋庸置疑的。

事實上，我們或許更應該把淮西之變看成是一個意義重大而深遠的轉捩點。

轉捩點之前，儘管有許多三反四覆，畢竟趙構還是從臨安，也就是杭州來到建康即南京，帶有御駕親征的含義，表明了北望中原、收復失地的銳意進取。

轉捩點之後，幾個月內，紹興八年二月，趙構就相當決絕地離開建康，將「行在」，也就是臨時首都放回到臨安，從此再也沒有回過建康。這是一個強烈的信號或者象徵，此後發生的一切，揭示了這一象徵背後的意義，那就是，南宋政權已經相當穩固，趙構從此將徹底放棄收復中原失地的念頭。他很清醒很明白，既不糊塗也不庸懦，他寧願偏安於東南一隅，也不願意再冒武將們功高蓋主、尾大不掉、擁兵自重的風險了。因此，才能解釋為什麼紹興八年以後，趙構放棄金國內亂和岳飛屢屢重創金兵精銳、打到汴京邊上等機會，一心一意地只做兩件事：裁抑武將與屈己求和。

趙構與他的祖先趙匡胤的確很不一樣。趙匡胤有大智慧，很少耍小聰明，在衝鋒陷陣中形成了威望、自信與才幹，對再能幹的文臣武將基本能夠收發如意、擺布自如。或者換句話說，他本人就是一個大軍閥，具有超人的軍事才幹，因此並不懼怕那些小軍閥，不怕他們功高蓋主。趙構則只有小聰明，沒有大智慧，在很大程度上，是憑著皇家正宗子孫的血脈登上的皇位，意志與毅力都相當脆弱，遠遠說不上強悍。特別是由於缺少軍事才幹，沒有在戰場上真刀真槍廝殺的經驗與閱歷，沒有由此建立起來的威望與自信。於是，在內心深處，對軍人可能的尾大不掉、擁兵自重充滿恐懼。這樣一個二流角色，能夠維持住南宋偏安的局面已經很不容易了。他的人品、才幹、意志力等等，實在都不足以談論中興與恢復大業。由此，我們知道，在帝制傳統下的中國，帝王本人的素質對這個國家前途的影響，實在是太巨大了。或許有人不願意承認，但事實上，這確實是中國二千多年帝制社會裏，一切跌宕起伏下面，最強力的那一根槓桿。

淮西兵變之前幾年，在一次討論中興大計時，趙構曾經雄心勃勃地對大臣說：「大家都認為不適宜再給諸大將增兵，我看不盡然。漢高祖打天下時，諸將帶兵多達十幾萬，高祖並沒有疑神疑鬼的，所以他才能成功。」（李心傳《建炎以來系年要錄》卷六十八）

趙構非常清楚兵合則強，兵分則弱的道理。這應該是他準備合兵幾路歸岳飛指揮的原始動機。

在漢高祖劉邦與韓信的那次著名談話中，韓信對劉邦的評價是：不善將兵，卻善將將。這是高祖成功的關鍵。遂成為千古定論。在趙構的上述表示中，他很有可能也是以漢高祖劉邦的「善將將」來定位自己的。可惜，他不是劉邦。「淮西兵變」可能使他清醒地意識到，自己是否善將兵還是個未知數，大約永遠不會有機會證實了。而自己並不善將將，則是已經可以肯定的了。這是他徹底改弦易轍的唯一解釋。

淮西兵變後幾個月，趙構心思大變。紹興八年二月，岳飛上奏，希望能夠給他的部隊增加一些兵馬。原因是他所負責的長江中上游地區面積實在過於廣闊，一旦發生緊急狀態，現有兵力很難照顧得過來。

趙構看過奏章後，對左右說：駐防面積過大，寧願削減地方，也不可增兵。現在諸將這麼難分合，已經夠頭痛的了。末大必折，尾大不掉，自古所戒。現在雖然還沒那麼嚴重，但與其增加大將的實力，還不如另外增加幾支部隊，緩急之際，分合之間，倒更容易調度指揮一些。（李心傳《建炎以來系年要錄》卷一一八）

不久，當年五月，趙構與監察御史張戒進行了一次意味深長的談話。

張戒對趙構說：現在諸將的權力太重了。

趙構說：他們還不至於驕橫跋扈。兵雖多，可是聚則強，分則弱，分也不可行。

張戒說：去年為了一個劉光世，發生了淮西之變。現在就是有好主意，陛下您肯定也不信了。要做這件事，關鍵是要有策略。

趙構說：我有辦法，就是要安撫重用大將們手下的那些將領。

張戒說：您說到根兒上了。收服這些人，大將們就沒那麼大的勢力了。

趙構告訴張戒：也就是一兩年的事兒。（李心傳《建炎以來系年要錄》卷一一九）

隨著趙構心思的轉變，一張大網冷冷地張開，罩在了這些領兵將領的頭上，什麼時候撒下來，他們都在劫難逃。

隨後幾年發生的事情很戲劇化，撲朔迷離，經常讓人一頭霧水。生活在當時的人們，可能動不動就要一驚一乍地體驗那種大喜大悲的感覺。

先是金國發生內訌，掌握大權的幾位重臣之間相互傾軋，導致早期南侵中最著名的金兵統帥粘罕恚悶而死。《金史》對這位粘罕的評價相當高，稱他「內能謀國，外能謀敵，決策制勝，有古名將之風」。就連當時南宋的士大夫們也認為此人乃一代雄傑。當年粘罕帶兵打到山東時，有些士兵要挖孔子墓，他問：「孔子是什麼人？」答曰：「古代的

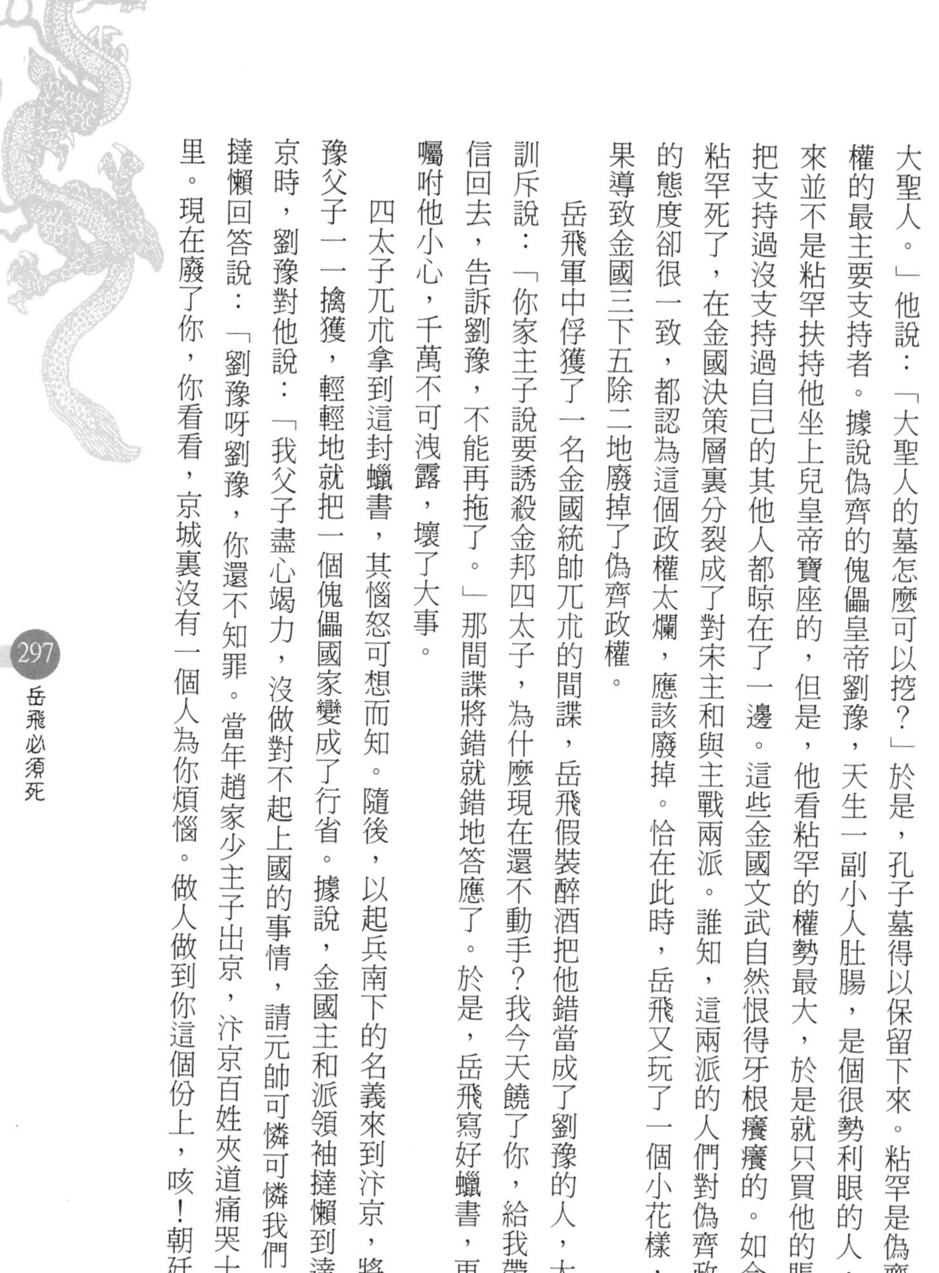

大聖人。」他說：「大聖人的墓怎麼可以挖？」於是，孔子墓得以保留下來。粘罕是偽齊政權的最主要支持者。據說偽齊的傀儡皇帝劉豫，天生一副小人肚腸，是個很勢利眼的人，本來並不是粘罕扶持他坐上兒皇帝寶座的，但是，他看粘罕的權勢最大，於是就只買他的賬。把支持過沒支持過自己的其他人都晾在了一邊。這些金國文武自然恨得牙根癢癢的。如今，粘罕死了，在金國決策層裏分裂成了對宋主和與主戰兩派。誰知，這兩派的人們對偽齊政權的態度卻很一致，都認為這個政權太爛，應該廢掉。恰在此時，岳飛又玩了一個小花樣，結果導致金國三下五除二地廢掉了偽齊政權。

岳飛軍中俘獲了一名金國統帥兀朮的間諜，岳飛假裝醉酒把他錯當成了劉豫的人，大聲訓斥說：「你家主子說要誘殺金邦四太子，為什麼現在還不動手？我今天饒了你，給我帶封信回去，告訴劉豫，不能再拖了。」那間諜將錯就錯地答應了。於是，岳飛寫好蠟書，再三囑咐他小心，千萬不可洩露，壞了大事。

四太子兀朮拿到這封蠟書，其惱怒可想而知。隨後，以起兵南下的名義來到汴京，將劉豫父子一一擒獲，輕輕地就把一個傀儡國家變成了行省。據說，金國主和派領袖撻懶到達汴京時，劉豫對他說：「我父子盡心竭力，沒做對不起上國的事情，請元帥可憐可憐我們。」撻懶回答說：「劉豫呀劉豫，你還不知罪。當年趙家少主子出京，汴京百姓夾道痛哭十幾里。現在廢了你，你看看，京城裏沒有一個人為你煩惱。做人做到你這個份上，咳！朝廷給你奴婢，還你骨肉，給你和你兒子一人一庫錢物，太不錯了。知足吧。」

消息傳到南宋，人們歡欣鼓舞。趙構相當興奮，也挺遺憾，覺得在這種時候，國家剛好像是得了重病偏偏又吃錯藥，弄得衰弱不堪，否則真的可以有所作為。他甚至表示今後要好好經營中原。

然而，隨著金國主和派領袖撻懶的得勢，趙構再也不提經營中原的話題了。韓世忠、岳飛等人一再建議他，趁金國內訌之際，應立即興兵北伐。趙構對此的回答，基本是一邊稱讚他們的忠心，一邊將其建議束之高閣。

就在這波詭雲譎的時刻，紹興八年三月，被罷相六年的秦檜再次登上相位，為右宰相兼樞密使，從此在宰相的位置上一待就是十八年。據說，宰相任命下達時，朝野上下一派喜氣洋洋，群臣爭相道賀，並且普遍認為，從此國家有希望了。只有一個人沒有參加進道賀的人群，就是吏部侍郎晏敦復。此人是婉約派大詞人晏殊的曾孫。他聽到這項任命後，油然想起一句曾祖父膾炙人口的詞——「無可奈何花落去，似曾相識燕歸來」。一位同僚問他：「秦相公復相，是天下之福。唯獨您老先生悶悶不樂，為什麼？」他長歎一聲：「奸人相矣，恢復無望啦。」同僚們很不理解，認為他言過其實。沒有人能夠知道，此後十八年歲月裏的情形比僅僅恢復無望可要糟得太多了。（（宋）徐自明《宋宰輔編年錄》卷十五，紹興八年）

紹興八年春天，煙雨空濛。趙構的心境猶如這江南三月的天氣，草長鶯飛，雜樹生花，

充滿期待，卻也不無陰鬱。

趙構登上皇位，可能是歷代皇帝中最特別的一位，其代價是親生父母、兄弟姐妹、妻子兒女和幾乎所有親近之人一夜之間全部淪為強敵的俘虜。其間的辛酸、慘痛、悲情，和僥倖逃脫、再登上大寶的大喜大悲、大起大落，無不令人無法釋懷。彈指間，登上皇位十一年多，平心而論，趙構雖然享受到了皇家至高無上的榮華富貴，但所經歷的驚濤駭浪也不是常人所能想像的。兵凶戰危時時縈繞，揮之不去，往事稱得上不堪回首。因此，趙構無數次對臣子們講過，自己與金國寇虜不共戴天。

十一年苦心經營，朝廷終於有了四十萬大軍，且在與金國的對抗中開始能夠佔據上風了。然而，淮西兵變，一個措置不當，頃刻之間數萬大軍便呼嘯而去。敵我情勢，立即大變。這使皇帝對於那些領兵將領可能的翻臉無情深感寒心與絕望。假如這一次不是酈瓊，而是岳飛萌生了異心，以其能征善戰、深得民望，再加上十萬大軍，恐怕自己能不能逃上海船都成問題。想想岳飛不辭而別，逕直回到廬山，分明沒有把自己這個天子放在眼裏。作為皇帝，怎麼可能不耿耿於懷？當年，周世宗柴榮在世時，趙匡胤何等忠心耿耿，何等出生入死萬死不辭地為皇帝效力！成為擁有壓倒優勢的大軍統帥後，老皇帝剛剛離去，後周天下立即變成了趙家江山。是的，八年前護衛親軍的叛亂，眼前的淮西兵變，事事都在提醒他，當年祖宗杯酒釋兵權不是沒有道理的。與其用朝廷的兵馬錢糧養大功高蓋主、尾大不掉的武將，還不如與金國講和更划算。或者換句話說，如果只有講和才能抑制、防止武將擁兵自重，那麼就講和好了。為什麼不呢？

平心靜氣地觀察西元一一三八年春天前後的變幻風雲，我們可以清楚地看出一個變化，十一年來，宰相走馬燈般換了近十個。如今的左右宰相趙鼎與秦檜卻都是眾所周知的對金主和一派。趙構用這種方式，向朝野內外宮廷上下發出了一個明確的信號，皇帝已經決意與金國講和。

岳飛心情鬱悶。儘管在任何公開場合與形式中，皇帝仍然對他褒獎有加，並且一再駁回他歸隱田園的辭職請求。但是，曾經有過的親切與默契如今已經蕩然無存，換上了周旋與言不由衷的冠冕堂皇。他分明感受到了皇帝的冷淡與不信任。唯一能夠令他感到安慰的是，威望素著的前輩大將韓世忠與其他一些將領同樣反對議和，一批文臣學士，對議和的抨擊慷慨激昂甚至激烈。但是，這一切全都效果甚微。正如在宋朝歷史上多次發生過的那樣，滿朝君臣文武，總是在和與戰的問題上爭論不休、搖擺不定。或和或戰，從來沒有過一個堅定不移持之以恆的國策立場。於是，便屢屢出現我們不斷看到的情形，戰則失機，和則失策，機會主義的味道很重。結果，經常是在一個錯誤的時機下，正確的決定也變成了錯誤。何況，這種決定還常常在完全相反的方向上不停地擺過來再擺過去。有時，甚至可能因為某一顆流星在皇帝的眼前劃過了夜空，也能使以前千辛萬苦嘔心瀝血的一切全部作廢。因此，後代的歷

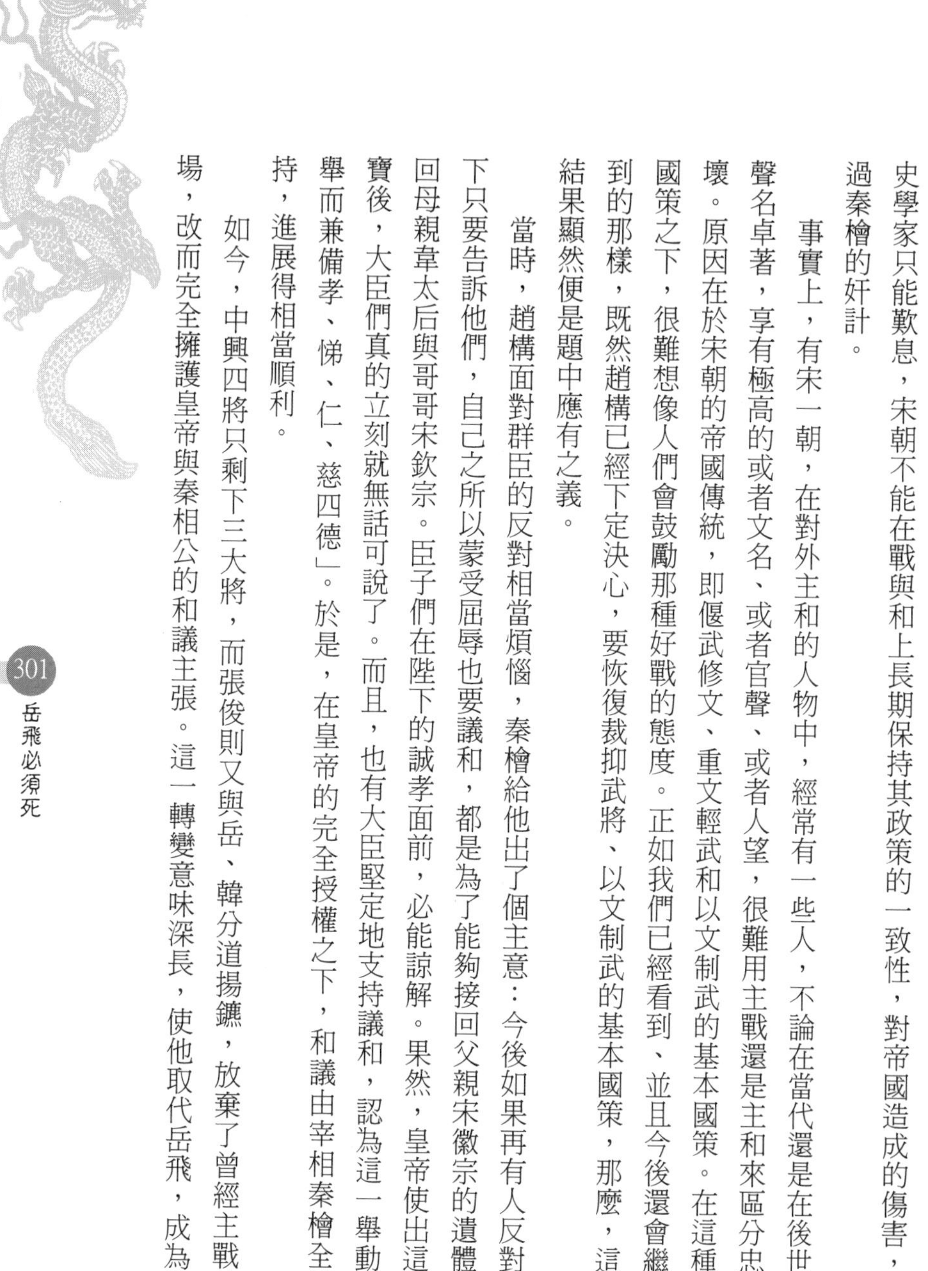

史學家只能歎息，宋朝不能在戰與和上長期保持其政策的一致性，對帝國造成的傷害，遠超過秦檜的奸計。

事實上，有宋一朝，在對外主和的人物中，經常有一些人，不論在當代還是在後世都很聲名卓著，享有極高的或者文名、或者官聲、或者人望，很難用主戰還是主和來區分忠奸好壞。原因在於宋朝的帝國傳統，即偃武修文、重文輕武和以文制武的基本國策。在這種基本國策之下，很難想像人們會鼓勵那種好戰的態度。正如我們已經看到、並且今後還會繼續看到的那樣，既然趙構已經下定決心，要恢復裁抑武將、以文制武的基本國策，那麼，這樣的結果顯然便是題中應有之義。

當時，趙構面對群臣的反對相當煩惱，秦檜給他出了個主意：今後如果再有人反對，陛下只要告訴他們，自己之所以蒙受屈辱也要議和，都是為了能夠接回父親宋徽宗的遺體和接回母親韋太后與哥哥宋欽宗。臣子們在陛下的誠孝面前，必能諒解。果然，皇帝使出這個法寶後，大臣們真的立刻就無話可說了。而且，也有大臣堅定地支持議和，認為這一舉動「一舉而兼備孝、悌、仁、慈四德」。於是，在皇帝的完全授權之下，和議由宰相秦檜全權主持，進展得相當順利。

如今，中興四將只剩下三大將，而張俊則又與岳、韓分道揚鑣，放棄了曾經主戰的立場，改而完全擁護皇帝與秦相公的和議主張。這一轉變意味深長，使他取代岳飛，成為皇帝

《迎鑾圖》。畫面描繪的是南宋迎回宋徽宗靈棺和韋太后等人的場面。

最為信任的大將。從此他的命運與韓世忠、岳飛有了很大不同，並最終把自己送進了杭州西湖邊上岳王廟裏，跪在岳飛像前的四個鐵鑄奸臣像中。據說，從有了這四尊鐵鑄像之後，廟中的管理人員，時常要費很大力氣，才能阻止住前來瞻仰岳飛的人們不要將污穢物甚至尿液撒到這四尊鐵鑄像上去。

西元一一三九年初，即紹興九年正月，南宋帝國將已經開始落實的對金和議的條約內容正式對外公布，條款有四：

一、宋對金稱臣，南宋皇帝的稱號必須由金國皇帝冊封；

二、宋每年向金進貢銀二十五萬兩、絹二十五萬匹；

三、金歸還佔領的河南、陝西之地，但宋不能擅自撤換金委派的官員；

四、金歸還宋徽宗遺體、趙構的親生母親韋太后和宋欽宗。

後來，直到雙方再次議和，並於西元一一四二年，即紹興十二年履行協議時，不知何故，金國又變了主意，沒有放回宋欽宗。這位前皇帝當時的情景極為悲慘。

據說，送韋太后回國的車子即將啟行時，他披頭散髮、跌跌撞撞

地趕來攔住車子，他躺臥在車子的前面，痛哭著央求老太太：「請回去告訴九弟，只要能讓我回去，我什麼都不求，有間屋子住就心滿意足了呀！」當時，韋太后也哭著發誓說：「我回去一定想盡一切辦法接你回國。否則，讓我瞎了這雙眼睛。」後來，這位皇帝到底沒能回到故國。十四年後，西元一一五六年，即紹興二十六年，在被掠到異邦三十年之後，五十七歲的宋欽宗被大金皇帝完顏亮，就是著名的海陵王押解回今天的北京，當時，他身患嚴重的風疾，用西醫的說法，可能是嚴重的高血壓。海陵王命令他參加金國將領舉行的馬球比賽，結果，他在馬上栽下來，被亂馬的鐵蹄踐踏而死。而韋太后後來據說得了白內障，當時的醫療技術沒有白內障手術這一說，老太太的一隻眼睛還真的失明了。（《三朝北盟會編》卷二二一）

迎鑾圖局部。

當時，金國歸還的宋徽宗遺體裝在一個棺材中送回。宋朝君臣未敢開棺驗屍就下葬了。後來，南宋滅亡後，元朝的一位官方「盜墓賊」挖開宋徽宗陵墓，發現棺材裏只有一段朽木。（《三朝北盟會編》卷一九一）過了許多年，據說，在西藏著名的薩迦寺，曾經有一個十分令人驚愕的傳說，說是宋徽宗不知怎樣被輾轉送到了薩迦寺修行，後來就死在那裏。薩迦寺始建於北宋熙寧六年，即西元一〇七三年，到西元一一三五年即紹興五年宋徽宗死時，已經有半個多世紀，是當時西藏最具影響力的寺廟與教派。薩迦五世祖八思巴曾經為元世祖忽必烈灌頂，並被尊為帝師。假如宋徽宗之死真的與薩迦寺有關，那將是一件既重大又有趣的考古發現。目前，宋徽宗之死已經成為一個謎團。當然，這些都是後話了。

接待金國使節時的一幕極為有趣，相當富有文化意味。

和議其他條款還都好說，唯獨宋要對金稱臣，接受金國冊封一條引起軒然大波。因為，這就意味著宋高宗趙構必須在金國使節面前下跪，接受冊封詔書；意味著堂堂大宋不再是主權國家，變成了別人的藩屬。皇帝成了別人的臣子，臣子自然成了臣子的臣子、奴僕的奴僕。對中國人來說，這份面子栽得實在不輕，比賠銀子還萬難接受得多了。因此，一時間群情激憤。京城臨安，也就是杭州街頭，甚至出現了認為當朝宰相秦相公是金國特務的標語。在推翻帝制將近一個世紀、並且進入市場經濟的今天，我們很難理解在另外一個時代、另外一個社會所發生的事情。或者，今天的人們，如果沒有其他人在場觀摩時，可能寧願下跪，也不願賠銀子。但在當時，在「君憂臣辱，君辱臣死」的觀念下，這一條確實激起了眾怒，以至於時刻已經臨近西元一一三九年春節了，街頭不但沒有年關將近的喜慶，反而籠罩在一種緊張不安的氣氛之中。

就連一貫順從皇帝的幾位中央軍事機關和警衛部隊的首長，也給宰相秦檜送來一份意見書，並且抄送御史臺，對御史中丞說：「不是我們沒事找事，只是因為那三個大傢伙（指韓世忠、張俊、岳飛）駐防在外，日後他們來責問我們，說：你們這些親信將領是怎麼搞的，居然讓老爺子屈膝下跪接受敵人的詔書？我們該怎麼回答他們？」相當於我們今天監察部長加中紀委第一書記的御史中丞，無話可說。（李心傳《建炎以來系年要錄》卷一二四）

皇帝趙構的心情也很壞。從來都是別人給自己下跪，如今，眾目睽睽之下，自己要給別人，而且是給敵人的使臣下跪，而且這個敵人偏偏與自己又有著亡國滅家、殺父奪妻之恨。這讓他如何丟得起這個人？可是，這份和議又是自己特別想要的。想想看，只要磕頭稱臣，就可以收回河南、陝西兩個省的失地，再也不用打仗，再也不用擔心武將們功高蓋主、尾大不掉。這是多好的事情！於是，夾縫中的皇帝油然想起當年在海上逃亡時的情景，痛恨臣子們不體諒自己的苦心，得了便宜還賣乖。皇帝說：「想想當時在海上，我就是跪下磕一百個頭，也不會有這麼多廢話！」（李心傳《建炎以來系年要錄》卷一二四）

於是，君臣共同努力想主意。其中有一個算是有一點創意：將列祖列宗的畫像掛出來，讓金國使節拿著詔書站在畫像前面，這樣，就可以說成自己是在跪拜祖宗了，面子上可以圓過去。仔細推敲後，又覺得不妥，這樣一來，不但跪拜了敵人，而且說起來，敵人豈不是也成祖宗了？

終於，一位先帝在世時，曾經依附過蔡京的聰明人為大家解脫了困境。他的主意是：根

據古代經典《尚書》「諒陰三年不言」的教導，可以由宰相代替皇帝前去跪拜接受這份詔書。這句話的全文是：「諒陰三年不言，百官總已以所於塚宰。」意思是：遇到君王死去這樣的國喪，後繼君王三年不問政事，官員們都要聽命於宰相。

此時，到南宋京城來頒詔的金國使者也感受到了人們的緊張焦慮，害怕激出意外，同意了這個做法。但是有一個條件，就是文武百官必須在場觀禮。這是小事一樁，不可能難住智慧的中國人。當時，秦相公也同樣不想激出意外。於是，下令政府機關裏的收發人員、保安人員、勤雜人員和清潔工們，一律換上各級各類政府官員服裝，化裝成政府要員參加觀禮。這一天，是西元一一三八年，即紹興八年十二月二十八日，距離農曆大年三十還有兩天時間。據說，這天杭州城罕見地下了一場大雪，天氣奇冷。不過，在秦檜宰相的率領下，畢竟圓滿地完成了這次使「大宋」變成「臣宋」的典禮。（《三朝北盟會編》卷一八九；李心傳《建炎以來系年要錄》卷一二四）

和議達成後不久，紹興九年正月，宋朝君臣隆重地歡送金國使節回國，韓世忠則派出一隊殺手，化裝後潛伏在楚州淮陰縣洪澤鎮，治下在今天的江蘇省清江市西南，準備殺掉該使節，破壞和議。不料，被一個曾經深受韓世忠知遇之恩的人密報朝廷。結果，金使改道，韓世忠沒能得手。（《三朝北盟會編》卷一九一；李心傳《建炎以來系年要錄》卷一二五）

此刻，岳飛更加鬱悶。和議達成後，他連續三次上書皇帝，請求到金國歸還的河南地區去一趟，名義上是祭掃皇陵，實際上是去窺探虛實。皇帝本來已經同意了，後來和宰相一商量，覺得不對，就下令不許他去，不給他惹是生非的機會。後來，接管這些地區防務時，也捨近求遠，大老遠地從臨安派出部隊，卻不讓距離汴京最近的岳飛部隊插手。顯然，趙構對岳飛的防範與疑心已經相當重了。（《鄂國金佗粹編》卷十二，第八六四頁）

對於趙構來說，他很有可能是真誠地歡迎這次議和成功。因此，對軍隊幹部，從上到下普遍給予賞賜，重要一些的中高級將領則「進秩一等」，就是普調一級的意思。對此，岳飛連續三次堅決謝絕。他認為，此時的局面，「可危而不可安，可憂而不可賀」，認為朝廷這麼論功行賞，很有拿喪事當喜事辦的嫌疑，讓敵人恥笑，搞得自己在向部隊傳達時，感覺很丟人，愧對大家，云云。這種表現，令沉浸在成功之中、感覺極佳、興高采烈的皇帝與宰相心中極度不快。（《鄂國金佗粹編》卷七，第四七五頁）

誰知，事情偏偏又讓岳飛的烏鴉嘴說中了。時間僅僅過了一年，西元一一四〇年，即紹興十年，在金國內部的政治鬥爭中，兀朮為首的強硬主戰派擊潰厭戰主和派，執掌大權。決定收復被歸還給南宋的河南與陝西地區。於是，金兵真的在墨跡未乾的情況下，撕毀和議，再一次大舉南下，一個多月時間，就將上述廣大地區全部重新奪走，並準備乘此餘威，一舉滅掉南宋政權。

這一次，金兵徹底打錯算盤了。此次南侵，他們在順昌、潁昌、郾城和距離汴京只有四十五里的朱仙鎮，遭遇了一連串重創。其主力部隊中的精銳拐子馬與鐵浮圖也被打得七零八落。金兵統帥兀朮不得不退守汴京，甚至命令將燕地，即今天北京地區的輜重珍寶北運，做好了放棄該地以南地區的準備。據說，就在兀朮準備北撤之際，有一個青年書生用一句話點醒了他，這句話是：「自古未聞有權臣在內，大將能立功於外者。」這句後來成為歷史名言的話，使他豁然開朗，決意堅守汴京。同時，寫信給秦檜，威脅說：「你們天天請求和談，而岳飛卻要圖謀河北，還殺了我的女婿，此仇是一定要報的。你們必須殺掉岳飛，然後和議才能成功。」意思是，指責南宋朝廷言行不一，沒有議和誠意。要想證明誠意，就要殺掉岳飛。（《鄂國金佗粹編》卷二十，第一〇二五頁）

此時，太行山脈與河南河北地區的抗金武裝，據說有四十多萬人，打著岳家軍的旗號，乘勢而起。其中，許多都接受岳飛的節制，配合打擊金兵。從而，出現了自宋金開戰以來，收復失地，恢復中原的最佳時機。岳飛相當激奮，對手下將領說出了同樣成為歷史名言的一句話：「這一次，我們要直搗黃龍，與諸君痛飲黃龍府！」黃龍府曾經是古代番邦的重鎮，治下在今日的吉林農安，並不是金國首都。這樣講實際上是一種習慣說法，將其比喻成金國都城而已。然後，岳飛秣馬厲兵，準備直搗汴京，橫掃燕雲，恢復兩河之地為漢家江山。

就在這種情勢下，發生了歷史上特別有名的一天之內十二道金牌召回岳飛的故事。金牌，不是金的，是一面一尺長的朱漆木牌，上面寫著「御前文字，不得入鋪」的金

字，用馬匹接力傳遞，不許進入遞鋪稍事停留，日行五百里，是宋代最高一級的官方機要郵政快遞方式。凡是皇帝下發的急件，均以此遞送。臣僚送往朝廷的急件，則用「急遞」，最高為日行四百里。

岳飛一日之內收到十二面金牌，內容完全一樣：「岳飛孤軍深入，不可久留。速撤軍返京述職。」

據說，岳飛的反應是，長歎一聲：「十年之功，毀於一旦。」而後，淚如雨下。

撤軍命令發布後，許多當地百姓攔在馬前哭訴：「官軍說要收復中原，把金人打出去。我們支援大軍糧草，金人知道得清清楚楚。你們一撤，我們怎麼辦吶？」岳飛是河南湯陰縣人。在家鄉父老面前，其尷尬難受可以想見。據說，當時岳飛無法解釋，只是讓大家看那十二面金牌。史書記載說，一時間，哭聲遍野，岳飛揮淚而去。有記載說，在此次撤兵中，收復的失地旋即全部喪失，而且由於金兵的追殺，岳家軍損失相當嚴重。回軍後，另有記載說，岳飛又一次遞上辭呈，然後離開部隊，回廬山守孝。

此時，距離宋高宗趙構誅殺岳飛，還有一年多一點時間。

西元一一四一年，即紹興十一年，正月十五元宵節剛過，就傳來金兵在兀朮率領下，又一次南侵的緊急軍報。

這次戰役，成為這一階段宋金兩國關係史中的又一個轉捩點。

雙方交火之後，先是宋軍取得柘皋大捷，地點在安徽巢縣西北。緊接著，金兵在淮西之戰中，又大敗宋軍。隨後，金兵撤軍。這也是岳飛所參與的最後一次抗金戰爭。

通過這次戰役，金國強硬主戰派領袖兀朮和南宋皇帝趙構，都意識到了雙方戰略態勢的逆轉。兀朮意識到這一點後，採取的措施是，一邊虛聲恫嚇，一邊放出允許和談的訊息。趙構意識到這一點後，對和談第一次有了比較切實的把握，於是，大膽裁抑武將，加緊了恢復以文制武傳統的步伐。

當年四月，朝廷以慶祝柘皋大捷的名義，將各地領兵將領特別是韓世忠、張俊、岳飛三大將緊急召回京城。在盛大的慶功宴會上，宰相秦檜突然代表皇帝發布詔書，任命韓世忠、張俊為樞密使，任命岳飛為樞密副使，三人均不得返回部隊。皇帝煌煌天語，相當親切與堂皇，讓人聽起來心裏很舒服：以往，朕只是把一路宣撫的職權託付給你們，權力還是小了些，如今，我要將國家軍機中樞本兵（指樞密使）之重大職權託付給諸

《鴻門宴圖》。第二次杯酒釋兵權，朝廷用明升暗降的辦法，解除了岳飛諸人的統兵之權。

位。你們同心協力，不分彼此，集全軍之力誰能抵禦？掃除兀朮之流何足道哉？（李心傳《建炎以來系年要錄》卷一四〇）意思是，這樣重用他們之後，掃蕩金國就根本不在話下了。

由三位領兵大將同時入主樞密院，在宋朝歷史上是破天荒的。當時的秘書少監是秦檜的養子秦熺。宋代制度，秘書少監是秘書省的負責人，掌管古今圖籍、國史實錄、天文曆數等等。當時國家政令與各項政治措施的紀錄，就是由這位秘書少監執筆的。在職期間，這位宰相的養子做了一件事，就是把南宋初年國史實錄中不利於養父的內容，或者毀棄，或者改易，膽子相當大。這一時期的南宋官方史料，大多出自此人的手筆，使後代研究此段歷史的人們，備感痛苦。但是當時，他對此次解除三大將兵權的記載倒是顯得特別坦率：「主上聖明，察見兵柄之分，無所統一，乃密與檜謀，削尾大之勢，以革積歲倒持之患。」「有識之士方懼金人之平，四方底定，而此輩跋扈自肆，意外事有叵測者。」這就明白說出了皇帝的心裏話：金人平不平尚在其次，將「叵測」的意外消滅在萌芽狀態才是首要的。說到底，對這幾員大將不放心、不信任才是真的。（李心傳《建炎以來系年要錄》卷一四六）

當時，在形容帝王受到臣下威脅的時候，有一句很形象的話，叫做「太阿倒持」，意思是本來應該握在皇帝手中針對臣子的寶劍，現在反過來握到了臣下手裏。「積歲倒持之患」，可見皇帝趙構感到來自領兵武將的威脅，已經不是三天兩天，至少已經有好幾年了。

隨後，朝廷宣布撤銷三大將的宣撫司，解散了他們的統帥部，規定「遇出師臨時取旨」。將調兵權收歸朝廷，將管理權分散到了偏裨諸將手中，而統帥一級的將領則臨時由皇帝派出。從而，大體上實現了宋朝歷史上的第二次杯酒釋兵權。

實際上，這是一次軍事體制的重大改組。強行剝奪三大將兵權的同時，先後壓縮各路大軍編制，將行營護軍的番號改為御前諸軍，並且將各路大軍拆散肢解，化整為零，由過去的四路駐屯大軍，改編為十路駐屯大軍。加上南宋初年以來，三衙統兵制度已經在事實上宣告廢除，三衙首長成為殿前司三支兵馬的統兵官，此次這些部隊有增無減，使三衙軍成為與御前諸軍平衡制約、內外相制的力量。

這種設計的潛臺詞相當明確，差不多等於公開宣布，帝國將要全面採取收斂的戰略防守態勢，將要全面恢復以文制武、守內虛外的帝國傳統。也就是說，帝國軍事戰略的重點在於防止內部的叵測之事，對外則以稱臣、納幣為條件，換取和平。軍事力量只是一種必要的輔助手段，或者頂多形成一種平衡與威懾就足矣。從紹興十一年開始，這種思路成為南宋政權的基本國策，再也沒有得到改變。於是，收復失地，恢復中原，便與當年的收復燕雲十六州一樣，成了一句口號、一個帝國的夢想，一個歷時一百五十年，直到帝國覆滅都沒能實現的宿願。

至此，張開已經幾年的那張大網終於落下，將大大小小的領兵將領們一網打盡。此後的命運，就看各位自己的造化了。

在三大將中，韓世忠爵位最高，資格最老，應該說也最孚眾望。趙構登基之際，韓世忠就曾經帶領部隊擁立，平息護衛親軍兵變，他又有勤王大功。黃天蕩一戰，他率領八千兵馬，險些把十數萬金國大軍困死在蘆葦蕩之中。在此之前，宋軍被金兵打得一敗塗地，常常是望風而逃。這是兩國開戰以來的第一場惡戰與硬仗。當時，他那位出身妓女、卻真正不讓鬚眉的夫人梁紅玉，冒著鋒鏑，親自擂戰鼓激勵將士殺敵。最後，雖然在兩個小漢奸的幫助下，素不習水的金兵轉敗為勝，但韓世忠夫婦的英雄氣概卻相當令人敬仰。就連金國將士也特別佩服他。

韓世忠派殺手刺殺金國和談使節，曾經驚出趙構與秦檜一身冷汗。後來，在戰與和的問題上，由於韓世忠堅決主戰，趙構屢屢斥責他沒有文化，不識大體。韓世忠出身貧寒，確實沒有文化，而且特別瞧不起讀書人，經常輕蔑地稱之為「子曰」。趙構知道後，問他是否確有其事？韓世忠回答說：曾經有過，但現在已經改了。趙構很高興，以為他知道尊重讀書人了。不料，韓世忠接著補充說，如今我叫他們「萌兒」。這大概是當時嘲笑人的一個說法，或者類似於今天的「傻冒兒」一類。結果，趙構大笑而止。

戰國末年，在秦王嬴政統一六國的戰爭中，發生過一個意味深長的小故事：征伐楚國時，秦王嬴政嫌威望素著的老將軍王翦保守，派李信統兵出征。王翦便稱病回家了。不久，李信大敗。秦王嬴政親自跑到王翦家，請求王翦掛帥復出。王翦臨出發時，獅子大開口，向嬴政要求賞賜眾多的上等田宅，嬴政很不以為然，說是只要打贏了，還愁不能富貴嗎？王翦卻說出一番驚人的話來：「趁著大王還用得著我，我得為子孫早做打算。」秦王嬴政大笑。後來，在行軍的路上，王翦一連派出五撥信使，不為公事，就是一再請求封賞田園。嬴政終於答應了他的要求。有人嫌王翦丟人，諷勸他別這麼掉價兒。結果，王翦說出了一番更加驚人的話：「秦王猜忌多疑。如今幾乎把全國的兵馬都交給了我，我不請求田園加深他的信任，難道要讓他疑心我嗎？」

我們沒有證據證明，但從種種跡象上判斷，韓世忠很有可能也是這一套思路。這位大將軍治軍有方，連岳飛都很欽佩。他並不把錢財放在眼裏，朝廷賞賜下來金銀珠寶，每次他都是分給部下，自己不拿分毫。因此深受擁戴，威望極高。後來，隨著功勞越來越大，韓世忠突然發生變化，他一而再、再而三地向皇帝請求賞賜，並且要求用低價購買官府沒收的莊田。先是要買臨江的一處莊園，趙構索性賞賜給他，並且親筆題名「旌忠莊」，以示表彰。後來，又提出要買北宋末年大奸臣朱勔的莊園和另外一千多畝田，趙構又順水推舟地全部賞賜給了他。最後，大將軍終於在西湖邊上買了個大莊園，索性全家都住到了皇帝的眼皮底下。這些，可能是趙構後來網開一面放過他的重要原因。

被奪去兵權之後，韓世忠成為宰相秦檜的第一個打擊目標。岳飛發現張俊按照宰相的意圖，在軍中收集韓世忠謀反的證據時，大吃一驚。因為，這位張俊是韓世忠的兒女親家，而

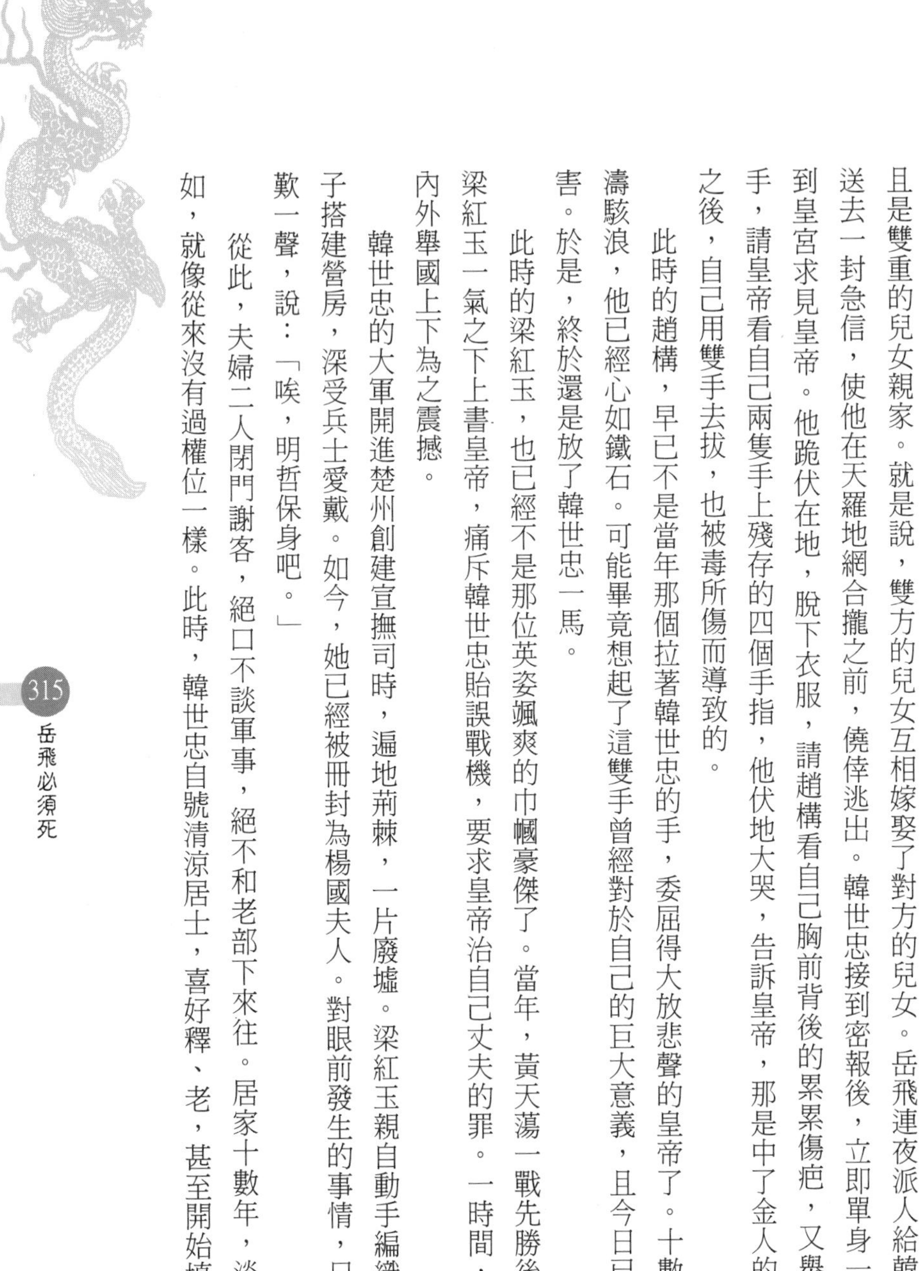

且是雙重的兒女親家。就是說，雙方的兒女互相嫁娶了對方的兒女。岳飛連夜派人給韓世忠送去一封急信，使他在天羅地網合攏之前，僥倖逃出。韓世忠接到密報後，立即單身一人來到皇宮求見皇帝。他跪伏在地，脫下衣服，請趙構看自己胸前背後的累累傷疤，又舉起雙手，請皇帝看自己兩隻手上殘存的四個手指，他伏地大哭，告訴皇帝，那是中了金人的毒箭之後，自己用雙手去拔，也被毒所傷而導致的。

此時的趙構，早已不是當年那個拉著韓世忠的手，委屈得大放悲聲的皇帝了。十數年驚濤駭浪，他已經心如鐵石。可能畢竟想起了這雙手曾經對於自己的巨大意義，且今日已經無害。於是，終於還是放了韓世忠一馬。

此時的梁紅玉，也已經不是那位英姿颯爽的巾幗豪傑了。當年，黃天蕩一戰先勝後敗，梁紅玉一氣之下上書皇帝，痛斥韓世忠貽誤戰機，要求皇帝治自己丈夫的罪。一時間，朝野內外舉國上下為之震撼。

韓世忠的大軍開進楚州創建宣撫司時，遍地荊棘，一片廢墟。梁紅玉親自動手編織草簾子搭建營房，深受兵士愛戴。如今，她已經被冊封為楊國夫人。對眼前發生的事情，只能長歎一聲，說：「唉，明哲保身吧。」

從此，夫婦二人閉門謝客，絕口不談軍事，絕不和老部下來往。居家十數年，淡泊自如，就像從來沒有過權位一樣。此時，韓世忠自號清涼居士，喜好釋、老，甚至開始填詞做詩，而且所填之詞居然相當有味，感覺很是到位。史書說，在西湖邊上，時不時可以看到他帶幾個童子，騎著一頭小毛驢的身影。

與韓世忠比較，張俊走的則是另外一個路數。史書記載說，張俊「好騎射，負才氣」，投身軍旅後，屢立戰功，升遷得很快。早在趙構做河北兵馬大元帥時，張俊就投奔到了他的麾下，據說，趙構第一眼看到張俊，就很欣賞他的英俊魁偉。再加上這廝表現得有勇有謀，戰功卓著，所以，極迅速地成了一路大軍的統帥。在南宋初年所謂「中興四將」中，張俊是聲望僅次於韓世忠的一員大將。

與張俊早期赫赫戰功同樣有名的，是他的貪財斂財。這位將軍只是一個行伍出身的軍人，卻在十幾年時間裏，使自己既躋身大將軍之列，又躋身於大地主的行列，而且是極有名、極富有的大地主。據說，他一個人擁有的田地，每年光是田租就能收進三十多萬石，相當於當時南宋帝國最富裕的紹興府全年徵收的秋稅。我們這裏看到的數字，還是最保守的一個，有史家認為，應該是六十多萬石。最極端的一個數

《歸隱圖》。在西湖邊上，時不時可以看見韓世忠騎著小毛驢的身影。

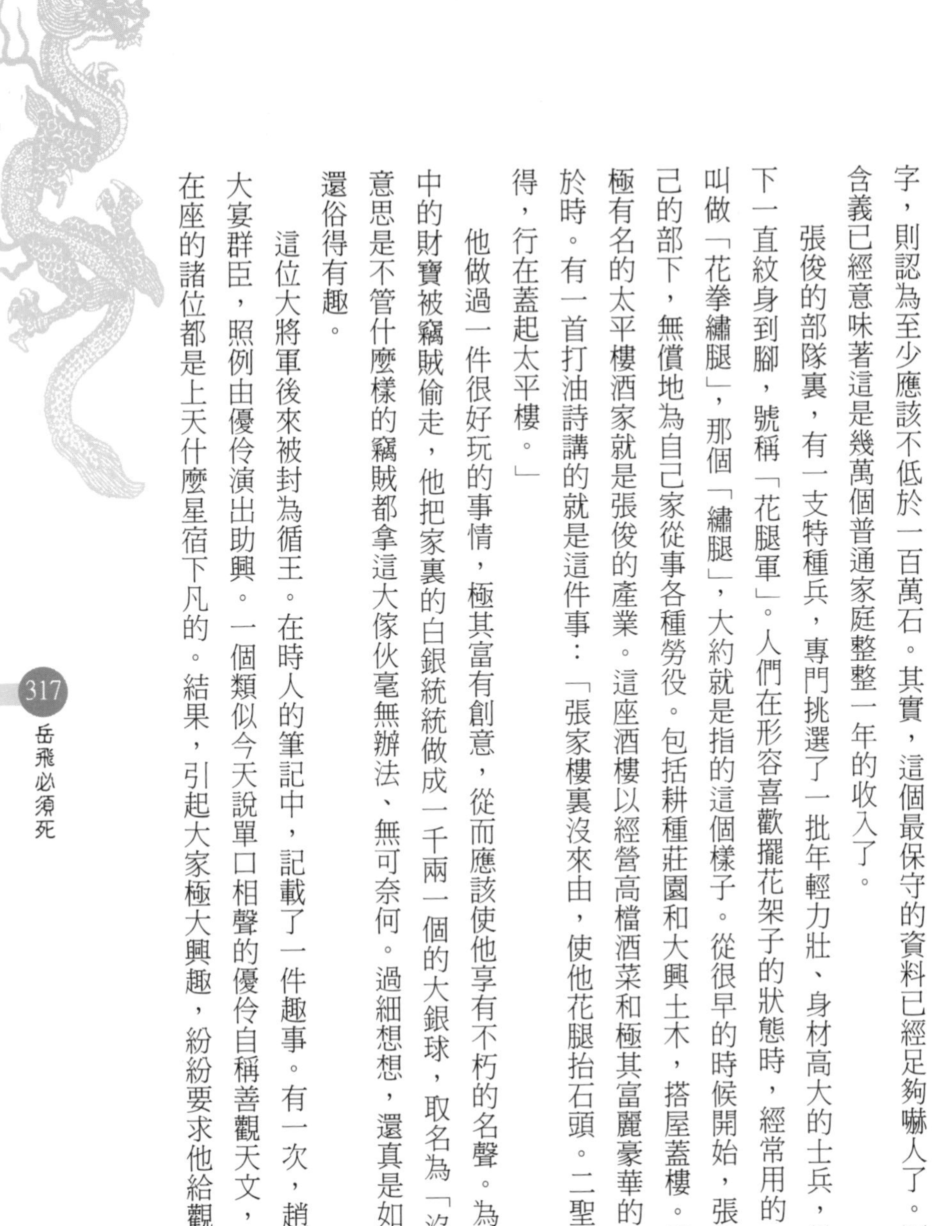

字，則認為至少應該不低於一百萬石。其實，這個最保守的資料已經足夠嚇人了。因為，其含義已經意味著這是幾萬個普通家庭整整一年的收入了。

張俊的部隊裏，有一支特種兵，專門挑選了一批年輕力壯、身材高大的士兵，從手臂以下一直紋身到腳，號稱「花腿軍」。人們在形容喜歡擺花架子的狀態時，經常用的一個成語叫做「花拳繡腿」，那個「繡腿」，大約就是指的這個樣子。從很早的時候開始，張俊就讓自己的部下，無償地為自己家從事各種勞役。包括耕種莊園和大興土木，搭屋蓋樓。據說當時極有名的太平樓酒家就是張俊的產業。這座酒樓以經營高檔酒菜和極其富麗豪華的氣派聞名於時。有一首打油詩講的就是這件事：「張家樓裏沒來由，使他花腿抬石頭。二聖猶自救不得，行在蓋起太平樓。」

他做過一件很好玩的事情，極其富有創意，從而應該使他享有不朽的名聲。為了防止家中的財寶被竊賊偷走，他把家裏的白銀統統做成一千兩一個的大銀球，取名為「沒奈何」，意思是不管什麼樣的竊賊都拿這大傢伙毫無辦法、無可奈何。過細想想，還真是如此，而且還俗得有趣。

這位大將軍後來被封為循王。在時人的筆記中，記載了一件趣事。有一次，趙構在宮中大宴群臣，照例由優伶演出助興。一個類似今天說單口相聲的優伶自稱善觀天文，能夠看出在座的諸位都是上天什麼星宿下凡的。結果，引起大家極大興趣，紛紛要求他給觀測一下。

於是，這位優伶掏出一枚銅錢，裝神弄鬼一番後，對準了皇帝，觀察片刻，聲稱看到了帝星；又對準宰相，說是看到了相星；最後，他將銅錢對準張俊，左看右看，都說看不到星星。眾人大急，張俊更急，請他無論如何過細觀察一下。他煞有介事地仔細看了半天，最後歎口氣，嚴肅地對大家說道：「確實看不到星宿，只能看到一個坐在錢眼裏的將軍。」眾人大笑，一時成為京城笑談。

和韓世忠娶了京口即今天的鎮江名妓梁紅玉一樣，張俊則是在兵荒馬亂中，娶了錢塘即今日杭州名妓張穠。假如沒有金山戰鼓那一段的話，這位張穠的名氣可能要比梁紅玉大許多。原因是此女的人品、相貌、才情加上琴、棋、書、畫、詩、詞、樂、賦、歌、舞等諸多技藝都很出眾。據說，她驚鴻一瞥之下，常被文人騷客們驚為天人，當時的名士為她看破紅塵的亦有記載。

娶了這麼一位傾國傾城的名姝回家，張俊這廝卻並沒有稍稍風雅些許，滿腦袋惦記的還都是他那些大銀球「沒奈何」。有一次，前線大戰在即，我們這位前敵總指揮百忙當中，抽時間給張穠寫了封信，裏面既沒有甜言蜜語，也沒有豪言壯語，通篇都是再三再四地叮囑自己這位滿腹才情的如夫人，怎麼樣照管好他那些寶貴的家財田產，哪些賬必須收回來，哪筆錢可以放出去等等。張穠的心理感受如何，很難想像。只是在回信裏，她相當溫婉地鼓勵自己的丈夫，希望他能像霍去病等古代名將那樣，做個一心殺敵的大丈夫，不必過多地牽掛家裏的財物，云云。

不久，趙構找張俊談了一次話，皇帝很隨意似的問張俊：「你可讀過《郭子儀傳》？」張俊老老實實地回答說：「臣才寡識淺，未嘗讀過。」趙構教導他說：「我對這個傳記百讀不厭。為將之道，應當是不與民爭利，不大興土木，你要切記。」張俊唯唯。突然靈機一動，從懷裏掏出了張穠寫給自己的信，請皇帝過目。趙構讀罷，相當欣賞，又遞給宰相秦檜，宰相看後，連連誇讚這位女子識見不凡。於是，趙構當場賜封張穠為雍國夫人，親手書寫獎諭狀賜給她。

這件事情發生在淮西之戰兵敗之後，緊接著就發生了剝奪三大將兵權的重大軍制改組。從後來發生的情況看，認為宰相秦檜與張俊之間進行過交易、並且達成了某種默契的說法應該是符合實際情況的。

據說，秦檜答應張俊，如果配合好這次杯酒釋兵權，今後就將兵權全部交給張俊。張俊不是一個單純的武夫。從他一邊當著將軍，頻繁地在戰場上廝殺，一邊還能聚集、經營起偌大一份產業來看，此人的腦子肯定足夠機靈。他不會不明白，皇帝決意求和，對於自己這種手握重兵的職業軍人意味著什麼。他當然也會知道，在這種關鍵時刻邁錯步子意味著什麼。因此，他將自己與如夫人的通信拿給皇帝看，恐怕並非一時急智之下的「靈機一動」，倒是很有可能出於一種韜晦之計和早已做好的策畫，以此解除皇帝對自己的戒心，並進而取得皇

帝的信任。此種推測應該不算過分。否則，一位並不那麼兒女情長的大將軍，時間不算短地把這樣一封信揣在懷裏，想一想，實在讓人有些匪夷所思。何況，從種種跡象判斷，張俊這廝似乎也不是一個願意用信上的情操來激勵自己的人。這裏，最無從猜測的人是張俊的新封雍國夫人。她如果知道了自己寄予厚望的夫君，利用自己進行了如此一番算計的話，不知會作何感想。榮華富貴能否平衡這位素有才情盛名的美貌女子，倒是可以給文學家們提供不小的想像空間。

當然，還有另外一種可能，就是張俊與如夫人共同策畫了這場喜劇，以此在皇帝面前共圖富貴，也未可知。

《宋史》中提到，在紹興十一年即西元一一四一年的這次歷史轉捩點上，有一二大將，阿附秦檜，終為人所不齒。應該指的就是張俊。

秦檜代表皇帝宣布任命三大將之後，張俊立即率先表態，感謝皇帝的重用，並表示願意將自己所統帥的八萬大軍立即無條件地交出來。在此之前，張俊已經改變自己準備與金兵決戰到底的立場，表示擁護議和。其「力贊和議」的新形象，深受皇帝與宰相的歡迎。這些，都僅僅是一種信念或者人品問題，無可厚非，甚至在某種角度上還值得讚揚。畢竟，在世界任何一種政治理論裏，我們還找不到什麼人鼓勵手握重兵的將軍們為所欲為。他們對政治的干預，後果也經常是災難性的。我們知道這意味著什麼。事實上，在中國漫長的歷史中，任何時候出現這種情況，都常常代表著改朝換代，或者就是一場真正的災難。問題是，張俊所做的遠遠不止這些，他走得實在是太遠了。

歷史記載顯示，張俊「與秦檜意合，言無不從」。他主持了對韓世忠部隊的拆散瓦解工作。這也沒有錯，畢竟這是在貫徹朝廷的既定方針。他錯在不該按照秦檜的旨意，在韓世忠的部隊裏，製造置韓世忠於死地的口實。從而，差一點就要了韓世忠的老命。須知，在將近十五年的戰爭歲月裏，張俊與韓世忠志同道合，出生入死，是一對具有生死情誼的戰友。在南宋初年的一些重大歷史關頭，時常可以看到二人並肩作戰的情形。否則，我們就無法理解兩個家庭何以會結成雙重的兒女親家。按理說，張俊身經百戰，功勳卓著，其權勢、地位並不比秦檜差很多，他完全可以不這樣做。但他畢竟是做了。我們只能歸結為人性深處的不可捉摸。翻開世界歷史，當然包括中國歷史，權勢欲望啟動人類天性中的卑劣，從而做出駭人聽聞罪惡的事例實在太多了。這可能是世界各國的人們，在完善政治體制方面不斷付出努力的原因之一。

在岳飛通風報信、韓世忠躲過此一劫後，張俊與秦檜合謀，以王貴為突破口，自己親自操刀，一手主持鍛造出了岳飛的罪名，從而釀成這起中國歷史上的第一冤案。這就是這位大將軍變成西湖邊上四尊鐵鑄奸臣的由來。

王貴是岳飛的心腹愛將，是岳飛的主要助手。此次岳飛離開部隊，接手部隊管理的就是

這位王貴。實際上，在此之前，他已經是這支部隊的類似大總管一類的人物了，是僅次於岳飛的第二號人物。打個比方的話，岳飛相當於這支部隊的董事長，王貴則是總經理。他跟隨岳飛多年，勇猛善戰，二人之間的感情相當深厚。張俊之所以選擇他做主打目標，主要原因有兩條：一是聽人家說，王貴曾經差一點被岳飛殺掉；二是他手裏拿到了一個據說可以致王貴於死地的把柄。

在實際進程中，前一個因素沒有發揮任何作用。原因是，王貴確實曾經兩次受到岳飛的軍法處治。一次是他的部下趁火打劫，在一戶百姓家裏失火時，趁機偷了點似乎不太值錢的什麼玩意兒，被岳飛抓到後砍了頭，連累王貴挨了一頓不輕的軍棍，據說有一百棍。第二次則是在一次大戰迫在眉睫之際，王貴有些膽怯，結果，確實差一點被岳飛殺掉。說起這兩次處罰，王貴不但沒有怨恨，反而

將陷害岳飛的奸臣鑄成四尊鐵像，長跪在岳王廟中，千百年來被人唾罵，可見百姓心中自有桿秤。另一方面，也只能說，這是具有濃郁中國特色的想像的傑作。

對岳飛充滿敬服之意。他認為，治軍就需如此嚴明才行。岳家軍深得人心戰無不勝的原因端在於此。而且，岳飛的兒子岳雲，同樣因為違反軍紀，差點被斬首，也一樣挨過軍棍，恰好也是一百棍，一樣被打得好多天爬不起來。對此，王貴相當服氣。

第二個因素發揮了重要作用。張俊手裏究竟拿住了一個什麼樣的把柄，使王貴能夠背叛於自己恩重如山的同志、戰友、老上級、恩師、父兄般的岳飛？至今沒有人能夠考證出來。但是，張俊顯然找對了目標，身經百戰、九死一生的王貴屈服了。這一屈服相當致命，此後幾個不入流角色的叛賣就此變得暢通無阻。

杭州岳王廟岳飛像。

岳飛在劫難逃。

岳飛死定了。

在同時代的文臣武將中，岳飛相當清廉。除了來自朝廷的俸祿、賞賜之外，他家田產的年收入在一萬石上下，是張俊的一個零頭。大約也遠遠低於韓世忠、劉光世等人。宰相秦檜死後，號稱家道衰落，尚且每年有地租收入五萬石以上。由於長期鎮守荊襄地區，岳飛的家

安置在廬山，沒有放在臨安。

岳飛不貪財，不好色，不喜物質享受，川陝大軍統帥吳玠特別敬重岳飛，曾經送給他一位有名的美女做姬妾，岳飛說：現在不是大將享樂的時候。又給退了回去。結果，兩人的關係反倒更好了。和韓世忠一樣，凡有朝廷賞賜，岳飛一概分給部下，自己不取分毫。他遇害死後許多年，當年的眾多部下還聚在一起，聯合起來為他申冤，據說，當時哭聲震天，場面極其感人。

岳飛酒量不小，年輕時經常豪飲。有一次趙構禁止他喝酒，對他說：「等你收復了失地，打到河朔時才可以再喝。」從此，岳飛滴酒不沾。他治軍極嚴，許多親信部將與家人都挨過他鞭打或軍棍。岳家軍有一個口號，叫做「凍死不拆屋，餓死不擄掠」，實際已經成為軍紀，違反者被抓到，一般要付出生命的代價。因此，岳家軍與韓家軍一樣，深受民眾愛戴。當然，軍紀嚴明也可能是幾個不入流的部屬背叛他的部分原因。

「撼山易，撼岳家軍難」，出自一位極其驕狂的金兵統帥之口，可見岳飛帶出來的部隊的確很厲害。

據說，岳飛平日為人很少大將軍的威風。史書記載說，他禮賢下士，飽覽經史，雅歌投壺，待人溫和有禮，很像個文質彬彬的讀書人。他曾經多次辭謝加官晉爵，每次必定會說：「勝仗是將士們效死力打的，我岳飛哪裏有什麼功勞？」唯獨在一個領域裏是不能碰的，一

碰，他就會跳起來，就像西班牙公牛看到揮舞著的紅布就會低著頭衝上來一樣，那就是談論對金關係與軍國大事。每當此時，岳飛立即「忠憤激烈，議論持正，不挫於人」。《宋史》認為，他就是為此而終於得禍。

應該說，這種說法有一定道理。否則，也就不是那個壯懷激烈的岳飛了。比如，岳飛曾經直截了當地指斥秦檜，作為宰相，謀國不臧。臧在古代漢語中有善、好等含義，這等於是告訴皇帝，秦檜不稱職。還有一次，岳飛罵曹操是奸賊誤國。曹操也是宰相，秦檜為此恨之入骨。他很有可能認為岳飛是在指著和尚罵禿驢。

《宋史》評論說，像韓信、彭越這樣的名將，古往今來並不少見，但若論起像岳飛這樣文武全才、仁智皆備來，則很罕見。這種看法，在岳飛死後的八百多年裏，基本是被人們認可的。只有一位汪精衛，敢於指責岳飛是一個無法節制的軍閥。言下之意是岳飛該殺。事實上，正如我們在歷史記載中不斷看到的那樣，假如岳飛是一個心懷不軌、無法節制的軍閥，他就斷然不會被朝廷如此呼來喝去，並最終自蹈死地。須知，他當時統帥的軍隊至少佔了全國軍隊的四分之一，而且，是各路大軍中戰績最為輝煌的。或者換句話說，如果岳飛真的是有野心不受節制的話，整個南宋、甚至南宋以後的中國歷史恐怕都要重寫。其實，導致岳飛該殺的，正是他所具備的這樣一些卓越品質。甚至到了今天，這可能都是一些令許多中國人感到不快與不安的品質。在動盪不安的戰亂年代裏，這些品質集中到一位手握重兵、又失去

了皇帝信任的將軍身上，尤其足以構成此人必須死的理由。《宋史》對於岳飛之死，連寫了兩遍「嗚呼冤哉」！的確如此。

事實上，當皇帝想要岳飛死時，岳飛在淮西之戰中究竟是否應該對戰敗負責？岳飛到底是不是想要謀反之類的爭論就已經變得並不重要了。重要的是，岳飛必須死。誠如宰相秦檜所說，這些罪名是否成立並不重要，重要的是，「此乃上意也」——這是皇帝的意思。因此，面對韓世忠的責問：「莫須有三字，怎麼能服天下人心？」據史書記載說，秦檜根本就不屑於回答這個問題。他心裏很有可能在奇怪：居然有人會問出如此幼稚的問題。事實上，許多死心眼的中國人永遠都不會明白，「天下人心」和「千秋名節」，並不是對所有人都一樣重要的。糟糕的是，揆諸中國歷史，偏偏是這樣的人能夠大行其道；更糟糕的是，中國人至今不知道如何防止這類人得勢；最糟糕的是，我們對此已經習以為常，以至於此類人士薪火相傳，生生不息。

從秦檜、張俊諸人的工作結果看，他們顯然相當了解皇帝到底想要什麼。據說，圍繞淮西之戰的重要往來文書，岳飛手中都有保存。但他入獄後，這些文書被人抄走，並且銷毀了。而銷毀這些文書的人，恰好又是想要岳飛死的人。這在事實上，的確使人們有理由懷疑他們所說的一切的真實性。

在秦檜們提供給皇帝的岳飛罪證裏，有幾條相當駭人聽聞。

其一，他們告訴皇帝，淮西戰敗之後，岳飛曾經當眾罵道：國家了不得了，皇帝又不修德。（《鄂國金佗粹編》卷三，第四十六頁）這句話，今天聽不出什麼了不得的意思，然而，放在當時，已經足可以讓一個人家破人亡了。

其二，朱仙鎮班師之後，岳飛和他的主要助手張憲，曾經當著不少人的面，有過這樣一段對話。

岳飛問張憲：天下事該怎麼辦？

張憲回答說：就看您想怎麼辦。

其三，據說，岳飛曾經說，自己與太祖趙匡胤都是三十歲就當上了節度使。

當時，這樣三句話連起來，的確可以要了岳飛的命了。至於說這些話的前因後果，上下聯繫，則沒有人願意考證。至少，第三句就有問題。岳飛是三十二歲做的節度使，他當時的原話是：三十二歲建節，自古少有。這頂多是一句飄飄然的自鳴得意而已，居然被演變成了胸懷異志的彌天大罪。

西元一一四一年，即紹興十一年，十月十三日，岳飛被正式逮捕入獄。在此之前，曾經有人勸他仿效韓世忠自救。岳飛拒絕了。他說：「上蒼有眼，就不會陷忠臣於不義。否則，能往哪裏逃呢？」

宋太祖趙匡胤曾經立過一個誓約，禁止殺大臣和上書言事的人。因此，有宋一代的確很少殺大臣。一般來說，流放到嶺南炎荒之地，就是今天的廣東、海南地區，已經算是最重的懲罰了。沒想到，一件「莫須有」的罪名，竟然愣是被秦檜及其屬下們問成了「大逆不道」之罪。這款罪名，屬於必須死的「十大惡」罪名之屬，在理論上講，已經不在太祖的誓約約束之內了。

紹興十一年十二月二十九日，是為農曆除夕大年三十的前一天。皇帝批准賜岳飛死，並將判徒刑二年的岳雲，親手改判為與張憲一同處死。（《建炎以來朝野雜記》乙集卷十二）

史書記載說，判決公布後，「天下冤之」，眾多士民為之淚下。

據說，行刑當日，西元一一四一年，即宋高宗紹興十一年，陰曆大年除夕，杭州城淒風苦雨，整日不絕。

尾聲

岳飛死後，南宋帝國在東南一隅繼續存在了一百三十八年。

在它強制完成第二次杯酒釋兵權、全面恢復以文制武國策之後，帝國曾經兩次主動發起北伐，均以慘敗告終。從此，收復中原失地變成一個遙遠的夢想，和當年的燕雲恢復一樣，成為永遠無法實現的朝代宿願。

同時，和北宋年間一樣，皇家再也沒有遭受兵變的夢魘。

從歷史記載上判斷，南宋帝國君臣的日子，過得相當愜意而浪漫，越來越像他們的祖先——徽宗皇帝與蔡京、童貫君臣。

西元一二三四年，南宋端平元年，已經變得一點都不兇狠的大金帝國，遭遇到了一個比它當年還要兇狠的敵人——成吉思汗掀起的蒙古旋風。立國一百二十年的金國，遂告土崩瓦解。其整個國家不堪一擊的程度，可以媲美當年在它打擊下的遼國與北宋。

歷史彷彿開玩笑似的，又重演了驚人相似的一幕：南宋帝國君臣又一次上演當年聯金滅遼的戲劇。這一次，他們是聯蒙滅金。並且，同樣以自己的漫不經心、投機取巧、背信棄義，給足了蒙古鐵騎攻打自己的理由。

西元一二七九年，即祥興二年，南宋帝國好歹比自己的死敵——金國，多挺了四十五年

之後覆滅。從文獻史料中判斷，之所以能夠如此，實在不是因為南宋帝國比金國人更能幹，而是因為蒙古人沒有騰出手。此時，他們正在忙於橫掃歐亞大陸，從中亞到西亞，再到歐洲，令盎格魯撒克遜人第一次知道了什麼叫「黃禍」。就此，元帝國在建立了一個古今中外首屈一指、轄區達三千萬平方公里的大帝國的同時，也確立了在全中國的統治。

此時，已經是元世祖忽必烈的至元十六年。

這一次，悲劇的主角，名叫文天祥。他和岳飛同樣優秀，同樣令人尊敬。雖然形式不同，但遭遇同樣令人窒息。讓人無法懷疑魯迅關於中國人善忘的論斷。

這一年，距離西元一一二七年，過去了一百五十二年。

一次色香味形、場所、規格、規模均屬上乘的盛宴，如果知道不需要自己買單，而且不必欠任何人情的話，蒞臨者自然也就無所顧忌，可以在輕鬆浪漫之中細細品味。顯然，越昂貴，便越值得誇耀，越有助於自我感覺的良好。

現在，盛宴已到尾聲。

後記

幾年前，在清東陵的乾隆墓與慈禧墓，我曾經大受刺激。是日，正值沙塵暴，古人叫大風霾。從他們的墳裏鑽出來時，心情灰惡已極。四千年來，我們不知為帝王們造了多少如此美侖美奐的墳墓，假如有人能夠算出一共花了多少銀子的話，一定是個能嚇死人的、真正的天文數字。據說，國民革命軍第十二軍軍長、盜墓賊孫殿英，在乾隆皇帝和慈禧太后墳裏，不算毀掉的古籍善本、珍罕字畫，僅僅盜走的陪葬品，價值就在兩億五千萬兩白銀以上，用購買力折算，差不多將近今天的五百億人民幣。這還沒有計算墳墓的造價之類。這就是我們這個民族一輩子一輩子做過的事兒。從來沒聽什麼人問過：這叫什麼事兒呀？

一個家庭裏，正副家長的氣質教養、能力性格、為人處事，對於這個家庭是否幸福的關係極重。清貧之家和睦幸福的，大有人在；富裕家庭亂七八糟的，更不罕見。究其原因，蓋出於此。由此想到，一個單位裏，一二把手的氣質教養、能力性格、為人處事，對於這個單位是否興旺發達的關係極重，很少聽說一個單位的一二把手狗屎倒灶，該單位的員工還會特別有團隊精神的。由此想到，一個國家裏，恐怕不能說歷史就是人民創造的，和皇帝宰相們沒有關係。尤其是中國，誰都知道皇帝宰相意味著什麼，誰都知道他老人家根本就是我們的天地神靈，誰都知道他比我們的親娘老子管的可要寬多了。連七品芝麻官都叫滅門的縣太爺，更遑論皇帝宰相。既然如此，要想弄清楚中國歷史上那些迴腸盪氣、一唱三歎、跌宕起伏、長歌當哭的事兒，只弄明白了生產力與生產關係、上層建築與經濟基礎可能還不太夠，說不定雲裏霧裏的反倒更糊塗。好些東西，從人的角度想一想，把人當成人琢磨一下，說不定很快就明白了。

於是，就寫了這本書。

為什麼挑這一段歷史下手？僅僅因為有一個人的死，從會看小人書的時候就開始折磨我。不用說大家也能知道，這個人是岳飛。

我沒受過正規的史學訓練，可能有不少錯誤讓大家笑話。好在有一點我心裏有數：任何一件史實，包括稍微重要一點的人物對話，我都可以告訴你在古、現代文獻資料中的出處。

寫作過程中，曾經有我的同事和我珍視的朋友聽過一些片段。我想告訴你們，你們曾經給予的讚美和鼓勵，對於我極其重要。我時常懷著感恩之心回想起來。謝謝。

書法家朱岩先生慷慨賜字，為本書題寫章目及書法作品。我惶惑於本書配不上先生的墨寶，只能再次深致謝忱。

吳思是我的大學同學。在寢室下圍棋，我們互有勝負，心裏很安慰，覺得智商還不太差。畢業幾年再碰面時，居然在圍棋盤上幾乎沒有了還手之力。又過幾年，回到一個城市裏，他突然搡給我一本書，名叫《潛規則——中國歷史的真實遊戲》，吳思著。一口氣讀下來，感覺是服了，比在圍棋盤上沒活出幾塊棋時的感覺徹底多了。隨後問他，可否報考他的研究生，他乜斜我一眼，相當得意地說了句：「別扯淡了。」事實上，本書是在他的刺激下寫出來的，需要感謝他亦兄亦弟亦師亦友的海闊天空。

吳雨初是另一位亦師亦友亦兄的人物。在他面前，我不太敢造次。當他邊聽著筆者談本書寫作計畫，邊以不算大的眼睛笑瞇瞇地盯著你看時，讓人的自我感覺變得奇好。我必須承認，他以相當特殊的方式對本書作者的幫助與鼓勵，令人難忘。

朱明德則是多年的兄弟。我的五年西藏生活，就是以到拉薩後第一天就與他同居一室開始的。當他對本書表示出淡淡的興趣時，我的感覺是，必須快點寫好，讓這個歷史系出身的人長點見識。

聽林宏的批評是一件令人極其憤慨的事情。過後仔細想來，不能不承認，他推過來的一堆垃圾，的確存在於本書的原稿中。這是我老老實實再三修改書稿的一個主要原因。在此，即便有表示感謝的意思，也相當勉強。責任顯然應該到他身上去找。

感謝我的妻子和女兒，她們毫無抱怨地與我一同承受了辭職後的所有風險，毫無抱怨地接受了我極其乏味、晝夜顛倒的寫作習慣。我無法用語言表達感激之情。

最後，我想對讀者朋友們說的是：你們如果喜歡這本書，我會極其開心；要是不喜歡的話，那麼來吧，我將鎮定地站在這兒，等著你扔來的磚頭。

要是願意，就發個郵件給我。電子信箱地址是：

yapingli1216@sohu.com

二〇〇四年四月二十八日凌晨於北京

國家圖書館出版品預行編目資料

帝國政界往事：西元一一二七年大宋實錄
／ 李亞平著. -- 一版.--臺北市：大地,
2005〔民94〕

面； 公分. --（History；14）
ISBN 986-7480-39-2（平裝）

1. 中國-歷史-南宋（1127-1279）

625.2 94015309

帝國政界往事

西元一一二七年大宋實錄

HISTORY 014

作　　者：李亞平

發 行 人：吳錫清

主　　編：陳玟玟

出 版 者：大地出版社

台北市內湖區內湖路二段103巷104號

劃撥帳號：〇〇一九二五二～九

戶　　名：大地出版社

電　　話：（〇二）二六二七七七四九

傳　　真：（〇二）二六二七〇八九五

印 刷 者：普林特斯資訊有限公司

一版一刷：二〇〇五年九月

定　　價：250元

E-mail：vastplai@ms45.hinet.net

Printed in Taiwan